KB042525

스포츠도 덕후시대

손창우·이건우·최영대·주장훈·김종혁·정석현·제임스 박·권경율·구자경
정재우·그래프 킹·김한결·김영호·허준·유동혁·제이 강·박범유·임준석

박영사

저는 1975년에 태어났습니다. 제 어린 시절은 한국의 스포츠 문화의 르네상스가 열렸던 시기였습니다.

제가 초등학교 1학년이었던 1982년, 이종도의 만루 홈런과 함께 프로야구가 이 땅에 태어났습니다. 이듬해인 1983년, 스포츠는 더욱 다채로워졌습니다. 4월 프로씨름 천하장사대회가 초대장사 이만기의 탄생과 함께 엄청난 인기를 끌어 모았고, 5월에는 프로축구 슈퍼리그가 탄생했습니다. 12월에는 프로농구의 모태가 된 점보시리즈 농구대잔치가 출범했고 한 달 뒤인 1984년 1월에는 프로배구의 전신인 대통령배 배구대회 백구의 대제전이 돛을 올렸습니다. 또 장정구와 유명우라는 위대한 챔피언이 탄생한 1980년대 프로복싱의 인기도 위에 열거한 스포츠들의 인기에 결코 뒤지지 않았습니다. 비단 프로 스포츠뿐만이 아니죠. 대한민국은 1986년에 서울 아시안 게임을 개최했고, 1988년에는 대망의 서울올림픽이 열렸습니다.

이렇게 스포츠가 대한민국의 중심에 있던 시기에 어린 시절을 보낸 제가 스포츠에 열광하게 된 것은 매우 자연스러운 일이었습니다. 그리고 시간이 흘러 저는 스포츠 캐스터가 됐습니다. 제가 가장 좋아하던 것이 제 일이 된 것입니다. 약 20년의 시간동안 야구, 축구, 농구, 배구, 씨름, 복싱. 위 열거한 모든 프로 종목들에 제 목소리를 통해 시청자들에게 전달이 됐습니다. 또 아시안 게임과 올림픽에도 제 목소리를 담을 수 있는 커다란 영광을 누리고 있습니다. 말 그대로 덕업일치의 인생을 현재도 살아가고 있는 중입니다.

저는 제가 행운아라고 생각하며 살고 있습니다. 때로는 '내 인생이 최고야'라는 자만 아닌 자만에 빠졌던 적도 있습니다. 바로 이분들을 만나기 전까지 말이죠. 저는 이 책에서 '미국 대학(NCAA) 농구 전문가 스포츠 마케터'편을 저술한 주장훈 님의 초청을 받아 '#레드셔츠' 모임에 참여한 적이 있습니다. 그곳에서 저는 적잖은 충격을 받았습니다.

'이 세상에는 행운아가 나만 있는 것이 아니었구나!

누구 한 명 빼놓을 것 없이 대단한 스포츠 마니아인 그들은 자신들의 인생과 스포츠를 마치 하나처럼 대하고 있었습니다. 인상적이었던 부분은 스포츠와 관련이 없는 직업을 가지고 있는 분들도 많았는데 그들 또한 스포츠에 대한 한없는 사랑에서 비롯된 덕심을 통해 스포츠를 인생 깊숙이 받아들이고 있다는 점이었습니다. 이 책은 그들의 덕질의 기록이자, 그들의 인생의 기록이기도 합니다.

함께 빠져보시죠.

스포츠에 대한 한없는 열정과 사랑 속으로 말이죠.

SBS 스포츠캐스터 정 우 영

머리말

　스포츠 분야에서 마니아, 덕후들은 다양한 방법으로 스포츠에 대한 열정을 발산하면서 나름의 덕질을 하고 있습니다. 스포츠를 하나의 거대한 시장으로 본다면 이 안에서 덕후들은 중요한 위치를 차지하고 있는 소비자라고 할 수 있습니다.

　이 책에서는 대한민국에서 또는 해외에서 활동하고 있는 못 말리는 스포츠 덕후 18명이, 언제, 어디서, 누구와, 어떻게, 어떤 계기로 이 거대한 스포츠 시장에서 가장 열성적인 소비자가 되었는지를 보여주고자 합니다. 이들 18명은 집안에 틀어박힌 채 고립되거나 음지에서 몰래 덕질을 하는 사회성이 부족한 사람들이 아닙니다. 이들은 변호사, 국립대 교수, 경영 컨설턴트, 대기업 마케터, 국내 프로 스포츠 구단 프런트, 스포츠 공식 에이전트, IT기업 연구원, 벤처 캐피털 매니저, 해외대학 대외협력관 등으로서, 이 사회의 각계각층 각자의 분야에서 활약하고 있는 사람들입니다. 하지만 한편으로 스포츠라는 자신의 취향과 관심사를 붙잡고 시장의 트렌드를 이끌면서 지금 이 순간에도 열심히 '덕력'을 발산하고 있는 덕후들이기도 하죠. 바로 이 최강 덕후들이 살아 있는 '덕질' 이야기를 들려드리고자 합니다.

　그리하여 이 책에서는 스포츠 관련 커뮤니티를 만들거나 여기에 가입해서, '스포츠의 왕국' 미국에서 유학생활을 하면서, 스포츠를 주제로 전 세계를 돌아다니는 여행을 하면서, 유니폼 수집과 동유럽 축구 같은 한 가지 종목이나 분야에 집중해서, 스포츠를 삶의 유산으로 삼으면서, 그리고 스포츠를 너무 좋아한 나머지 이것이 직업이 되면서 일어나는 각종 덕질들을 진솔하고 담담하게 이야기해 드리고자 합니다.

불과 몇 십년 전까지만 해도 '덕질'은 특이한 짓 심하게 말하면 이상한 짓, '덕후'들은 이른바 '왕따'로 치부되었습니다. 적어도 제가 학교를 다니던 학창 시절에는 그랬었죠. 그러나 지금은 어떤 분야든 덕질은 곧 열정으로 통하고 '덕후가 곧 능력자, 또 전문가'인 시대입니다. '떳떳한 덕후'를 의미하는 '떳덕후'란 키워드는 이제 더 이상 새로운 말이 아닙니다. 음지에서 몰래 덕질하던 시대는 가고 자신의 취향과 관심사를 자신 있게 보여주고 전파하는, 바야흐로 '떳덕후의 전성시대'를 구가하고 있습니다. 그래서 팬덤이 어떻게 우리의 삶을 더 윤택하게 하고 과연 스포츠에 대한 열정이 어떻게 우리의 삶에 활력소를 불어 넣었는지의 경험을 공유해 드리려 합니다.

지난 2010년 미국 유학을 마치고 귀국하자마자 순전히 미국 대학 스포츠인 NCAA 농구와 미식축구에 대한 얘기를 나눌 수 있는 사람들을 국내에서 만나고 싶다는 제 개인적인 바람 때문에 트위터와 카페 등을 통해 하나 둘씩 뵙게 된 분들과 함께 조직했던 모임이 바로 이 '스포츠를 사랑하는 사람들의 모임' #레드셔츠였습니다. 그리고는 톡방에서 모임 회원분들과 함께 오로지 스포츠라는 주제 하나로 24시간 얘기를 쉴 새 없이 나눠 왔습니다.

그리고 전 세계에 걸쳐 퍼져서 살고 계시는 미국 스포츠를 사랑하는 여러분들과 스포츠라는 주제 하에 대화를 나누고 인연을 맺은 지가 벌써 10년이 넘었습니다. 오프라인 만남을 통해 개인적으로도 친분을 쌓게 된 분들도 많이 계시고요. 특히 함께 스포츠 경기를 관전하기도 하고 시청하기도 하면서 이렇게 지역, 출신, 연령, 성별, 직업도 다양한 분들이 스포츠라는 하나의 공통된 관심사 덕에 친해질 수도 있구나 하는 것을 배우고 느끼고 있습니다. 한편으로 스포츠에 대한 열정과 관심 하나로는 제가 그 누구에게도 뒤지지 않을 것 같았었는데 #레드셔츠 회원님들을 만나고 이렇게 열정적인 분들도 계시는구나 하는 생각을 자주 하게 됩니다.

저는 #레드셔츠가 대한민국 내 스포츠의 덕후/오타쿠/마니아 또는 스포츠 지식인/뇌섹남녀들의 집단 중에서는 '원탑'이라 자부합니다. 그리고 이 모임이 앞으로도 계속해서 지속되고 발전되었으면 하는 바람입니다. 그리고 명색이 레드셔츠 수장으로서 저희들이 의미있는 어떤 일을 할 수 있을까 생각을 해봤고 우리의 스포츠에 대한 열정을 기록으로 좀 남기면 어떨까 하는 생각을 했습니다. 책으로 말이죠. 이는 우리 개인들에게도 자기 자신의 삶의 열정을 기록하고 역사로 남긴다는 의미 뿐 아니라 저희가 스포츠란 분야에서도 열성팬, 덕후로서도 행복하고 즐거운 삶을 살 수 있다는 것을 많은 이들에게 보여주고 스포츠 팬덤을 더욱더 키우자는 의미도 있습니다. 등산, 음악감상, 운동, 헬스, 게임, 영화, 여행, 미드뿐 아니라 스포츠 팬덤도 훌륭한 취미가 될 수 있다는 점을 알릴 수 있다는 것이죠.

마지막으로 저희 레드셔츠가 전 세계에 걸쳐서 활약을 하고 계신데 이 모두를 한 자리에 모을 수 있는 기회가 물리적으로는 어려운 건 잘 아실 겁니다. 그래서 공동 집필이야말로 모두가 한 자리에 물리적으로는 같이 못 있지만 마음으로 뜻을 모을 수 있는 좋은 기회라고 생각했습니다.

부디 이 책이 국내의 모든 스포츠 팬들과 덕후들이 함께 공감대를 형성하고 언젠가 다 함께 스포츠를 계기로 만나 시간 가는 줄 모르게 이야기를 나눌 수 있는 또 다른 계기가 될 수 있기를 희망합니다.

책이 발간되는 데 이해와 조언을 아끼지 않은 사랑하는 아내와 어머니, 그리고 존경하는 아버지께 감사의 말씀을 덧붙입니다. 그리고 스포츠 덕후 아빠를 따라 다니느라 고생하는 세 자녀들, 딸 세린이와 아들들 호민이, 호겸이 모두에게 이 자리를 빌려 사랑의 말을 전합니다.

2021년 1월 20일
#레드셔츠 저자 대표 주장훈

차 례

vii

PART 06
덕업일치의 성덕

책을 만든 사람들

손창우	부산 대동고-연세대 경영학과 학사-연세대 경영대학원 석사 현 연세대 산학협력 교수·Venture Capital/Private Equity투자회사
이건우	부산진고-부경대 해양스포츠학/경영학사 -서울대 GSM(글로벌스포츠매니지먼트학) 석사 수료 현 외국계 마케팅 매니저
최영대	경복고-상명대 화학과 학사 현 외국계 항공사 지상직
주장훈	대원외고-서울대 정치학과 학사-미국 Duke University 경영학 석사-경희대 스포츠산업경영학 박사 수료 전 MBN 경제부·국제부 기자 전 조선일보 칼럼 <일사일언> 스포츠 칼럼니스트 전 네이버 스포츠 공식 인플루언서·스토리텔러 현 대기업 마케터
김종혁	대일외고-서강대 경제학사-미국 University of Colorado Boulder 경제학 석·박사 전 국회예산정책처 경제분석관 현 충남대학교 무역학과 부교수
정석현	청담고-미국 University of Wisconsin-Madison 경제학사-미국 University of Michigan 경영학 석사 현 경영컨설턴트
제임스 박	미국 Cottonwood High School-미국 University of Utah 생물학과 학사 현 University of Utah 아시아캠퍼스 대외협력처 실장
권경율	수원고 개인사업자
구자경	분당고-건국대 국제무역학과/정치외교 학사-영국 Birkbeck, University of London 스포츠경영/마케팅 석사 전 키움히어로즈 프로야구단 프런트 현 DRX

정재우	한국방송통신대학교 미디어영상학과 학사 현 스킬팩토리 브랜드매니저, 전주 KCC 이지스 유소년 대표팀 매니저
그래프 킹	대원외고-미국 Harvard University 동아시아학과 학사-미국 New York University 로스쿨법학 박사(JD) 현 로펌변호사
김한결	대구 영남고-명지대 디지털미디어학과 학사 전 2017피파20세월드컵 조직위 경기운영담당관 현 가족치과경영
김영호	대구 성광고-계명대 경영정보학과 학사 현 정보 보안 관련 업무 재직 중
허준	광명북고-미국 University of California, Los Angeles 사회학과 학사 전 미주한국일보기자 현 외국계 기업 홍보 및 마케팅 관련 업무 재직 중
유동혁	배재고-미국 University of Maryland 컴퓨터과학 학사-미국 Johns Hopkins University 컴퓨터과학 석사 현 SAP사 소프트웨어 엔지니어
제이 강	미국 University of Wisconsin-Madison 경제학과 학사 현 미국대학 입시정책 전문가 & 교육비즈니스 컨설턴트
박범유	대원외고-고려대 법학과 학사 전 한국전력 빅스톰 프로배구단 사무국장
임준석	과천외고-상명대 영어교육학과 학사 전 삼성 썬더스 프로농구단 통역·사무국 현 FIBA 공식 전업 에이전트

부산의 한 복싱 소년이
연세대 최고 인기 복싱 동아리 창단까지

손창우_ 연세대 산학협력교수, Venture Capital / Private Equity 투자 회사

Email_boxerstyle@gmail.com
Instagram_@changwoo.son

복싱 레전드 부친으로부터 시작된 복싱 입덕

어렸을 적 우리 집 벽에는 메달과 트로피들이 가득했다. 아버지는 1966년 방콕 아시안게임 복싱 금메달리스트다. 복싱이 전 국민들의 인기 스포츠였던 시절이었고, 심지어 아버지의 메달이 부산 출신으로서 첫 메이저 대회 금메달이었기 때문에 고향에서는 이미 유명한 스포츠 스타셨다. 잘빠진 국가대표 단복에 금메달을 걸고 부산역으로 돌아오셨을 때 대규모 카 퍼레이드가 준비되어 있을 정도였다.

내가 태어났을 때 아버지는 은퇴를 하시고 동아대학교에서 학생들을 가르치고 계셨고 대신동에서 '동아체육관'을 운영하셨다. 당시 동아대학교는 전국체전을 몇 년 연속 휩쓸고 국제대회 메달리스트를 끝없이 배출하던 대학 복싱계의 최강팀이었다. 프로에서도 박

찬희, 최희용 등 세계 챔피언과 동양 챔피언을 연속으로 배출하여, 전국에서 복싱을 배우기 위해 짐을 싸서 찾아오는 유명한 곳이었다. 그래서 태어나면서부터 가지게 된 동아체육관집 아들이란 백그라운드는 나에게 큰 자부심이었다.

이런 배경으로 우리 집은 당연히 스포츠 서울 신문을 1호부터 구독하였고, 어린 나의 하루는 언제나 잠옷 바람으로 문 앞에 나가서 스포츠 신문을 가져오는 것으로 시작했다. 한 자도 놓치지 않겠다는 덕후 정신으로 신문을 정독하기 시작했다. 자연스럽게 스포츠 신문을 통해 한글과 한자와 세상을 깨우쳤고 2~3페이지에 나와 있던 전날 야구 기록들을 보며 숫자와 수학을 배웠다.

초등학생 시절, 학교가 끝나면 항상 아버지의 체육관으로 달려갔다. 그곳이 내게는 최고의 놀이터였다. 샌드백에 매달려 그네처럼

1966년 아시안게임을 앞두고 동아일보에 소개된 아버지 기사

타고 놀았고, 링 위에서 선수 형님들과 술래잡기도 하고, 당시 아이들에게 BTS급의 인기를 구가하던 WWF World Wrestling Federation의 헐크 호건Hulk Hogan과 워리어Ultimate Warrior 놀이를 하기도 했다. 지금도 건조한 글러브 가죽 냄새와 붕대에 밴 땀 냄새는 나에게는 고향의 풀내음 같다.

아버지와 함께 중국에서 직접 지켜본 중국 복싱

스포츠가 우리 삶에 크게 자리 잡은 것은 몇 번의 큰 이벤트 덕분이었다. 1986년 아시안게임, 1988년 올림픽을 연이어 개최하며 시작된 국제대회 유치 행렬이 2002년 월드컵으로 정점을 찍고 그 기세는 2018년 평창 올림픽까지 이어졌다. 이런 대규모 이벤트들 사이에서, 특히 2002년 월드컵 4강 신화의 열기가 채 가시기 전에 개최되어 휘발된 대회가 하나 있었다. 바로 2002년 부산 아시안게임이다. 많은 사람들이 기억 못하겠지만 2002년에는 월드컵 말고도 부산에서 아시안게임도 열렸었다. 스포츠팬들에게는 남자 농구 역사상 최고의 역전승 경기로 손꼽히는 중국과의 결승전 정도가 기억에 남겠지만 나에게는 가장 큰 느낌표로 남아 있는 대회였다.

2002년 부산 아시안게임을 앞두고, 아버지가 중국 복싱 국가대표 감독으로 가시게 되었다. 중국은 최고의 스포츠 강국 중 하나이지만 유독 복싱에서는 올림픽은커녕 아시안게임 금메달도 하나 없는 약체였다. 그래서 중국에서 부산대회를 앞두고 부산출신 1호 금메달리스트이신 아버지를 감독으로 모시고 간 것이다.

난 당시 대학생이었고 타국에서 혼자 계시는 아버지도 응원하고 중국도 경험할 겸, 방학 때면 중국에 가서 아버지와 룸메이트를 하며 중국 국가대표 선수단의 훈련을 지켜볼 수 있었다. 스텝과 원투 위주의 한국 선수들과는 달리 중국 선수들은 양 훅 위주의 투박한 스타일들이었지만 고대 올림픽에서의 초기 복싱은 이렇지 않았을까 싶을 정도로 선수들에게 순수하고 날 것 그대로의 느낌이 들어, 보는 재미가 쏠쏠했다. 스케일이 큰 중국답게 훈련장에는 샌드백만 몇 십 개가 걸려 있었고, 나도 중국 국가대표 운동복을 하나 얻어 입고 맨 끝 샌드백을 치며 함께 운동을 했다. 이때가 육체적으로는 나의 리즈 시절이었던 것 같다.

그때 흥미로운 소식을 접했다. 중국의 전국체전이자 국가대표 선발전 격인 복싱대회가 열린다는 것이었다. 중국의 전국 체육 대회는 올림픽과 맞먹을 정도로 선수들에게는 최고 중요한 이벤트라 당시 나와 함께 운동을 하던 현 국가대표 선수들도 모두 출격한다고 했다. 나는 한국으로 돌아갈 일정이었으나, 이 대회는 꼭 직관을 하고 싶어 한국행을 연기하고 대회가 열리는 도시로 향했고 링사이드 VIP석에서 전 경기를 직관하게 되었다. 당구에 완전 빠져 있는 사람은 자려고 누웠을 때 천장이 당구대로 보인다고 하는데 하루에 복싱 몇 십 경기를 보고 나면 눈에서도 펀치가 나가는 신기한 경험을 하게 된다.

중국 대회였지만 규모가 어마어마했다. 각 성에서 선발된 선수들만 나왔는데도 체급별 선수가 100여 명씩 되었다. 모두가 각 성의 대표들이지만 그 선수들 사이에서도 실력 차이는 엄청나서, 전현직 국가대표들은 다른 선수들을 압도했다. 경기를 즐기기 위해서는 응원하는 선수가 있어야 한다. 링에 올라가기 전 쉐도우 복싱을 하는 폼을 보고 응원할 선수를 잽싸게 고른 후, 선수 하나하나에 감정이입을 해서 하루 종일 복싱경기를 보고 나면, 마치 내가 몇 경기 치열하게 시합한 것처럼 사지가 욱신거리고 속이 메스꺼워졌지만 그 시간조차 너무 즐거웠다.

중국 복싱 국가대표팀 감독 시절 아버지

시합을 보면 누가 이기고 질지 정도만 보였지만 아버지의 눈에는 그 이상이 보였던 것 같다. "저 선수 잘 봐 봐라. 조금만 가다듬으면 아시안게임이 아니라 올림픽에서도 금메달 딸 수 있다."

중국 대표팀과 함께 운동을 하던 나

그 선수는 라이트 플라이급 국가대표 레벨을 왔다 갔다 하는 선수로, 내 눈엔 삐쩍 마르고 그다지 특출 나 보이진 않았는데, 아버지는 연신 감탄사를 연발하셨다.

"캬, 예쁘게 치네. 스피드 좋고 눈도 좋고. 저 선수 제대로만 지도하면 물건 되겠는데. 저런 애들은 내가 한국 데리고 가서 키우고 싶다."

나의 솔직한 대답은 "저 선수가요? 신장과 리치가 좋아 보이는 것 빼곤 모르겠어요. 방금 시합도 아슬아슬하게 겨우 이겼어요. 한국 국가대표가 저 선수와 붙으면 가지고 놀 것 같은데요?"였다.

역시 나의 안목은 저질이었다. 그 선수는 훗날 2008년 베이징 올림픽에서 중국 복싱사상 최초로 올림픽 금메달리스트가 되어 국민 영웅이 되었고, 2012년 런던 올림픽에서 금메달 2연패를 달성 후 프로로 전향해서 세계챔피언에까지 오른 쩌우스밍鄒市明이었다.

세계적 복싱 전성기에 토머스 헌즈에게 반하다

지금껏 수많은 복싱 경기를 봐왔지만, 사상 최고의 경기로 꼽을 수 있는 건 1985년 '링 위의 난폭자' 마빈 헤글러Marvin Hagler와 '히트맨' 토머스 헌즈Thomas Hearns의 경기였다. 당시 웰터급과 미들급 사이엔 헤글러, 헌즈 외에도 슈거 레이 레너드Sugar Ray Leonard와 돌주먹 로베르토 듀란Roberto Duran이란 슈퍼 스타들이 동시에 등장하여 서로 물고 물리며 최고의 인기를 구가하고 있었다.

그 중 내가 가장 좋아하는 선수는 토머스 헌즈였다. 헌즈는 장신임에도 불구하고 화끈한 인파이팅을 하며 그가 내뻗는 라이트 스트레이트는 예술의 경지였고 아름다움 그 자체였다. 그런 헌즈가 듀란을 실신 KO로 물리치고 그 기세를 몰아 미들급의 제왕 마빈 헤글러에게 도전장을 내민 것이었다. 스포츠 신문과 잡지들은 몇 달 전부터 이 경기를 대서특필했고 당일 유료 시청자가 200만 명이 넘었다고 하는데 최근 가장 큰 복싱 이벤트였던 게나드 골로프킨 Gennady Golovkin과 카넬로 알바레즈Canelo Alvarez의 경기 유료 시청자 수가 100만 명을 조금 넘겼다고 하니 그 당시의 열기가 어떠했는지 알 수 있다.

메이웨더와 파퀴아오의 세기의 대결처럼 세계의 이목을 집중시킨 시합 중 내용 면에선 실망스러운 경기들도 많은데, 헤글러와 헌즈의 경기는 기대를 뛰어넘는 최고의 경기였다. 헤글러의 3라운드 KO승으로 다소 빨리 끝났지만 이들의 8분은 마치 80분 경기를 본 것 같이 박진감 넘치게 진행되었다. 특히 공이 울리자마자 난타전으로 시작해서 두 선수를 모두 온 힘을 쏟아 내었던 첫 번째 라운드는 내 기억 속에서는 복싱 역사상 최고의 단일 라운드로 기억되고 있다. 이 시합을 통해 복싱을 진정한 매력을 알게 되었고 그 뒤로 펼쳐진 세기의 매치들은 내 삶에서 결코 빠뜨려서는 안 되는 두근거림이자 활력소가 되었다.

연세대 복싱 동아리를 창단하다

2002년은 나의 복싱 덕후력이 정점이었던 해이다. 월드컵으로 온 국민이 길거리로 뛰쳐나올 것을 상상도 못 하고 있던 2002년 초, 대학 4학년 1학기 복학을 앞두고 친구들은 마지막 학년 준비를 CPA 고시원, 영어 학원, 도서관에서 할 때, 난 이화여대 앞에 있던 마포 라이온 복싱체육관에서 했다.

일반인들에게 복싱체육관 하면 떠올리는 이미지들은 열악한 환경, 땀과 곰팡이가 버무려진 냄새, '먼저 인간이 되어라' 류의 액자, 링 줄에 걸려있는 붕대들, 다니다 만 관원의 방치된 글러브와 신발, 끊어질 듯 말 듯 실로 아슬아슬하게 연결되어 있는 줄넘기 등일 것이다.

이 체육관은 이런 이미지와 딱 어울리는 곳이었다. 너무나 좋은 관장님은 아버지와도 시합을 해보신 인연이 있던 분이었다. 아버지의 선수생활 말년과 관장님의 푸릇푸릇하던 시기가 겹친 것 같은데, 서로를 고수라 칭하시며 리스펙트 하던 묘한 브로맨스가 더해져, 관장님은 나를 아들처럼 대해 주셨다.

당시 난 주 6일 두 시간씩 미친 듯이 운동했다. 사람이 적당히 바빠야 하는데 난 4학년을 앞두고도 체육관 링 사이드에 걸터앉아 운동 후 거칠어진 호흡이 진정될 때까지의 시간을 즐겼던 것을 보면 마음만은 여전히 새내기였던 것 같다. 그렇게 링에 널브러져 있다가 갑자기 동아리나 한번 만들어볼까 하는 발칙한 생각이 들었다. 야구, 농구, 축구 등 모든 스포츠 종목에서 '전통의 스포츠 강호'인 우리 학교에 그때까지 복싱 동아리는 없었다. 어지간히 공부는 싫었나 보다.

난 길게 생각하지 않고 일단 'Just do it'스타일이었다. 포토샵을 잘 다루던 친구에게 부탁해서 배너를 만들었다. 헝그리보다는 인텔리를 강조하고 싶어서 말끔하게 양복을 입고 복싱 글러브를 낀 비즈니스 맨 일러스트 뒤로 '연세대학교 복싱 동아리 부원 모집'이라고 적힌 배너였다. 문의하라고 적어 놓은 당시 나의 이메일 주소도 boxer@dreamwiz.com이었다.

그 메일을 보고 10여 명이 답장을 보내왔고 그 친구들 대상으로 도서관 6층 스터디 룸에서 동아리 설명회를 개최한 후 체육관 견학을 갔다. 학교에서 빠른 걸음으로 15분 거리에다 열악한 지하실 체육관 환경이라 미안했지만 열심히 체육관 구석구석을 설명해 주고 있었는데, 샤워실 탈수기가 방전되며 모든 전기가 나가 버렸다. 지하실이라 빛 한 줄기 들어오지 않아 칠흑 같은 어둠 속이었지만, 혼자 멋쩍게 소개를 마쳤다. "하하, 많이 놀라셨죠? 매일 정전되진 않아요."

그렇게 <Yonsei Boxer>는 시작되었다.

동아리를 만들려면 지도교수가 있어야 했다. 체육학과 교수님 중에 복싱에 관심 가져 주실 만한 분이 없을까 찾던 중 학교 앞 식당에서 누군가 보다가 두고 간 신문을 보았다. 그리고 운명처럼 그 신문에서 치과의사 복서로 유명하신 세브란스 최병재 교수님의 기사를 발견했다. 프로복서 치과의사라니.

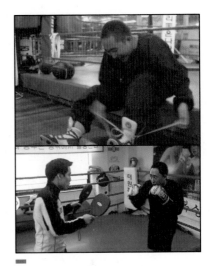

영원한 복싱 덕후

난 신문을 접고 들고 있던 숟가락을 던진 다음, 곧장 나의 애마 스쿠터를 타고 전속력으로 달려, 치과병동에 계신 교수님을 무작정 찾아갔다. 간호사 분께서 어떻게 왔는지 물으셔서 이가 아픈데 꼭 최병재 교수님께 진료를 받고 싶다고 말했다. 참고로 교수님은 '소아치과' 담당이셨다. 그렇게 충치 치료하러 엄마 손잡고 온 아이들 틈에서 한 시간을 기다려 내 차례가 되었다.

교수님은 아이가 아니라 다 큰 놈이 들어오자 순간 놀라셨다. 어떤 일로 찾아왔는지 조심스레 물어보신다.

"교수님, 사실 치아 때문에 온 건 아니고요, 제가 복싱 동아리를 만들 테니 지도교수가 되어주세요." 그 말씀에 교수님은 환한 미소와 함께 쿨 하시게 "만들어지면 연락해요"라며 본인의 직통 번호를 친절히 적어 주셨다. 교수님은 휴대폰 따위는 가지고 다니지 않으시던 쿨남이셨다.

　이렇게 만든 복싱 동아리가 벌써 18년이 되었다. 최병재 교수님은 지금까지도 든든한 버팀목이 되어 주시고 있고 나보다 더 뛰어난 후배들이 적재적소에 나타나며 동아리의 부흥을 이끌더니, 지금은 연세대에서 가장 인기 있는 동아리 중 하나가 되었다. 규모뿐 아니라 실력 면에서도 국내 대학 동아리 대회에서 종합우승과 MVP를 계속 배출할 정도로 최고의 동아리가 되었고 후배들은 사회에 나가서도 복서답게 자신의 분야에서 화려한 스텝과 지칠 줄 모르는 체력으로 뚜벅뚜벅 전진하고 있다.

　아버지의 복싱 체육관에서 시작한 복싱 덕후 생활이, 연세복서 동아리 설립과 활동으로 정점을 찍고 지금은 논현동 <더원복싱> 체육관에 가끔 등장하는 유령 회원이 되어 있지만 마음만은 어린 시절 샌드백을 그네 삼아 타고 놀던 그 아이 그대로다.

　마지막으로, 나의 영웅 아버지와 마이크 타이슨을 영원히 응원합니다.

• • • • • •

손창우의 라스트 라운드

① 금메달리스트의 아들로 태어나, 땀내 가득한 복싱 체육관이 최고의 놀이터였다.

② 연세대 복싱동아리 설립 및 활동은 내 인생 가장 짜릿한 경험이자 자부심이 되었다.

③ 10년 후, 20년 후에도 복싱 체육관은 나의 영원한 놀이터이길 …

테니스가 아니면 테니스 공을 달라

이건우_ 외국계 스포츠 의류 브랜드 마케팅 매니저

Email_koreanlee1984@gmail.com
Instagram_@koreantalllee

달리기 잘 하고 활발한 아이

나는 어릴 적부터 뛰는 걸 좋아하는 아이였다. 달리기를 잘해 반대표, 학년대표를 도맡아 왔던 나는 90년도 후반 '백만불짜리 사나이', '앤드류' 등 달리기가 빠른 TV 속 주인공들의 이름은 모두 나의 별명이 되었고 생활기록부에는 '활발하고 뛰는 걸 좋아하는 아이'로 기록되었다. 난 누구 뒤에서 달려 본 적이 없었고 어린 나이에 잘 뛰는 경쟁자가 있으면 남보다 출발을 빨리 해 그 친구의 앞을 가로막으며 달리는 트릭도 쓸 줄 알았다.

여느 해처럼 매년 열리는 운동회의 반대표 달리기선수 선발전이 있었고 나는 내 차례를 기다리며 점점 출발선에 가까워지고 있었다. 그러던 순간 출발선 옆에 있던 테니스장에서 누군가 테니스를 치고 있는 모습을 발견했다. 나는 무언가에 홀린 듯 테니스장에 다가가 두 손을 매달고 어망과도 같은 나일론 그물에 두 눈과 코를 박고 그 모습을 한동안 지켜보았다. 무엇을 보았는지 또 그 어릴 적 무엇을 생각하고 있었는지는 기억이 나지 않는다. 어느 정도 시간이 지났을까? 뒤를 돌아본 순간 운동장에 남은 사람은 나밖에 없었다. 정신을 차리고 보니 이미 반대표 선발전은 끝나버렸다. 그 순간을 지금도 잊을 수 없다. 아무것도 보이지 않았고 아무것도 들리지 않았다. 나는 그저 그들이 무언가를 하는 모습이 너무나도 멋있어 보였고 난 그것을 하고 싶었다.

이듬해 초등학교 3학년, 나는 약 30~40명의 지원자 중 테니스부에 선발되었다. 하지만 당시 집안사정이 좋지 않아 이사가 잦았기에, 1~2년 안에 전학 갈 사람은 손 들어보라는 질문에 순진하게 손들었고 난 그 자리에서 쫓겨났다. 저녁 무렵 아버지가 오실 때까지 난 울고 있었고 집으로 돌아오신 아버지는 방에서 울고 있는 나에게 이유를 물었다. 내 이야기를 듣고 아버지께서는 그 자리에서 학교에 전화를 걸어 이사 갈 계획이 없다며 약속을 하셨다. 그렇게 나의 30년 테니스 덕후 여정이 시작되었고 선수 생활을 끝낸 후 대학교, 대학원, 그리고 사회생활을 거치면서 계속해서 라켓을 놓지 않고 지금까지 사회인 테니스 동호회 활동을 계속하면서 테니스 덕질을 이어가고 있다.

테니스 클럽 및 동호회 참가로 보내는 한 주

내가 속한 서울 시내 테니스 클럽 수는 총 8개 정도다. 아래 표에 내가 활동하는 테니스 클럽별 활동일자, 시간, 그리고 특징에 대해 정리해 보았다.

사실 어느 스포츠 클럽을 선택할지는 실력도 중요하지만 다양한 사람들을 만날 수 있는 기회, 옷 세탁 걱정을 하지 않아도 되는

나의 테니스 클럽 리스트

클럽명	활동장소	활동일시	참여형태	특징
더테니스 클럽(친정클럽)	한남 테니스장	매주 목 18~22시	정기적 참여	가족 같은 분위기(동호인활동을 다시 시작한 친정과도 같은 클럽), 높은 실력, 클레이 코트
강남오픈 테니스클럽	수도공고 테니스장	매주 수, 토, 일 18~22시	정기적 참여	2030 테니스클럽계의 삼성(평균 일회원수 100명), 다양한 레벨(완전초보 to 금배), 초보자 레슨서비스, 하드코트, 뒷풀이 필참 제안
파이어볼 테니스클럽	보라매 테니스장	매주 목, 금, 토, 일 18~22시	정기적 참여	2030 최강실력자들의 모임(여성회원도 엄청 잘침, 선수 출신의 패배도 일상적), 인조잔디+클레이코트
G Tennis Club	장충 테니스장	매주 일 19~22시	산발적 참여	2030 Global하고 Gentle한 사람들의 모임(50%가 외국국적), 다양한 분야의 좋은 분들과 부담없이 즐길 수 있는 일명 즐테모임, 하드코트
반포 에이스클럽	반포 종합 테니스장	매주 월, 화, 금 18~22시	산발적 참여	좋은 형님과 동생들의 테니스 모임. 테니스장 리뉴얼 완료(인조잔디 컨디션 매우 양호. 대기실 에어컨구비, 벽치기장소 구비)
우리끼리	서울대 테니스장	월 1회	산발적 참여	서울대학교 동문 테니스 클럽(전국 대학테니스대회 다수 우승) 인조잔디
우리들	양재 그린테니스장	매주 화 목 18~22시	산발적 참여	남자동호인 대회 오픈부 입상자들의 모임, 클레이코트
잠만보	반포 종합 테니스장	매주 금 18~22시	산발적 참여	레슨 코치님들의 레슨자들로 구성된 모임, 테니스에 대한 열정이 가득하고 진철함. 음주량 높음
힐링테니스 (자체운영)	외곽 경기도	격주 금 22~02시	정기적 참여	테니스코치, 선수출신, 동호인대회 우승자들의 모임, 시 외곽 경기도권 자연친화적 테니스장에서 활동, 실내테니스코트(인조)

시설, 그리고 직장과의 거리가 가장 중요한 요소이다. 개인적으로 지금은 대회 입상에 포커스가 많이 맞춰져 있는 관계로 주간 테니스 횟수를 줄이지 않으면서도 높은 레벨의 클럽을 중심으로 내 주간 스케줄에 우선적으로 배치했다.

하지만 '파이어볼'과 같이 극강의 높은 수준을 자랑하는 테니스클럽은 선착순 댓글로 인원을 모집하기에 모임공지 5분 만에 정원모집이 완료된다. 따라서 아래 주간 스케줄과 같이 우선 자체운영중인 '힐링테니스'를 중심으로 친정클럽인 '더테니스클럽'을 목요일에 배정하고 나머지 금토일은 파이어볼에 우선 참여댓글을 신청

나의 테니스활동 주간일정

MONDAY	TUESDAY	WEDNESDAY	THURSDAY	FRIDAY	SATURDAY	SUNDAY
반포에이스	반포에이스	강남 오픈테니스	더테니스 클럽		파이어볼	
	우리들			반포에이스	강남오픈테니스	
				우리들		G Tennis Club
				참만보		
				힐링테니스		

하고 참여가 실패하면 상대적으로 참여댓글경쟁이 덜한 '강남오픈 테니스'클럽으로 가는 시스템으로 구성했다.

이렇게 되면 주간 테니스 횟수는 최소 4회가 가능하고 나머지 클럽들은 상황에 맞게 참여하면 된다. 특히 자체적으로 운영하고 있는 '힐링테니스클럽'은 캠핑과 테니스를 좋아하는 나의 개인 성향에 맞게 2주에 한번 금요일마다 최강 실력자들과 시 외곽 자연숲과 마주하는 테니스장에서 경기를 할 수 있어 최근에 가장 많은 애정을 가지고 참여하고 있는 클럽이다.

경기 영상 촬영과 분석에서 배우는 교훈

나는 개인적으로 참가한 모든 테니스 경기는 영상으로 기록한다. 영상 기록의 목적은 두 가지인데 첫 번째는, 내가 잘 하고 있는 부분에 대한 확신을 가지기 위함과 두 번째는, 내가 못하고 있는 부분에 대한 고찰이다. 여기서 내가 잘하고 있는 부분을 다시 영상을 통해 확인하는 것은 어쩌면 부족한 부분을 찾아내 보완하는 것보다 더 중요할 수 있다. 스포츠는 객관성이란 게 잘 통하지 않는 분야이다. 지고 있던 경기도 뒤집을 수 있고 한계라고 생각했던 내

테니스 클럽 활동 사진 모음

능력도 넘어설 수 있다. 촬영을 통해 자신의 강점을 찾아 다음 경기나 훈련에 자신감이라는 기반을 만드는 것, 그것이 스포츠에서 앞으로 전진하는 첫걸음이다.

테니스나 골프를 한 번이라도 쳐 본 사람들은 알겠지만 사람들은 각자 자신이 좋아하는 선수들의 자세를 그대로 따라하면서 실력을 향상시켜 나간다. 이때 자신을 촬영한 후 좋아하는 선수의 자세와 비교하면 강점에 대한 확신이 서고 반대로 개선점은 확연히 드러나게 된다. 또한 슬로우 모션 촬영을 하게 되면 임팩트의 위치 등 아주 섬세한 자세 교정이 가능한데다가 덧붙여서 인스타그램 같은 SNS 채널에 멋지게 연출할 수 있다.

뿐만 아니라 단점에 대한 고찰이 가능하다. 흔히들 삼각대를 가지고 촬영을 하고 있으면 무슨 인플루언서나 되냐면서 놀리는 친구들이 많다. SNS에 올리기 위한 측면도 없진 않지만 개인적으로 경기 시작부터 마지막 매치포인트까지, 그리고 승리한 경기와 패배한 경기 모두를 내 스마트폰에 담는다. 넓게는 등락이 있는 경기 중 심리 상태에 대한 객관적 평가를 위한 것이고 좁게는 순간순간의 샷에 대한 분석을 위함이다. 예를 들면 옆으로 심하게 빠지는 공을 순간 멋지게 치고 싶어 패싱샷으로 강하게 쳤으나 기록한 경기 영상을 다시 보면 로브를 띄워 힘들지 않게 그리고 효율적으로 공략할 수 있는 대안도 있었다는 것을 그제야 알 수 있다. 마음 같아서는 개인 경기영상 분석관을 따로 두고 싶을 정도로 효과적인 훈련 방법이다.

마지막으로 이 부분은 경기영상 기록에서 가장 중요한 부분인데 바로 경기 중 심리상태를 객관적으로 볼 수 있다는 점이다. 테니스란 신기하고 미묘한 스포츠다. 어느 정도 실력에 이른 후에는 경기 중 심리와 마인드가 기량의 80%까지 차지한다는 말도 있다. 세트 중 게임 스코어 5:0으로 앞서고 있는 상황에서도 뒤집히는 경우가 여기에 해당된다. 테니스에서 심리상태는 경기 결과에 미치는 영향이, 단체 종목인 야구나 축구의 '흐름'이나 '분위기'보다 훨씬 더 섬세하고 개인적이다.

경기를 심리적으로 장악하고 있으면 너무나도 쉽게, 심지어 시시하게 이길 수 있지만 경기에서 몰리게 되고 심리적으로 위축되어 있으면 암흑 속에서 한줄기 빛도 보이지 않는 터널을 지나가는 것과 같은 경험을 하게 된다. 이럴 때에는 '이 게임은 내가 이기기 힘들어. 분명히 질 거야!'라는 생각이 머릿속을 지배하게 된다. 그럼 이미 게임은 끝이다. 머릿속에 돌아다니는 부정적인 생각들이 뇌를 자극하고 자극된 뇌는 온 몸, 특히 라켓을 휘두르는 손에 다다르게 되어 근육의 움직임이 경직되고 결과적으로 임팩트 순간에 손의 움직임이 둔해지거나 과해져 공을 치는 각도가 너무 두껍거나 너무 얇게 된다. 테니스든 인생이든 힘을 빼라고 하지 않았던가. 그만큼

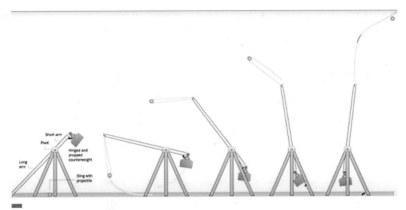

초반에 가속력을 주고 일정 시점에서 풀어주는 투석기. 출처 : 유튜브 <Road To Pro>

힘을 빼는 것은 쉽지 않다.

힘을 왜 빼야 하는지 추가적으로 설명하자면 결국 공은 라켓이 치는 것이고 라켓의 회전력이 강하고 빨라야 하는데 이때 원심력을 최대한으로 끌어올리기 위해서는 회전 진입부분에서는 힘을 강력히 주되 회전의 중심점을 지나서부터는 힘을 빼야 원심력에 의해 밖으로 튕겨 나가려고 하는 라켓을 몸으로 잡지 않기 때문이다. 투석기의 원리를 생각해 보면 이해가 쉽다.

개인 경기영상 분석의 장점은 이렇듯 경기를 운영해 나가는 나의 모습을 객관적으로 평가하고 진단해서 해결책을 찾을 수 있다는 데 있다.

선출이 선출에게 받는 레슨

나는 선수 출신이지만 프로선수 출신, 혹은 국가대표 출신으로부터 한 달에 네 번 정도 집중적으로 레슨을 받는다. 레슨은 주로 고민 상담에서 시작하여 머릿속으로 이해되지 않는 부분들에 대한 해답을 찾고 그렇게 얻은 깨달음을 실제 경기에, 혹은 자세에 적용해 보는 과정을 거친다.

고민 상담은 자세에 대한 역학적 원리에서부터 경기 중 마음가짐마인드 전략까지 다양하다. 나는 포핸드 자세에서 정적으로 손목을 고정하는 옛날 방식을 고수했는데 한 코치님의 가르침으로 현대 테니스의 방식인, 손목을 풀고 치는, 이른바 '날리는 포핸드'로 자세를 변경하고 신세계를 경험했다. 공을 어디에서 때려도 거짓말같이 수많은 털을 날리며 뚝 떨어지면서도 파워는 묵직했다. 또 한 가지는 백스윙을 많이 하지 말라는 것이었다. 당시에는 이해가 되지 않았다. 역학적으로는 테이크 백을 크게 하고 허리힘을 이용해 힘껏 쳐야 공이 앞으로 나가는 원리였다. 하지만 그의 코칭은 달랐다. 현대 테니스 라켓들의 반발력은 나의 어릴 적 라켓보다 훨씬 강하기 때문에 몸을 회전축으로 하여 밀어내는 테니스가 옛날 방식이었다면 현대 테니스는 테니스 라켓의 반발력을 100% 활용하기 위해 손목을 회전축으로 삼고 때리는 동시에 빠르게 힘을 빼 줘야 회전력이 극대화된다는 논리였다. 따라서 현대 테니스에서는 큰 동작의 테이크 백이 필요 없어졌다. 그렇다. 결국 공은 내가 치는 게 아니라 (현대 기술로 더 반발력이 강해진) 라켓이 친다. 내 몸이 빠르게 회전할 필요가 없고 라켓만 빠르게 회전하게 된다. 그렇다면 반경은 작아지지만 손목을 축으로 빠르게 회전하면 몸 전체의 에너지 소비를 줄일 수 있게 되는 것이다.

그럼에도 불구하고

실업선수 현역시절 탑 클래스였던 지인이 해 준 조언이 있다. 전국대회를 나가면 16강, 8강, 4강, 결승, 그리고 우승 레벨에 다다르는 선수들의 특징이 각기 있다고 한다. 전국대회 16강 진출자들은 스스로의 범실, 즉 자책Unforced Error이 없다고 한다. 8강 진출자들은 범실은 물론 없거니와 상대가 잘 칠 수 있는 공을 절대 주지 않는다고 한다. 4강 진출자들은 범실이 없고 상대가 잘 치는 공을 주지 않고 그에 더해 자신이 잘하는 최소한 한 개 정도의 무기가 있다고 한다.

여기까지는 개인 스스로만 잘하면 되는 것들이다. 그렇다면 결승 진출자나 우승자들은 어떤 수준일까? 결승에 올라왔는데 상대가 에러도 없고 내가 잘 치는 공도 쉽게 주지 않을 뿐더러 강력한 무기가 최소 하나는 있는 선수라고 상상해 보자 넘어오는 공들은 내가 칠 수 없다는 생각이 들 정도로 빠르고 무겁게 넘어 올 것이다. 여기에서 포기할까?

지인은 이렇게 조언한다. 우승자들은 '그럼에도 불구하고' 상황을 만들어 내 자신의 무기로 그 상황을 뚫고 나가 결국에는 우승을 차지한다고 한다. 포핸드가 무기이지만 백핸드로 계속 보낸다면 수비로 대응해 결국 포핸드로 올 때까지 견딘다. 그리고 포핸드가 오면 끝내 버린다. 그러면 상대방이 그 포핸드를 두려워하게 되고 그 자그마한 심리적 구멍이 전체를 무너뜨린다.

인생도 마찬가지인 것 같다. 수많은 역경이 있겠지만 '그럼에도 불구하고' 계속 막아내다가 결국 결정적으로 자신에게 유리한 한 방으로 헤쳐 나가는 자만이 정상궤도에 올라가게 된다.

프로 경기 관람 - 경기 시작 전에서부터 경기 후 인터뷰까지

나는 프로 테니스 선수들의 경기는 경기 시작 전에서부터 경기 후 인터뷰까지, 처음부터 끝까지 풀 패키지로 챙겨본다. 경기 시작 전 그들이 어떻게 긴장감을 관리하는지 간접적으로 경험할 수 있기 때문이다. 수영의 박태환 선수가 유행시킨 경기 전 헤드폰 음악 감상은 유명한 사례이다. 로저 페더러Roger Federer는 주로 차분히 대기하는 편이고 라파엘 나달Rafael Nadal은 여기저기를 뛰어다니며 몸에 열을 올리면서 경기를 준비한다.

경기 후에 인터뷰를 챙겨보는 이유는, 인터뷰를 보면 경기 순간순간 그들이 어떻게 경기를 풀어 나갔으며 어떤 마음가짐으로 경기에 임했는지를 알 수 있기 때문이다. 90년대 테니스계를 휩쓸었던 앤드레 애거시Andre Agassi라는 선수가 있다. 애거시는 베이스 라인에서 강력한 스트로크로 상대를 공격하는 스타일이었는데 하루는 인터뷰에서 주옥같은 명언을 남겼다.

한 기자가 물었다. "스트로크 플레이로 유명한데 어떤 특별한 코스 전략이 있으신가요?" 그러자 애거시는 답했다. "저는 그런 생각을 하지 않고 상대방을 신경 쓰지 않습니다. 제가 치고 싶은 코스로 치고 상대방이 그 코스에 없다면 제가 이길 것이고 상대방이 그 코스에 있다면 그는 단지 운이 좋은 것입니다. 하지만 그 친구가 그 코스에 있다고 하더라도 제 공은 못 받을 것입니다."

자칫 자신을 과신하는 자신감일 수도 있지만 단순하게 생각하기 때문에 잡다한 생각과 고민이 없어 자신만의 공을 만들 수 있었을 것이다.

1997년 국내 최초의 테니스화 VITRO 스폰서십을 받다

선수시절 비트로VITRO라는 부산소재 테니스화 제작업체로부터 협찬을 받은 적이 있다. 당시 나이키나 아디다스가 아닌 처음 들어보는 브랜드라 내심 그닥 신고 싶은 마음이 없었다. 하지만 막상 신어보니 나이키는 당시 모델이었던 안드레 애거시 효과로 디자인이 수려했으나 내구성이 떨어져 한두 경기를 뛰고 나면 클레이코트가 대부분이었던 당시 국내 테니스 환경에서 안쪽이 터지기 일쑤였다. 반면 아디다스는 내구성은 좋았으나 탱크처럼 무겁고 디자인 또한 갑옷을 덧댄 모습이었다.

비트로VITRO는 이 두 브랜드의 장점만을 혼합한 제품이었다. 나이키 Air Challenge를 연상케 하는 절제된 디자인, 튼튼한 내구성, 그리고 세 브랜드 중 가장 가벼웠고 발이 편했다. 실제 하루 경기

한국 최초 테니스화 VITRO 버밍햄 자료제공: VITRO

가 끝나면 엄청 발이 피곤했는데 이 신발을 신고 나서는 전혀 피곤하지 않았고 경기력은 당연히 향상되었다.

당시 한국 최초의 테니스화 생산기업이자 신생 기업이었던 비트로사는 비용절감을 위해 현금이 추가적으로 들지 않는 우리같이 저학년 테니스 선수들의 후원을 선택했다. 왜냐하면 우린 신발을 '공짜'로 준다는 것만으로도 감사했고 스포츠마케팅 스폰서십이라는 개념 같은 것은 익숙하지 않은 시대였다. 조건은 전국대회 및 시도대회 무조건 착용이었고 나를 비롯한 우리 팀 모두 어린 마음에 나이키나 아디다스를 신길 원했지만 비트로를 신고 뛰었다. 당해 우리 학교는 전국대회 준우승을 거머쥐었고 좋아하시던 비트로 소속 직원 아저씨들의 표정이 아직도 눈에 선하다. 놀랍게도 다음해 모든 테니스 경기장에는 비트로 현수막이 펄럭거렸고 선수들을 비롯한 동호인들까지 모두 비트로VITRO를 신고 있었다. 나는 그때 스포츠마케팅이라는 분야를 몸으로 직접 체험했고 이 경험은 지금 스포츠를 통한 마케팅을 전문으로 하는 스포츠의류 브랜드 마케터 커리어의 밑바탕이 되었다.

· · · · · ·

이건우의 챔피언십 포인트

① 초딩 시절 홀린 듯 빠진, 그러나 우여곡절 끝에 힘겹게 시작한 테니스의 세계.
② 30대 중반, 성숙해진 눈과 내공으로 '테니스 인생 제2의 전성기'를 맞이하다.
③ 스포츠 마케터 겸 테니스 덕후로서 업무와 취미의 덕업일치 삶을 100세까지 이어가자.

아이스하키 불모지에서

아이스하키 동호회 뛰는 외국계 항공사 직원

최영대_ 외국계 항공사 지상직

Email_jeremychoi121@gmail.com

밴쿠버 어학연수 ··· 아이스하키에서 시작된 본격적인 덕질

스포츠 강국 미국의 4대 스포츠는 야구MLB, 농구NBA, 미식축구 NFL, 아이스하키NHL이다. 미국에서 이 스포츠들은 엄청난 인기를 구가하며 관련 산업의 규모도 갈수록 커지고 있다. 국내에서도 야구와 농구는 말할 것도 없고 미식축구도 한국계 미식축구스타 하인스 워드Hines Ward의 영향으로 꽤 많이 알려져 해당 스포츠의 시즌이 되면 중계도 쉽게 접할 수 있다. 하지만 국내에서 위 4종목 중 아이스하키는 여전히 비인기종목으로 남아 있다. 동계 스포츠 중 쇼트트랙, 스피드 스케이팅뿐 아니라 피겨 스케이팅, 컬링, 스켈레톤에서도 수많은 스포츠 스타들을 배출하고 있는데 여전히 아이스하키는 사람들에게 조금 먼 스포츠로 느껴진다.

사실 아이스하키는 아시아권에서만 비인기일 뿐 미국, 캐나다, 유럽에 걸쳐 폭발적인 팬덤을 보유하고 있고 '동계 올림픽의 꽃'으로 불리며 동계 올림픽 매출의 절반을 차지할 정도로 인기 스포츠이다.

　이런 아이스하키에 제대로 된 '덕질'을 시작한 시기는 캐나다 밴쿠버Vancouver에 어학연수를 가면서부터였다. 춥고 얼음이 많은 캐나다에서 스케이트는 일상이었고 그 중 아이스하키는 국기國技로 여겨질 정도로 압도적인 인기를 누리고 있다.

　그곳에서 난생 처음 접해보는 아이스하키였지만 첫 경험은 강렬했다. 마치 전사처럼 중무장한 선수들이 빙판 위에 서서 엄청난 스피드로 상대방의 몸을 부숴버릴 듯 격렬하게 몸싸움을 하는 모습은 단숨에 나를 사로잡았다. 순간적으로 내 인생 스포츠를 만났다는 생각이 들었다. 학생이었기에 가장 싼 티켓도 100달러 정도 하는 경기를 자주는 볼 수 없었지만 식비를 아껴가면서 1주일에 한 번은 경기를 보러 다니곤 했다. 밥을 굶으면서까지 그럴 필요가 있냐고 하실 분들도 있겠지만 홈구장 로저스 아레나Rogers Arena에서 느낄 수 있는 열기와 희열을 한 번이라도 맛본 사람이라면 이 '덕심'을 이해할 수 있을 것이다.

　캐나다 연수를 떠난 것이 2016년이기에 아이스하키에 푹 빠져 지낸 시간이 그리 길다고는 볼 수 없지만 '늦게 배운 도둑질에 날 새는 줄 모른다'는 속담처럼 그 누구보다도 강하게 빨려 들어갔다.

　NHL도 MLB나 NBA처럼 미국과 캐나다 연고팀이 섞여 있다. 당시 밴쿠버에 거주했던 나는 자연스레 연고지팀 밴쿠버 캐넉스 Vancouver Canucks의 팬이 되었으며 그 팬심은 현재도 변함없다. 아이스하키에 빠진 이후에는, 다른 스포츠를 좋아할 때는 하지 않았던 것들도 하게 되었다.

　국내 야구팀 중에서는 롯데 자이언츠를 좋아해서 자이언츠 유

니폼과 재킷을 하나씩 가지고 있
다. 하지만 아이스하키 같은 경우
는 모든 팀들의 저지를 수집 중이
다. 팀이 31개(2021년부터는 시애틀
연고팀도 추가된다)나 되기 때문에 모
아야 할 수량도 많은데, 아이스하
키 저지는 1벌당 약 200달러 정도
로 가격이 부담스러워 자주 구매
할 순 없었다. 때문에 아직 많이
모으지는 못했지만 왜 많은 덕후

지금까지 모은 하키 저지와 굿즈들

들이 유니폼이나 굿즈들을 수집하는지 공감하면서 즐겁게 모으는
중이다.

보는 덕질에서 하는 덕질로

　나의 아이스하키에 대한 애정과 관심은 갈수록 커져 직접 운
동을 하기에 이르렀다. 사실 축구나 야구는 좋아하면 취미로 직접
하는 일이 드물지는 않다. 하지만 아이스하키 같은 경우는 조금 다
르다. 종목 특성상 착용하는 장비가 워낙 많아서 풀세트로 마련하
려면 중고가 아닌 이상 100만원 정도의 투자는 각오해야 한다. 그
리고 빙판을 정빙하는 비용이 들어가기 때문에 많은 사람들이 나
눠 지불하더라도 자주하려면 링크장 대관비용이 만만치 않다. 즉,
단순한 호기심으로 시작해 보기에는 진입장벽이 상대적으로 높다.
그래서 그런지 현재 동호회에서 같이 하키를 하는 분들은 대부분

팀 코치님과 함께   매주 즐기고 있는 아이스하키

아이스하키에 대한 지식도 높고 아주 오래전부터 해오던 마니아들이다.

국내 아이스하키 동호회 팀들은 마니아층을 중심으로 생각보다는 꽤 탄탄하게 형성되어 있다. 동호회 리그도 3부리그까지 형성이 되어있다. 장비 거래나 팀 홍보, 팀간 경기신청 등등 국내 아이스하키에 대해 모든 것을 다루는 국내 최대 커뮤니티를 소개할 테니 아이스하키에 관심이 있고 입문할 의향이 있으신 분들은 참고하시기 바란다.

하키러브닷컴(http://hockeylove.com/)

팀에 소속되어서 레슨을 받고 게임을 뛰는 게 목적이라면 '밴드' 앱을 다운받아서 '하키러브 오픈하키'에 가입을 하면 된다. 신입회원을 받는 팀, 당일만 참여하는 '게스트'를 받는 팀 등 여러 팀에서 다양한 정보가 실시간으로 올라온다. 무료체험도 가능하고 체험 같은 경우는 장비를 지원해주는 곳도 많으니 궁금한 분들은 부담

없이 경험해 보시길 바란다.

한국에서도 관람 가능한 프로 아이스하키 경기

한국에서는 아이스하키가 아직 비인기 종목이라 프로리그가 있다는 사실조차 모르시는 분들이 대부분이겠지만 ALIH아시아리그 아이스하키라는 리그가 존재한다. 캐나다에서 귀국하기 전에 아시아리그의 존재를 알고 얼마나 기뻤는지 모른다. 다만 국내 시장이 워낙 작다 보니 일본, 러시아와 연합으로 진행하여 현재는 한국 1팀, 일본 5팀, 러시아 1팀 총 7팀이 리그에 소속되어 있다.

국가를 왔다 갔다 해야 하는 리그 특성상 원정 비용도 부담이 되기에 경기 수도 많지가 않고 한국팀 홈경기 이외에는 관람도 힘들다. 그러다 보니 국내 경기가 있을 때는 그 어떤 일도 제쳐 두고 관람을 다녔다. 나도 한때는 스포츠가 취미를 넘어 삶의 최우선에 두는 사람들이 쉽게 이해가 가지 않았지만 지금 당사자가 되어보니 그 감정에 사뭇 공감이 간다.

약 1년간 관람한 경기티켓과 기념으로 얻은 퍽

아이스하키의 매력, 그리고 그 중독성

아이스하키를 TV중계로 시청하는 것과 현장에서 직접 관전하는 것은 하늘과 땅 차이다. 물론 다른 종목들도 현장에서 관람하는 것이 더 재미있을 것이다. 하지만 아이스하키만큼 현장과 TV로 보는 느낌의 차이가 큰 종목은 없을 것이라 생각한다. 선수들끼리 바디체킹[1]을 하는 소리, 스틱끼리 치열하게 부딪치는 소리, 엄청난 스피드의 스케이팅으로 빙판이 사각사각 긁히는 소리를 듣고 있으면 엄청난 쾌감이 느껴진다. 글로 표현하기에는 한계가 있지만 아이스하키는 타 종목과는 확실히 차별화되는 매력이 있다. 그래서 아이스하키에 누구든 '입덕'하면 헤어 나오기가 힘들다. 그렇다면 아이스하키의 매력은 무엇이며 왜 중독되는 것일까? 나는 가장 큰 이유로 세 가지를 꼽고 싶다.

❶ 격렬함

격렬함은 개인적으로 아이스하키에 중독되는 가장 큰 이유라고 생각한다. 아이스하키는 거친 몸싸움이 허용되는 진정한 '상남자' 스포츠이다. 빙판 위를 달리다가 몸끼리 부딪치는 바디체킹이 원칙적으로 허용이 된다. 단순히 몸을 밀치는 수준이 아닌 상대편을 벽으로, 바닥으로, 냅다 꽂아버린다. 선수들끼리 퍽을 빼앗으려 서로 충돌하며 다툼을 하는 모습을 보면 엄청난 쾌감이 느껴진다. 몸싸움이 워낙 거칠다보니 착용해야 할 장비도 한두 가지가 아니다. 헬멧, 숄더 패드몸, 어깨보호, 엘보우 패드팔꿈치보호, 글러브손보호, 하키

---

1 Body-Checking, 퍽을 소유하기 위해 몸을 부딪치는 행위

팬츠엉덩이보호, 조그 팬츠낭심보호, 신가드무릎, 정강이보호 등이 필요하다. 이러한 장비들을 풀로 착용하고 아이스 위로 들어서서 거친 몸싸움을 하는 선수들을 보노라면, 정말 비장하게 전투에 나서는 전사들이 떠오르게 된다. 실제 경기에서의 격렬함은 전투라고 봐도 무방할 수준이다.

격렬함의 끝을 달리는 요소가 '파이트'이다. 아이스하키를 접해본 적 없는 사람들은 놀랄 수도 있겠지만 아이스하키에서는 1대1 싸움이 허용된다. '하키 파이트Hockey Fight'라고 하는데 파이트는 하키의 재미를 극대화해주는 요소 중 하나이다. 흔히 떠올리는 야만적인 패싸움이 아니라, 취지가 있으며 나름의 암묵적인 규칙과 불문율이 존재하여 그것만 지키면 심판이 말리지 않는다. 실제로 선수 간 파이트는 경기 관람의 엄청난 묘미 중 하나이며 경기의 일부로 받아들여진다. 미국 드라마에서 아이스하키에 관련된 내용이 나오면 "아이스하키는 경기보다 싸움 구경이 더 재미있어"라는 대사가 나올 정도로 싸움은 관례를 넘어서서 아이스하키의 문화이다.

❷ 스피드

두 번째는 스피드이다. 거칠다는 매력만큼이나 아이스하키를 차별화하는 매력이 스피드이다. 그 어떤 종목보다도 빠르게 경기가 진행된다. 아이스하키 경기를 현장에서 보면 정말 말도 안 되게 빠르고 그 스피드가 경기 끝까지 유지된다. 덕분에 경기 내내 집중할 수밖에 없어 즐거움과 몰입도는 높아질 수밖에 없다. 이러한 쾌감과 긴장감은 중독성이 강할 수밖에 없다

스피드를 유지시켜주는 또 다른 이유 중 하나는 흔히 말하는

시간을 끄는 '침대축구'가 불가능하다는 점이다. 기본적으로 몸싸움이 허용이 되기에 페널티를 받을 정도의 비신사적인 행위를 하지 않는 이상 선수가 쓰러져 있어도 경기는 계속해서 진행된다. 선수들도 그 사실을 잘 알기에 넘어져도 아픈 척을 하지 않고 바로바로 일어난다. 아무리 거친 바디체킹을 당해도 고통을 참고 곧장 일어나는 선수들을 보면 진정한 전사들이란 생각이 든다. 나는 종종 주위 지인들에게 아이스하키에 대해 설명할 기회가 생기면 이 말을 자주 했다. "안 아파도 아픈 척 하는 종목들도 많은데 하키 선수들은 아파도 안 아픈 척 한다." 이렇게 빠르고 끊김이 없는 스포츠에 나는 빠져들 수밖에 없었다.

❸ 사운드

세 번째는 사운드이다. 스포츠 직관을 한 번이라도 해보신 분들이라면 아시겠지만 현장감의 핵심은 사운드, 즉 현장음이다. 아이스하키는 현장음이 주는 만족감이 절대적이다. 아무리 거친 몸싸

경기장 안에서 친구들과   아시아리그 관람

움이 난무하더라도 그 생생한 소리가 들리지 않는다면 매력이 반감될 수밖에 없다. 그래서 아이스하키는 현장에서 경험할수록 더 빠져들기 쉽다고 생각한다.

아이스하키 유소년 선수를 따라다니며 매일 현장에서 경기를 관람하는 학부모들이 쉽게 아이스하키 마니아가 되는 것도 이런 이유일 것이다. 나도 아시아리그를 관람할 때 친구들을 꼬드겨서 가는 편인데 현장의 매력에 매료되어서 마니아가 되는 친구들의 수도 이제 제법 된다.

아이스하키 관람 에피소드 ··· 유니폼으로 얽힌 인연

아시아리그를 관람하면서 벌어진 일이다. 아이스하키 저지를 모으는 게 취미다 보니 그 저지들을 입고 경기를 보러 가는 것을 좋아한다. 확실히 유니폼을 입고 경기를 관람하면 재미가 배가 된다. 친구들이랑 경기를 보러 갈 때 친구들은 저지가 없으니 내 저지를 챙겨가서 나누어 주고 다 같이 입고 관람한다. 하루는 경기가 끝나고 나왔는데 외국인들이 말을 걸었다. 그도 타 NHL 팀 저지를 입고 있었는데 우리와 같이 사진

각종 저지들이 신기했던 외국인들의 사진 요청

을 찍고 싶다는 것이었다. 본인도 하키팬인데 여기서 이렇게 다채로운 NHL 유니폼들을 보니 너무 반갑다고 같이 사진을 찍고 싶다는 것이었다. 사진을 찍어 놓고 보니 마치 NHL 유니폼 전시회에 온 것 같았다. 이렇게 우린 국경을 넘어 저지를 통해 친구가 될 수 있었다.

꼭 알아두어야 할 팀 안양한라 그리고 구단주 정몽원

국내에는 총 2개의 프로팀이 있는데 안양한라와 하이원이다. 아시아리그에서 뛰고 있는 팀은 안양한라이며 하이원은 현재 국내 대회에만 참가 중이다. 그 중 안양한라는 대한아이스하키협회장도 겸하시는 소문난 아이스하키 마니아, 정몽원 한라그룹 회장이 1994년 창단한 아이스하키팀이다. 정몽원 회장은, 아시아리그가 외국리그에 비해 시장도 작고 수익성도 적어서 계속해서 적자임에도 불구

역사적인 올림픽 1호골의 주인공 조민호 선수   안양한라 NO.29 귀화선수 Eric Regan

하고 아이스하키에 대한 사랑 하나로 94년부터 계속 팀을 유지해오
며 한국 아이스하키에 헌신해온 장본인이다. 그 공로를 인정받아
IIHF국제아이스하키연맹 '명예의 전당'에도 헌액되었다. 이 자리를
빌려 한국 아이스하키를 이 자리까지 만들기 위해 물심양면 지원을
아끼지 않은 정몽원 회장님께 감사의 말씀을 드리고 싶다.

지난 2018 평창동계올림픽 때 아이스하키팀 전력상승을 위해
7명의 귀화선수를 받아들였다. 올림픽만을 위한 일회성 귀화가 아
닌, 대부분의 선수들이 올림픽 전부터 아시아리그에서 오랜 기간
뛴 선수들이었다. 수준 높은 선수들을 귀화시킴으로써 국내선수들
의 경기력도 상승할 수 있었다.

오늘도 안양한라와 하이원의 경기를 기다려 본다.

• • • • • •

최영대의 하키라이프

① 캐나다에서 접하자마자 파워와 스피드의 매력에 빠져 내 인생 스포츠라는 느낌
   을 확 받았던 아이스하키.
② 보는 것에 만족하지 못하고 귀국후 동호회 활동으로 인생의 큰 부분이 되었다.
③ 한국에서는 아직 마이너 종목이지만 프로리그도 있고 언젠가 TV에서 중계될 날
   을 꿈꿔 본다.

유학생활 속 덕질

미국 대학(NCAA)농구 전문가 스포츠 마케터

주장훈_ 대기업 마케터

Email_jhjoo96@gmail.com
Instagram_@jooropa
Naver Blog_blog.naver.com/joohwang2021

산소, 설렁탕, 가족, 그리고 스포츠

정확히 6살 때부터 TV에서 스포츠를 보기 시작했으니까 한글을 채 떼기도 전에 엉뚱하게도 스포츠에 입덕을 했다고 할 수 있다. 개인적으로 8살 때 4강 진출의 신화를 일궈낸 멕시코 세계 청소년 축구대회 경기들을 생중계로 시청했고 그 다음해에는 로스앤젤레스 올림픽에서 우리나라가 금메달 6, 은메달 6, 동메달 7개를 따내는 장면 역시 TV로 꼬박꼬박 지켜봤다. 이후 전 세계의 프로와 아마추어 스포츠를 골고루 관전하고 응원해 왔는데 어느새 스포츠는 내 인생에서 산소, 설렁탕, 그리고 가족들과 함께 떼려야 뗄 수 없는 존재가 되었다.

이 때문에 인생에서 진학(진학할 학교를 지원할 때 가능하면 스포츠 잘 하는 학교를 우선 선택), 취업(스포츠와 관련된 진로와 업종), 이직(스포츠와 관련된 업체), 업무 선택(스포츠와 관련된 업무), 취미(스포츠 관람, 아이템 구매), 출산－막내아들은 전미 대학농구, 즉 NCAANational

Collegiate Athletic Association 토너먼트NCAA Tournament 3월의 광란March Madness
에 맞춰 3월 출산 – 등 수많은 결정의 순간에 스포츠가 크고 작은
영향을 미쳐왔다. 스포츠가 없는 세상, 스포츠 없이 살아가는 내 모
습은 상상할 수 없다.

학창 시절부터 시작된 스포츠에 대한 열정

　스포츠 덕질의 절정은 미국에 공부하러 갔을 때였지만 이미
어릴 적 학창 시절부터 그 싹이 트기 시작했다. 나의 중·고교 학창
시절 대표적인 문화 코드는 만화 <슬램덩크>와 미 프로농구
National Basketball Association의 마이클 조던Michael Jordan, 드라마 <마지막
승부>였고 학교 운동장에서는 가장 인기 있고 쿨하고 운동 잘 하
는 아이들이 다른 종목들이 아닌 농구를 하던 시대였다. 이때는 주
한미군 한국 네트워크Armed Forces Korean Networks, 즉 AFKN이라는 소중
한 미군 채널이 미국에서 일어나는 모든 대형 스포츠 경기들을 대
한민국 모든 스포츠팬들과 덕후들에게 무료로 생생하게 중계해 주
는 시대이기도 했다. 1991년과 1992년 전미 대학농구 토너먼트 2년
연속 우승을 차지한 듀크 대학교Duke University 농구팀을 보면서 그랜
트 .힐Grant Hill과 크리스천 레이트너Christian Laettner, 바비 헐리Bobby Hurley
의 플레이에 열광하기도 했다. 그리고 그 당시 이 학교가 학구적으
로도 '남부의 하버드'라고 불릴 정도로 면학 분위기를 갖춘 학교라
는 사실을 알게 되면서 '나중에 혹시라도 미국으로 유학을 가게 된
다면 저 학교에 가서 농구를 실컷 보면서 학교를 다녀야지'라고 막
연한 결심을 하게 됐다.

나의 결심은 약간의 운과 평균 이상의 노력으로 이루어질 수 있었다. 그로부터 정확히 15년 후에 원하던 학교인 듀크 대학교 경영대학원으로 유학을 가게 되었고, 정확하게 17년 후 TV로만 봐왔던 바로 그 전미 대학농구 토너먼트 결승전 현장에서 듀크 대학교를 응원하고 있었다.

유학 시절 절정에 달한 스포츠 덕질

듀크 대학교는 캠퍼스 내에 학업과 농구 이 두 가지만 존재하는 학교이다. 그도 그럴 것이 미국 노스캐롤라이나North Carolina 주에 위치해 있는 이 학교 주변에는 또 다른 농구 명문 학교가 존재하고 있다. 바로 역사상 최고의 농구 선수로 손꼽히는 마이클 조던Michael Jordan의 모교 노스캐롤라이나 대학교University of North Carolina, 이하 UNC로 통칭이다. UNC는 조던뿐 아니라 빈스 카터Vince Carter, 제임스 워디James Worthy, 앤트원 제이미슨Antawn Jamison, 제리 스택하우스Jerry Stackhouse, 라시드 월레스Rasheed Wallace, 릭 폭스Rick Fox 등 수많은 NBA 스타들을 배출한 농구 명문 대학교이다. 듀크와 UNC는 미국 스포츠에서는 가장 치열한 라이벌 관계를 형성하고 있다.

그런데 노스캐롤라이나 주에는 UNC 외에도 한국 프로농구KBL에서도 잠깐 뛰었던 씨제이 레슬리C.J. Leslie가 나온 노스캐롤라이나 주립North Carolina State University, 팀 던컨Tim Duncan과 크리스 폴Chris Paul의 모교인 웨이크 포레스트Wake Forest University 등이 있고 현재 NBA 최고의 스타 스테픈 커리Stephen Curry가 졸업했고 대한민국의 자랑 이현중 선수가 뛰고 있는 데이비슨 대학교Davidson College도 역시 노스캐롤라이나 내에 위치한 농구 명문이다. 이처럼 농구 강호 대학들이 즐비한 이유로 노스캐롤라이나 주는 대학농구가 곧 스포츠의 전부이다. 이 때문에 해당 학교의 학생과 교직원은 물론 주 전체 주민들은 농구 시즌이 되면 각자 응원하는 학교들의 팬으로 갈라서게 된다.

듀크 역시 농구의 열기에 빠지기는 마찬가지이다. 듀크대 농구팀의 홈구장인 캐머론 실내 체육관Cameron Indoor Stadium은 미국 대학스포츠의 '성지'와도 같은 곳이다. 듀크의 홈경기에 입장을 하기 위해 학부생들과 대학원생들은 '캠프아웃Campout'이라는 하나의 의식과도 같은 행사를 치른다. 경기 입장권을 구매하기 위해 아예 텐트를 세우고 야영을 하면서 줄을 서는 데서 유래되어 오늘날에는 하나의 거대한 행사로 자리 잡게 되었다.

농구 입장권 구입을 위한 밤샘 줄서기 전쟁 - 캠프아웃

당연히 나도 이 캠프아웃 행사에 참여했다. 캠프아웃에서 처음부터 끝까지 한 번도 낙오되지 않고 살아남는(?) 대학원생들에게는 값싼 가격으로 시즌권을 구매할 수 있는 권리가 생긴다. 시즌권 가

듀크 농구 경기장 근처에 줄지어서 설치된 '캠프아웃' 텐트들

격이 150달러인데 양도가 가능하고 시즌 중 UNC나 웨이크 포레스트 같은 라이벌전 경기의 경우 단 한 경기 입장료가 비싸게는 1,000달러 넘게 치솟으므로 나 같은 스포츠 덕후 입장에서는 그야말로 '땡잡는' 것이다.

학부생의 경우 시즌 내내 캠프아웃을 해야 하지만 대학원생은 2박 3일의 '단기 코스'를 밟으면 추첨을 통해 이 시즌권을 득템할 수 있다. 다만 새벽 매 시간마다 사이렌을 울리면서 소집하는 출석 체크를 반드시 거쳐 2박 3일을 꼬박 캠프 장소에 붙어 있어야

2009-10시즌 당시의 듀크대 농구팀 대학원생 시즌권

한다. 이 때문에 막판 가면 대학원생들은 거의 '좀비'로 변하게 된다. 그래도 이 고생을 하고 나면 한 시즌 스포츠 덕후로서의 삶을 한껏 누릴 수 있는 아이템을 얻게 된다. 대개는 5~10명 정도의 그룹을 이뤄 함께 캠프아웃을 치른 후 추첨을 통해 얻은 시즌권을 갖고 참석 인원들이 나눠서 사용하는 식이다.

그런데 이와 같은 캠프아웃 행사는 듀크 대학교 본부 학생처의 지원을 받아 학생회와 대학원생회에서 직접 주최하고 있다. 여기에는 적지 않은 인력과 예산이 투입됨은 물론이다. 그리고 이 행사는 코로나 바이러스 유행 같은 문제가 있지 않는 한 매년 계속되고 있다. 듀크는 왜 이처럼 많은 인력과 예산을 투자하면서 번거롭게 이런 행사를 치를까. 우선 캠프아웃을 통해 학교는 학생들의 결속력을 다진다. 함께 캠프아웃을 하면서 많은 동기들과 선후배들을 만나고 인연을 맺게 된다. 듀크 대학교는 개신교에서도 감리교 계열의 사

립학교로 학부생의 정원이 1만 명이 채 되지 않는 소규모의 학교이
다. 대학원까지 합쳐도 학생 정원이 약 1만 5천여 명 정도 밖에 되
지 않는다. 이렇게 작은 규모이다 보니 학교 행사에 거의 모든 학생
들이 참여할 수가 있고 특히나 농구와 관련된 행사에는 참석률이
대단히 높다. 여기에서 함께 고생하고 함께 목적을 달성하는 과정을
치르면 자연스럽게 소속감이 형성되고 결속력이 생긴다.

둘째로 응원하는 농구팀에 대한 팬 충성심을 강화한다. 이 같은
캠프아웃을 치르면 경기장에 팀의 경기를 보러 갈 의지와 동기가 강
화된다. 주최 측에서는 팀의 감독과 선수들을 직접 캠프아웃 현장에
초청하여 캠프아웃 참가자들을 격려하고 다른 스포츠 팀들도 현장을
방문해 남자 농구 이외의 비인기 종목들을 소개하고 홍보하는 무대로
활용한다. 나도 사실 여자 농구팀이나 여자 배구팀에 대해서는 잘 몰
랐는데 캠프아웃을 통해 알게 되었고 여기에서 인사를 하고 사인을
받은 여자팀 주장 재스민 토머스Jasmine Thomas의 경기를 보러 가고 그
녀가 전미 여자 프로농구WNBA에 진출한 뒤에도 응원을 하게 되었다.
이렇게 되면 스포츠 팀에 대한 팬들의 충성심은 강화될 수밖에 없다.

마지막으로 듀크라는 이름 아래 하나의 유대감이 형성된다. 듀
크 대학교는 동문 간의 유대감이 강하고 사회 진출 후 서로 밀고
당겨주는 팀워크로 유명한데 농구와 캠프아웃을 통해 이 같은 유대
감이 더더욱 강화된다. NBA 현 총재인 애덤 실버Adam Silver, 뉴올리
언스 펠리컨스New Orleans Pelicans의 단장General Manager 트레전 랭던Trajon
Langdon이 모두 듀크 출신이다. 듀크 출신 랭던의 영향으로 펠리컨스
에는 한때 2019 NBA 드래프트 1순위 자이언 윌리엄슨Zion Williamson
을 비롯해 제이제이 레딕JJ Redick, 브랜던 잉그럼Brandon Ingram, 자릴 오

카포Jahlil Okafor, 프랭크 잭슨Frank Jackson 등 듀크 출신 선수들이 즐비
했다. 실제로 나 역시 실버가 부총재 시절 뉴욕에서 열린 한 스포
츠 산업 컨퍼런스에서 실버 총재의 강연을 들을 기회가 있었는데
끝나고 실버 총재와 기념 촬영을 하고 간단하게 담소까지 나눌 수
있었다. 듀크 출신이라고 소개를 하면서 얘기를 시작했기 때문에
가능했던 일이었다.

　재미있게도 이 캠프아웃에 참가하면서 한중일의 아시아 출신
뿐 아니라 상당수의 미국인과 기타 외국인 동기, 선후배들과도 친
해질 수 있었다. 캠프아웃에서는 미국 스포츠팬들 사이에서는 유명
한 이른바 테일게이팅 파티Tailgating 문화가 펼쳐졌는데 테일게이팅
이란 미식축구 경기나 야구 경기에 앞서 경기장에 온 팬들이 주차
장에서 뒷문이나 트렁크를 열어 놓고 바비큐 그릴에 소시지나 햄버
거를 구워 먹으면서 맥주 한 잔 하거나 음료수를 마시며 파티를 여
는 미국 스포츠 특유의 식도락 문화였다. 듀크의 캠프아웃 현장 역
시 낮에는 거대한 테일게이팅 현장으로 변신하는데 이 테일게이팅
음식으로 가장 각광을 받은 것이 한인 학생들이 요리한 삼겹살과
불고기, 갈비 등의 한식 고기구이들이었다. 거대한 테일게이팅 현

캠프아웃을 계기로 친목을 다진 아시아 국가 학생들과 최고 인기를 끈 한국식 불고기 요리

장에서 다른 외국 학생들이 굽는 소시지와 햄버거 냄새를 뚫고 '한국인의 자랑' 삼겹살 굽는 냄새가 점점 퍼지게 되면 한 시간이 채 못 되어서 한인 학생들의 바비큐 그릴 주변에는 수많은 외국 학생들이 호기심 어린 표정으로 구름 같이 모여들게 마련이었다. 그리고 삼겹살과 갈비를 맛본 외국인들의 입에서는 탄성이 쏟아졌다. 그러면서 외국 학생들과도 친해질 수 있었다.

듀크 대학교는 스포츠가 유명한 학교라서 대학원생들 중에도 스포츠를 좋아하는 팬이거나 잘 했던 선수 출신들이 많이 입학한다. 한 예로 내 경영대학원 동기 중에서 매트 젤러Matt Zeller라는 친구를 알게 되었는데 이 친구가 누구인고 하니 2013년 NBA 드래프트 전체 1순위에 지명된 코디 젤러Cody Zeller와 2012년 전체 17순위 픽 타일러 젤러Tyler Zeller의 사촌 형이었다. NBA 현역급 준수한 포워드 두 명을 배출한 운동선수 집안답게 매트 역시 야구 명문 밴더빌트 대학교Vanderbilt University 야구팀의 투수 출신이었다. 매트는 운동신경, 공부, 인성까지 어느 하나 빠지지 않는 그야말로 '엄친아'였다. 부상으로 선수 생활은 대학 때 그만두기는 했지만 여전히 운동을 잘 해서 경영대학원 교내 3대3 농구 대회를 하면 매트가 속한 팀은 다른 팀들을 초토화시켰다. 재미있는 것은 이렇게 잘하는 선수 출신인데도 불구하고 3대3 대회 우승은 못했다는 것. 우승팀에는 과거 덴마크 프로농구리그 올해의 수비수 출신의 또 다른 운동능력 갑인 동기가 뛰고 있었다는 후문이다.

캠프아웃 행사를 치르게 되면 이런 스포츠 광인 학교 동기들, 선후배들과 인적인 네트워크를 끈끈하게 맺을 수 있게 된다. 학교는 미래 자신의 자산이 될 수 있는 인적 네트워킹의 기회를 이 캠프아웃 행사를 통해 제공하는 것이다.

캐머론 실내 체육관에서 한 시즌 모든 홈경기 직관

캠프아웃을 완료하고 운 좋게 추첨을 통해 시즌권을 득하면 한 시즌 동안 마음껏 듀크의 홈경기를 관람할 수 있다. 바로 듀크의 홈구장인 캐머론 실내 체육관에서 말이다. 이 경기장은 스포츠 일러스트레이티드Sports Illustrated지에서 프랑스 오픈 테니스의 롤랑 가로Rolland Garros, 메이저리그 야구의 양키 스타디움Yankee Stadium과 펜웨이 파크Fenway Park, 영국의 웸블리 스타디움Wembley Stadium, 전미 프로 미식축구NFL 그린베이 패커스Green Bay Packers의 램보우 필드Lambeau Field 등과 함께 '20세기의 20대 운동 경기장Top 20 Venues of the 20th Century'에 선정될 만큼 유명한 곳이다. 비록 최대 수용 인원이 9,291명밖에 안 되는, 그리 큰 규모는 아니지만 지난 1939년 개장한 유서 깊은 경기장으로 매 경기마다 만원 관중을 이루고 경기장이 꽉 차면 폭발적인 응원 함성과 열기로 인해 원정 팀들이 경기를 하는데 애를 먹는 구장이다. 역시 스포츠 일러스트레이티드에서 선정한 '가장 원정 경기를 치르기 어려운 경기장' 1위에 오르기도 했다. 캐머론에서 응원하는 홈 관중들은 그 열광적인 응원 때문에 '캐머론의 광인들

캐머론 실내 체육관과 입장을 위해 아침부터 줄을 늘어선 관중들의 모습

Cameron Crazies'이라는 별칭이 붙어 있으며 캠프아웃을 거쳐 시즌권을 얻은 재학생 팬들은 적은 비용으로 바로 이 캐머론 크레이지가 될 수 있는 자격을 얻게 되는 셈이다.[1]

2008년부터 2010년까지 3년에 걸쳐, 2008-09 시즌 16경기, 2009-10 시즌 17경기가 각각 홈에서 열렸는데 덕분에 나는 이 중 3경기를 제외한 모든 홈경기를 직접 경기장에서 '직관'하는 행운을 누렸다. 게다가 2009-10 시즌은 더욱더 의미가 있었던 것이 듀크 대 남자 농구팀이 해당 시즌에서 대망의 NCAA농구 통합 우승을 차지했고 바로 이 우승 시즌의 홈 17경기를 죄다 직관했다는 것이다. 그리고 듀크는 홈에서 단 한 경기도 지지 않고 전승을 거뒀다. 홈경기 직관 승률 100%의 '승요승리의 요정' 역할을 톡톡히 한 것이다.

미국 대학농구 경기들은 학교별로 주중에 한 경기, 주말에 한 경기, 이렇게 일주일에 두 경기씩 열리는 일정이 보통인데 주중 경기는 가능하면 많은 학생들이 볼 수 있도록 학교 수업이 모두 종료된 후 저녁 시간에 경기가 편성이 된다. 덕분에 주중에는 수업이 끝나자마자 듀크의 홈경기를 직관하기 위해 농구장으로 달려가는 게 나의 하루 일과가 되었다. 그리고 원정 경기가 있는 날은 동기들과 함께 집이나 펍에 모여서 함께 단체 시청을 하였다. 사실 미국에서는 스포츠 경기를 단체로 함께 시청하는 문화가 일상화되어

---

1 지난 2009년 7월 미국 최대의 스포츠 언론 ESPN(Entertainment and Sports Networks) 매거진의 칼럼에서 '평생 반드시 한 번은 직접 가서 봐야 할 10대 스포츠 경기'를 발표했는데 4위가 캐머론 실내 체육관(Cameron Indoor Stadium)에서 열리는 듀크 대학교 대 UNC의 농구 라이벌전 경기였다(1위는 마스터스 골프대회). 듀크 대학교 농구팀의 홈구장인 캐머론 실내 체육관은 이처럼 미국 스포츠에서 가장 유명한 경기장 중의 하나이자 미국 대학농구 계에서는 성지로 통하는 곳이다.

있다.

특히 웨이크 포레스트, UNC, 매릴랜드University of Maryland 등 라이벌 전이 홈에서 열리는 날에는 죄다 직접 경기장에서 직관했는데 이 경기장 입장권 값만 가치로 따지면 아마도 총 1,500달러 정도에 해당할 것이다. 게다가 훗날 NBA에서 활약하게 되는 미래의 스타 선수들의 플레이까지 직접 경기장에서 볼 수 있었다. 마일스와 메이슨 플럼리 형제Miles & Mason Plumlee, 랜스 토머스Lance Thomas, 제프 티그Jeff Teague, 이슈마엘 스미스Ishmael Smith, 제임스 존슨James Johnson, 알 퍼루크 아미누Al-Farouq Aminu, 존 핸슨John Henson, 타일러 젤러Tyler Zeller, 에드 데이비스Ed Davis, 그레비스 바스케스Greivis Vasquez, 그리고 우리나라의 최진수 선수까지 모두 이때 경기장에서 대학 시절 플레이하는 모습을 직접 관전할 수 있었던 선수들이었다.

미국인 동기들도 인정한 스포츠에 대한 열정

농구뿐만이 아니었다. 대학 미식축구, 야구 월드시리즈, 전미 프로 미식축구 슈퍼 보울, 올림픽, 월드베이스볼 클래식, FIFA 월드컵 등 갖가지 빅게임이나 스포츠 이벤트들은 누군가 단체 관람을 제안하고 함께 보면서 즐거움을 더했다. 사실 미국인 동기들과 가까워질 수 있으려면 스포츠

2009-10 정규시즌 마지막 경기였던 라이벌 UNC전에서

유타대 출신 미국 동기들과 미식축구
미시건 대 유타전 시청

만큼 좋은 소재도 없었다. 특히 미국 사립대학교에 유학을 올 정도면 미국인들 중에서도 어느 정도 사회적인 지위와 위치가 있고 가정과 배경이 비교적 유복한 백인들인 경우가 많다. 이런 사람들의 신뢰를 얻고 그 사이에 있는 보이지 않는 벽을 허물고 친해지기도 쉽지는 않은데 스포츠는 모두를 가깝게 해줄 수 있는 매개체 역할을 했다. 한 번은 백인 동기 한 친구가 자신의 여자친구와 함께 듀크 농구 시범 경기를 보러 가기 위해 입장권을 찾아다니고 있는 사실을 우연히 알게 되어 이 친구에게 시즌권 두 장을 빌려준 일이 있었다. 여자친구와 경기를 잘 보고 돌아온 이 친구가 너무 고마워하면서 자신이 주최하는 저녁 자리에 초대까지 해 줬다. 그런 일이 있은 지 며칠 후, 또 다른 미국인 동기 하나가 조용히 나한테 오더니 "나 조지타운Georgetown University 전 티켓 네 장을 구하고 있어"라고 넌지시 얘기를 하는 것이었다. 쉽지 않은 부탁이었기에 "한 번 알아볼게"라고만 대답을 해주고 자리를 떴지만 미국인 동기들 사이에서조차 "그 친구에게 가면 표를 구해줄 수 있어"라는 소문이 돌 정도로 스포츠에 대한 나의 숨은 덕후력을 확인할 수 있었던 사례였다.

전미 대학농구 토너먼트 파이널 포 직관기

2010년 4월 초, 동기들과 함께 인디애나폴리스Indianapolis시로 장장 15시간에 걸친 자동차 여행을 떠났다. 2009 - 10시즌을 마무리

하는 NCAA 토너먼트의 4강전Final Four에 진출한 듀크의 경기를 현장에서 직접 관전하고 경험하기 위해서였다. 큰 딸이 태어난 지 불과 100일밖에 안 되는 시점이었지만 그런 건 스포츠 덕후인 아빠에게는 전혀 걸림돌이 되지 않았다. 그래, 아빠의 덕질을 그 누가 막으리요. 지금도 그 얘기를 딸에게 얘기하면 당연히 전혀 기억을 하질 못한다. 그러니 그때 직관은 우리 부녀 모두가 윈윈할 수 있는 결정이었던 것이다(물론 그때 남편의 덕질을 위해 여행을 허락해 준 아내의 용단에 감사한다).

NCAA 토너먼트 경기가 열리는 장소는 이미 몇 년 전부터 NCAA 협회에 의해 어느 특정 학교의 홈구장이 아닌 중립 지역 경기장에서 열리도록 결정이 된다. 특

2010년 파이널 포가 열린
루카스 오일 스타디움 앞에서

히 흥행을 위해 가능한 한 더 많은 관중을 수용할 수 있는 프로리그 실내 돔 경기장에서 열리게 되는 것이 최근 추세이다. 이 때문에 2010년 토너먼트 파이널 포 역시 인디애나폴리스에 소재한 전미 프로 미식축구NFL 경기장인 루카스 오일 스타디움Lucas Oil Stadium에서 열렸다.

매년 3월 미국 전역은 광란에 빠진다. 바로 68강 NCAA 토너먼트가 열리는 달이기 때문이다. 미국에서는 토너먼트가 열리는 이 3월의 열기를 일컬어 이른바 '3월의 광란March Madness'이라는 표현을 쓴다. 토너먼트에서 퍼듀Purdue University 대학교와의 16강전에서 승리하면서 8강행을 확정지은 후 학교에서는 4강전과 결승전, 패키지

입장권을 학생 할인 가격에 판매를 했다. 듀크가 준결승에 진출할 가능성이 높다고 판단했기 때문에 나와 몇몇 동기들은 미리 입장권을 구매했다. 물론 추첨을 통해 구매 여부가 확정되는 것이었는데 추첨 결과 응모를 한 모든 이에게 입장권이 배당되었다.

그리고 주말에 열린 8강전. 엑페 유도Ekpe Udoh가 뛴 베일러 대학교Baylor University와의 경기에서 극적으로 역전승을 거둔 후 대망의 4강전, 즉 파이널 포 진출을 확정 지었다. 이에 파이널 포가 열리는 그 다음 주말, 일본인 동기 한 명, 한국인 동기 세 명과 함께 미니밴 한 대에 나눠 타고 여행을 떠나게 되었다. 여행 동선상 노스캐롤라이나 주를 출발해 웨스트 버지니아 주State of West Virginia와 켄터키 주Commonwealth of Kentucky 등을 거쳐 인디애나폴리스Indianapolis가 위치한 인디애나 주State of Indiana로 들어갔는데 공교롭게도 이 4강전에 올라온 네 개 학교 중 3개 학교인 듀크, 웨스트 버지니아 대학교University of West Virginia, 버틀러 대학교Butler University가 여행 동선 주들에 위치해 있었다. 이 때문에 가는 길목마다 4강전을 보러 가는 다른 학교 팬들과 휴게소, 주유소, 또는 고속도로 위에서 마주치게 되었다. 우리

운전해 간 미니밴도 공교롭게 파란색

차에는 파란색 듀크 깃발을 달고 있었고 타팀 팬들 역시 학교 상징색으로 한 눈에 구별 가능한 장식이나 깃발을 달고 있었기 때문에 차량만 보고도 쉽게 어느 학교 팬들인지를 알아볼 수 있었다. 다들 서로를 의식하거나 가벼운 야유를 보내면서 고속도로 여행을 즐겼다.

스포츠의 도시 인디애나폴리스 탐방

사실 인디애나 주에 위치한 인디애나폴리스는 미국 내에서도 뉴욕, LA, 시카고Chicago, 샌프란시스코San Francisco, 워싱턴Washington DC 등의 대도시들과 함께 최고의 스포츠 도시로 어깨를 나란히 할 수 있는 도시이다. 메이저 스포츠 프로리그 중에서는 NFL 인디애나폴리스 콜츠Indianapolis Colts, NBA 인디애나 페이서스Indiana Pacers, WNBA 인디애나 피버Indiana Fever 구단을 보유하고 있을 뿐 아니라 유명 자동차 경주인 인디카 시리즈IndyCar Series가 개최되는 세계적인 자동차 경주 경기장 인디애나폴리스 모터 스피드웨이Indianapolis Motor Speedway 가 위치해 있기도 하다. 여기에 미국 내에서 가장 거대한 팬층을 보유하고 있는 미국 대학 스포츠의 총본산인 전미 대학 체육협회 NCAA 본부와 명예의 전당Hall of Champions이 이 도시에 자리하고 있기까지 하다. 현 보스턴 셀틱스Boston Celtics 구단의 브래드 스티븐스Brad Stevens 단장이 2010, 2011년 2년 연속 NCAA 토너먼트 준우승의 신화를 이끌기도 했던 농구 명문 버틀러 대학교 불독스Butler Bulldogs가 역시 인디애나폴리스 시내에 자리하고 있다. 버틀러 대학교 농구팀의 홈구장인 힝클 필드하우스Hinkle Fieldhouse는 농구를 소재로 한 영화의 고전이 되어 버린 <후지어스Hoosiers>에서 결승전이 열리는 장소로 촬영되었을 정도로 유서가 깊은 경기장이다. 이처럼 톱 스포츠 도시에서 열리는 모교의 파이널 포를 직접 관전하러 온 나 같은 스포츠 열성팬에게는 파이널 포뿐만 아니라 스포츠의 전반적인 열기를 느끼기에 더할 나위 없이 좋은 도시였다. 내가 이때 방문해 보고 인디애나폴리스가 스포츠 도시로서 매력적이라고 느낀 이유는 무엇보다도 NFL 콜츠의 홈구장인 루카스 오일 스타디움Lucas Oil Stadium과 NBA 페이서스의 홈구장인 뱅커스 라이프 필드하우스 Bankers Life Fieldhouse, 그리고 NCAA 본부가 서로 도보로 10분 거리 이내에 위치해 있고 이곳에서 다시 인디카 레이싱 경기장인 인디애나 모터 스피드웨이 및 자동차 경주 박물관, 그리고 버틀러 대학교의 힝클 필드하우스까지의 거리도 불과 차량으로 15분 정도 거리밖에 되지 않는다는 것이었다. 결국 인디애나폴리스에서 만끽할 수 있는 스포츠 명소들은 모두 시내 가까운 곳에 위치해 있어 이동과 교통이 편리한 데다가 대단히 안전하다.

이렇다 보니 NBA, NFL 경기가 있는 날이거나 올스타전, 파이널 포 같은 큰 경기가 열리는 주간이 되면 스포츠팬은 물론이고 리그와 팀, 학교, 협회, 미디어, 언론 관계자, 전현역 선수들, 코칭스탭, 감독들, 방송인들이 이 지역에 구름같이 모여든다. 그리고 이들이 가는 동선이 작은 지역에 한정되다 보니 곳곳에서 유명인들과 마주치게 된다. 이 지역에는 스포츠팬들과 관계자들 사이에서 유명한 수많은 맛집들이 몰려 있다. 이 당시 파이널 포를 보러 온 주말 여행 동안 대학농구 해설자로 유명한 덕 가틀리프Doug Gottlieb가 자신의 팟캐스트 방송에서 추천한 맛집 두 곳인 '세인트엘모 스테이크하우스St. Elmo Steakhouse'와 '샤피로 델리카터슨Shapiro's Delicatessen'이란 식당을 가봤는데 맛이 일품이었다. 세인트엘모는 새우 칵테일 요리가 유명하고 샤피로는 샐러드와 샌드위치가 유명한 곳이었다. 내게는 메뉴나 음식의 맛보다 이곳에서 유명한 농구 관계자들을 보거나 만날 수 있어서 더 인상이 깊었다. 세인트엘모에서는 현 캔사스 주립 대학교 농구팀Kansas State Wildcats 감독인 브루스 웨버Bruce Weber 감독과 당시 ESPN의 대학농구 애널리스트인 앤디 캐츠Andy Katz를 우연히 볼 수 있었다. 그리고 이 식당에서 가장 유명한 메뉴인 새우 칵테일을 포함해 식사를 배부르게 하고 나왔는데 우연찮게도 식당 앞에서 낯익은 얼굴을 알아볼 수 있었다. 잠시 흡연을 하고 있는 당시 ESPN 해설자인 렌 엘모어Len Elmore였다. 그냥 사복을 입고 있으니 사람들이 잘 못 알아보는 모양이었는데 나는 보자마자 알아보고 기념 촬영을 요청했고 본인도 흔쾌히 응했다. 본인이

ESPN 해설자였던 렌 엘모어와 함께

라이벌 학교인 매릴랜드대 출신이었기에 내가 듀크 옷과 모자를 쓰고 있는 것을 보고는 "나랑 찍으면 (듀크)팬들이 싫어하실 텐데요"라고 농담을 던지기도 하셨다.

준결승전 두 경기는 언제나 4월 첫째 주 토요일 저녁 때 열린다. 이 때문에 경기가 열린 당일에는 아침부터 엄청난 폭우가 내렸는데도 불구하고 준결승에 진출한 네 학교의 팬들이 새벽부터 경기장인 루카스 오일 스타디움 앞에 줄을 서 있었다. 6시부터 준결승 첫 경기인 미시건 주립Michigan State University과 버틀러의 경기가 예정돼 있었다. 관중들의 입장 시간은 경기 시작으로부터 3시간 전이었지만 벌써부터 줄을 서 있는 팬들은 서로 응원 구호를 외치면서 경기장 밖에서 응원전을 벌였다.

준결승 두 경기와 결승전을 관람할 수 있는 코트 양측 골대

스포츠계 셀럽들이 많이 모이는 세인트엘모 스테이크 하우스에서

2010년 파이널 포의 현장 루카스 오일 스타디움 내 파이널 포 시작 직전. 7만 관중이 꽉 들어찼다.

뒤 학생 응원석에는 모두 1,320석의 좌석이 주어진다. 이 좌석을 준결승에서는 네 학교가, 결승에서는 두 학교의 응원단이 각각 나눠 앉게 되는 것이다. 네 학교에는 각각 660개의 학생석 입장권이 분배되었고 우리 일행이 갖고 있던 1인당 25달러짜리 학생석 입장권이 바로 이것이었다. 준결승 경기의 경우 각 학교 학생들은 선착순으로 330명까지 학생석에 앉을 수 있게 된다. 이 330명 안에 들기 위해 오전부터 비를 맞고 이렇게 줄을 서서 기다리고 있었던 것이다. 나머지 330명은 경기장 가장 상단의 스탠드에서 저 멀리 코트를 바라보며 응원을 하게 된다.

당시 30대 초중반 연령의 대학원생들로 구성된 우리 일행은 학부생들의 이런 응원 열성에는 체력과 정신력이 뒷받침해 주질 못했다. 그냥 점심이나 잘 먹고 와서 천천히 줄을 서서 기다리기로 했다. 한없이 기다려서 학생석에 앉을 바에는 그냥 조금 멀더라도 스탠드 석에 앉아서 보자는 것. 그래서 세인트엘모에서 점심을 먹고 다시 돌아와 멀기는 하지만 상단 스탠드 석에서 관전을 했다. 학생표는 패키지권이었기 때문에 준결승 경기 두 경기를 모두 관전

했는데 앞 경기는 미시건 주립Michigan State University 대 버틀러 대학의
경기였다. 현 NBA 골든스테이트 워리어스Golden State Warriors에서 뛰고
있는 명 포워드 드레이먼드 그린Draymond Green과 보스턴 셀틱스Boston
Celtics에서 뛰었던 고든 헤이워드Gordon Hayward가 각각 양팀에서 뛰고
있었다. 최고의 선수들이 뛰는 최고 수준의 준결승전이었던 만큼
손에 땀을 쥐는 경기였고 경기 결과도 버틀러의 52:50 두 점차 박
빙의 승이었다.

다음 두 번째 준결승 경기는 대망의 듀크와 웨스트 버지니아
전이었다. 웨스트 버지니아는 명장 밥 허긴스Bob Huggins 감독 지휘
아래 신장 2미터 이상의 주전급 포워드가 5명이나 되는 그야말로
'포워드 군단'으로 평가받았는데 경기 후반 9분을 남기고 팀의 에이
스였던 데션 버틀러Da'Sean Butler가 십자인대가 파열되는 큰 부상을
당하면서 전력 손실이 생겨버렸고 이 때문에 듀크가 의외로 손쉬운
78:57 승리를 거뒀다. 웨스트 버지니아에게는 안타깝긴 하지만 직
접 관전을 했던 나를 포함한 듀크팬들에게는 다행인 순간이었다.

결승전은 준결승이 끝난 후 다음날 일요일 하루를 쉬고 월요

경기장 인근 각 학교 지정 응원 식당에 마스코트와 치어리더, 밴드가 총출동해 응원 열기를 고조

일 저녁 때 열리게 된다. 일요일에는 바로 인근 NBA 인디애나 페이서스의 홈구장인 당시 칸세코 필드하우스Conseco Fieldhouse (현 뱅커스 라이프 필드하우스)에서 열린 인디애나 페이서스와 휴스턴 로케츠 Houston Rockets의 NBA 경기를 관전했다. 이미 두 팀이 플레이오프 경쟁에서는 이탈한 터라 입장권이 1인당 27달러로 대단히 저렴했다.

그리고 주말 내내 경기장 인근에서 열린 각종 파이널 포 행사에 참여했는데 대학농구 후원사들이 홍보관을 열고 각종 마케팅 행사를 하면서 소비자들을 끌고 있었고 다른 한편에는 NCAA에서 마련한 4개 학교의 지정 응원 식당에서 각 학교의 팬들이 모여 경기를 관전하거나 응원전을 펼쳤다. 듀크 팬들의 지정 응원 식당으로 정해진 버펄로 와일드 윙Buffalo Wild Wing에서는 치어리더들과 마스코트, 그리고 학교 밴드가 와서 직접 응원전을 펼치기도 했다. 여기에는 학교 팬들은 물론 학교 관계자들도 모였는데 재미있게도 내가 소속한 경영대학원의 학장님과 부학장님들도 이곳에서 뵐 수 있었다.

응원 식당에서의 응원전은 결승전이 열리기 직전인 월요일 저녁까지 펼쳐졌고 결승전이 시작할 때쯤 되어 응원을 하던 팬들은

듀크 대학교 농구팀의 2010년 우승 확정 직후의 모습과 전광판에 올려진 듀크 대학교 우승 로고

모두 결승전 장소인 루카스 오일 스타디움으로 다시 이동했다. 버틀러 대학교와의 대망의 결승전. NBA의 스타가 된 버틀러의 에이스 고든 헤이워드의 대 활약으로 듀크는 쉽게 끌고 나가던 경기 막판 추격을 허용했고 2점을 앞서고 있던 경기 종료 순간 버저와 함께 던진 헤이워드의 하프코트 슛이 빗나가면서 듀크의 관중석은 열광의 도가니에 빠졌다. 61-59 듀크의 승리로 우승을 확정지은 순간이었다.

우승을 확정지은 후 경기장을 빠져나와 제일 먼저 향한 곳은 선수단이 묵고 있는 숙소였다. 이곳에서 선수단과 코칭 스태프, 그리고 학교 관계자들과 선수 가족들이 참석한 가운데 즉석 축하연이 펼쳐졌고 이 축하연은 일반에 공개되었기 때문에 팬들도 함께 우승의 기쁨을 나눌 수 있었다. 마침 듀크대 체육처장Athletic Director인 케빈 화이트Kevin White 박사님이 현장에 계셨다. 이분은 내 경영대학원 강의 교수 중 한 분이셨기 때문에 직접 뵙고 축하 인사도 드릴 수 있었다. 아마도 화이트 박사님과 나의 스포츠 인생 최고의 순간이 아니었을까 싶다.

축하연에서는 화이트 박사님을 옆에 두고 전설적인 듀크 농구

듀크팬들과 우승 도시에서 <We Are The Champions>를 부르며 밤새도록 계속된 축하파티

팀 사령탑인 마이크 슈셉스키|Mike Krzyzewski 감독님이 직접 우승 소감 연설을 하셨다.

우승 축하연이 끝난 후에도 듀크 팬들은 집에 갈 생각이 없었던 것 같다. 이미 인디애나폴리스 시내의 길거리에는 우승의 감격에 가득 찬 듀크 팬들 밖에 남아있질 않았다. 모두가 각자 시내 곳곳의 맥주집이나 펍에 들어가서 밤새도록 축하 파티를 벌였다.

우리 일행도 한 맥주집에서 밤새도록 우승의 기쁨을 나눴는데 이때 맥주집에서는 계속해서 <퀸Queen>의 노래 <위 아더 챔피언스 We Are the Champions>를 반복해서 틀어줬다. 그리고 모두가 한데 어우러져 어깨동무를 하고 이 노래를 불렀던 기억을 아직도 잊을 수가 없다.

이후 귀국한 후에도 학교 동문회에서 매년마다 농구 단체 관람 모임을 진행하고 있다. 특히 라이벌 UNC와의 정규전과 NCAA 토너먼트를 함께 관전하는 이 모임에는 70~80년대 재학했던 고학번 선배님들에서부터 현 학부 재학생까지 다양한 연령대와 사회 각층의 동문들이 함께 어우러져 매년 스포츠의 즐거움을 느낄 수 있다.

어찌보면 나는 스포츠팬으로서는 대단히 운이 좋은 편이다. 농

듀크대 동문회의 농구 단체 관람 모임이 매년 3월마다 열린다(사진은 2018년 토너먼트 때)

구를 잘 하는 학교로 유학을 가서 그곳에 있는 짧은 기간 동안 소속 학교가 우승하는 시즌을 처음부터 끝까지 현지에서 지켜보았고 우승하는 순간을 직접 현장에서 지켜볼 수 있었으니 말이다. 그리고 그러한 스포츠 덕질의 즐거움을 매년마다 같은 학교 팬들과 함께 경험할 수 있다. 이는 스포츠 덕후가 누릴 수 있는 가장 최상위급의 경험일 것이다.

대기업 스포츠 마케팅 업무로 이어진 덕업일치

이처럼 열성적인 스포츠 덕질은 훗날 스포츠 마케팅 관련 업무를 하는 데 밑거름이 되었다. 지난 2년 동안 우승 시즌을 포함해 꾸준히 미 대학농구 직관기와 경기 관전평을 블로그에 올렸고 각종 경기나 토너먼트 현장에서의 체험, 여행 경험, 이때 찍은 사진들을 갖고 블로그를 꾸준히 운영한 결과 블로그가 꽤 구색을 갖췄다. 유학을 마친 후 기업 입사 면접 때 "혹시 소셜 미디어나 블로그를 운영하십니까?"라는 질문에 "포털 사이트 검색창에서 NCAA와 제 이름으로 검색하시면 제 블로그가 가장 상단에 나옵니다"라는 답변을 하고 긍정적인 인상을 남길 수 있었다. 스포츠에 대한 내 열정은 입사로부터 몇 년 후 올림픽 관련 마케팅 업무를 수행할 수 있는 기회로 이어졌다. 2014 소치 동계 올림픽에서 2016 리우데자네이루 올림픽, 그리고 2018 평창 동계 올림픽으로 이어지는 세 개 올림픽의 현장에서 마케팅 업무를 맡아 진행한 것이다. 덕분에 러시아와 브라질, 그리고 대한민국에서 직접 올림픽의 열기와 분위기를 느낄 수 있었다. 이 같은 올림픽 현장에서는 소속 회사의 마케팅 업무뿐 아니라 코카콜라, 피앤지P&G, 비자Visa 등 다른 올림픽 후원사들의 마케팅 활동을 직접 볼 수 있고 나아가서는 이들 기업들과 협업도 가능하기 때문에 스포츠 마케터로서는 훌륭한 경험이 될 수 있다. 여기에 각 국가들과 기업들이 현장에서 진행하는 마케팅 및 홍보 활동도 직접 지켜볼 수 있었다.

2016 리우 올림픽 개막식과 2018 평창 동계 올림픽 폐막식 현장에서

NCAA농구 전문 블로그 운영에서 이어진 농구 웹진 칼럼기고

사실 유학 가기 전부터 그리고 유학을 가서도 응원하는 팀인 듀크대 농구팀의 경기를 단 한 경기도 빼 놓지 않고 시청 또는 직관을 했고 듀크대를 응원함에 따라 듀크의 철천지 라이벌인 노스캐롤라이나 대학교의 경기도 단 한 경기도 빼 놓지 않고 시청을 했다. 여기에 소속 컨퍼런스인 ACC의 주요 팀들과 빅텐Big Ten, SEC, 팩12Pac12, 빅이스트Big East 등 다른 주요 컨퍼런스의 상위 랭킹 학교들의 경기들을 모두 챙겨 보다 보면 한 학교당 한 시즌에 30~40경기씩을 치르므로 한 시즌에 못해도 100경기 이상은 처음부터 끝까지 풀게임을 시청하게 된다. 서부 시간대에 있을 경우 농구 시즌이

한창인 주말에는 아침에 눈 뜨자마자 ESPN 채널을 틀면 9시 정도부터 시작하는 경기를 시작으로 약 3시간 간격으로 연달아 시청하고 밤 9시 팩12나 WCCWest Coast Conference 경기를 마지막으로 4~5경기를 풀로 연달아 하루 종일 시청하기도 했다. 물론 아내의 따가운 눈총을 받아 가면서 말이다. 하지만 이렇게 많은 경기를 시청하고 각 경기별 관전평을 꾸준히 정리하다 보니 미 대학농구 관련해서는 어느 정도 안목이 생겼고 정보도 많이 알게 되었다. 이를 모두 블로그에 담은 것이다.

이처럼 블로그 운영으로 이어온 NCAA농구에 대한 열정으로 인해 국내 웹진과 농구 언론에서, 관련된 칼럼을 쓸 수 있는 기회도 생겼다. 요즘이야 바빠서 제대로 관리를 못하지만 한창 열심히 운영하던 시절의 블로그 NCAA농구 관련 글이 몇 번 포털 사이트 상위에 노출되면서 국내 농구계에도 알려지게 되었다.

이에 따라 유학 생활을 마치고 귀국한 후 유명한 농구계 언론인들인 <점프볼>의 손대범 편집장, <루키>의 조현일 위원, 서정환 기자 등과 국내 프로농구 현장에서 직접 만나게 되고 인연을 맺게 되었다. 이로 인해 <바스켓코리아>, <점프볼>, <루키> 등에 미 대학농구 관련 칼럼을 기재하게 되었는데 객원 칼럼니스트로서 매년 3월이 되면 '3월의 광란' NCAA 토너먼트 관련 소식을 칼럼으로 전하는 역할을 맡게 되었다.

결국 스포츠와 NCAA농구에 대한 덕질과 덕후력은 실제로 커리어로도 연결될 수 있는 밑바탕을 제공한 셈이었다. 덕질 덕에 스포츠 관련 업무에 계속해서 열정을 쏟을 수 있었고 이 바닥에서 소중한 인맥과 네트워킹을 만들어 나갈 수 있었다. 무엇보다도 여기에서 내 인생과 커리어에서 가장 중요한 멘토들을 만나 배울 수 있었고 훌륭한 후배들을 만나 노하우를 공유할 수 있었다.

그리고 지금도 여전히 나의 스포츠 덕질은 진행형이다.

・ ・ ・ ・ ・ ・

주장훈의 3-Point 버저비터

① 스포츠 팬심이 단체 이벤트가 되면 소속감과 열정은 배가된다.

② 덕질은 덕질에 그치지 말고 순간순간을 촬영하고 기록하면서 블로그나 영상로그, SNS 피드 등에 꼭 남기고 공유하라.

③ 스포츠는 글로벌 공통의 언어이다. 해외에서 사람들을 만날 때 스포츠는 친구를 만드는 강력한 매개체가 될 수 있다.

콜로라도 산동네를 생애 첫 로컬팀으로 만난 국립대 교수

김종혁_ 충남대학교 경상대학 무역학과 부교수

Email_jongheuk@gmail.com
Instagram_@heuk_desk__

미국의 시골마을, 내가 살던 한국과 많이 다른

2008년 3월의 어느 날 아침, 극동아시아의 작은 나라에 사는 볼품없는 한 청년에게 덜컥 합격 메일을 보낸 자비로운 대학교는 콜로라도 주State of Colorado와 볼더City of Boulder라는 지명을 학교명으로 품고 있었다. 청년의 어머니는 그날 바로 집 근처 서점에서 커다란 미국 지도를 사오셨는데, 당시 집에 있던 지구본에는 볼더라는 작은 도시가 표시되어 있지 않았기 때문이다. 청년은 그 날까지 15개의 미국 대학원에서 내리 불합격 메일을 받은 후 실의에 빠져 있었고, 지난 2월 대학 졸업 후 계속된 실업자 상태가 어쩌면 평생 계속될지도 모른다는 불안감에 휩싸여 있었다.

합격 메일을 받은 직후 청년은 소리를 지르며 어머니와 얼싸안았고, 심지어 볼썽사납게 약간의 눈물까지 보였다. 미국 대학원에 진학하기 위해 쏟았던 모든 노력, 예컨대 강남의 한 어학원으로 한 시간 가량 지하철을 타고 가서 지알이GRE와 토플TOEFL 시험준비를 하던 휴학 기간이라든지, 지원하고자 했던 경제학과 대학원에서

선수과목으로 요구했던 수학과목에서 좋은 성적을 받기 위해 뒤늦게 미적분학과 선형대수학 문제를 풀며 밤을 지새우던 시간들 따위가 일순간에 보상받는 것 같은 기분을 느꼈다.

물론 이 청년은, 그 후 2014년까지 약 6년의 기간 동안 음울한 미국 대학원 유학생활이 어떤 식으로 한 사람의 삶을 뒤바꾸어 놓을지 감조차 잡고 있지 못하는 상태였다. 향수병을 이겨내기 위해 잠들기 전 미리 된장찌개를 끓여놓고 냄새를 맡으며 잠들던 일이나 미래에 대한 불안감으로 쉽게 잠을 이루지 못해 멜라토닌을 습관적으로 집어 삼키던 일은 귀여운 에피소드 축에 속했다. 인생을 걸어보겠다는 각오로 날아간 작은 대학도시에 아는 사람이라고는 하나도 없었고, 끊임없이 경쟁을 부추기는 미국 교육환경에서 외로움과 열패감에 시달리며 스스로를 극한으로 내모는 일은 생각보다 쉽지 않았다. 그 힘겨운 싸움을 6년이나 계속할 수 있었던 것은, 그리고 그 결과 마침내 분에 넘치는 경제학 박사학위를 받아들고 한국으로 돌아올 수 있었던 것은, 한없이 냉담할 것만 같았던 그 작은 대학도시가 청년을 따뜻하게 품어 안아주었기 때문이다.

이 도시가 극동아시아의 작은 나라에서 온 볼품없는 동양인 청년을 따뜻하게 안아주는 과정에는 (다시 한 번) 놀랍게도 스포츠라는 세계의 공통언어가 중요하게 작용했는데, 지금부터 이 청년, 그러니까 내가, 어떻게 한 도시로부터 분에 넘치는 사랑을 받았고 그 과정에서 스포츠가 어떤 역할을 했는지 짤막하게 이야기해보고자 한다.

볼더는 미국 중서부에 위치한 콜로라도 주의 주도(州都) 덴버 Denver에서 북서쪽으로 약 65Km 정도 떨어진 곳에 위치한 인구 10

만 명 정도[1]의 작은 도시다. 이 도시가 미국 내에서 어느 정도의 인지도를 얻을 수 있었던 이유를 크게 세 가지 정도 꼽아볼 수 있는데, 먼저 스바루Subaru 자동차, 홀푸드Whole Foods Market, 그리고 운동이다. 볼더 사람들이 스바루 자동차를 유독 좋아하는 이유는 록키산맥Rocky Mountains이 시작되는 지점에 자리 잡은 도시 위치로 인해 10월부터 5월까지 이어지는 긴 겨울과 그에 걸맞은 적설량에 대비해야 하기 때문이다. 스바루 자동차는 특유의 4륜구동 시스템을 바탕으로 눈이 두텁게 내린 미끄러운 길에서 진가를 발휘한다고 알려져 있다. 홀푸드 역시 볼더에서 유독 사랑받는 브랜드다. 볼더에만 홀푸드 직영매장이 두 군데 있고, 그 중 도심인 펄가Pearl St. 매장은 한때 미국 전체에서도 높은 매출을 기록할 정도로 규모가 상당하다. 그 이유를 짐작해보자면, 볼더 사람들이 많은 관심을 가지고 있는 동물복지와 채식이 있을 것이다. 20년 수명을 채우고 도축된 '늙은 소고기'가 더 비싼 가격에 팔리는 것을 보고 상당한 충격을 받았는데 나중에 알고 보니 우리가 먹는 대부분의 소고기는 6개월에서 1년 정도 사육된 후 도축된 송아지 고기이며 '마블링'을 위해 유전적으로 조작된 사료를 먹이는 농장이 많다고 한다. 마지막으로 운동. 콜로라도 대학교의 도서관은 밤 11시에 문을 닫는 데 반해 바로 옆에 위치한 체육관은 자정, 혹은 새벽 1시까지 운영한다. 공부는 적당히 해도 운동은 그만두지 못하는 이들을 'gym rat'이라 부른다는 사실도 이 시기에 처음 알았다.

---

1 2021년 미국 통계국(U.S. Census Bureau)에서 추계한 볼더시(City of Boulder)의 인구는 104,930명, 볼더를 중심으로 한 광역(metro)인구는 329,543명으로, 볼더를 생활권으로 삼고 있는 총 인구를 약 30만 명 정도로 짐작할 수 있다.
자료: https://www.census.gov/programs-surveys/popest/data/tables.2019.html

지금까지 조금 길게 콜로라도, 특히 볼더라는 작은 도시의 특징을 설명한 이유는 위와 같은 지역사회의 문화적 특징이 전통적인 한국사회에서는 상당히 이질적인 것으로 비추어질 수 있기 때문이다. 나처럼 한국에서 나고 자란 전형적인 한국 사람이 새로운 문화적, 사회적 환경에 적응하는 일은 그리 쉽지 않았다. 많은 부분에서 기존에 내가 '상식'이라고 알고 있던 것들이 깨지는 경험을 지속해야 했고 그 과정에서 어떻게 이 지역사회의 문화에 스며들 수 있을지 고민하기 시작했다. 이 지점에서 등장한 실마리(?)가 스포츠였다. 미국인들에게 스포츠는 삶의 일부분으로 자리 잡아 떼려야 뗄 수 없는 부분으로 기능하고 있기 때문에 스포츠를 통해 미국문화를 이해하고 특정 지역의 공동체 사회 속으로 녹아 들어가는 기회는 생각보다 너그럽게 주어졌다.

2013년 콜로라도 대학교 전경

스포츠로 외로움에서 벗어나다

볼더에서 처음 사귄 친구는 경제학과 대학원 동기인 사우스 캐롤라이나 주South Carolina 출신 스캇Scott과 텍사스 주Texas 출신 크리스Chris였다. 둘 다 나를 만나기 전까지는 한국어와 중국어를 구분하지 못하고 동양인 친구와 깊은 관계를 형성할 기회조차 없었던, 전형적인 미국 백인이었다. 학기 초 대학원 입학동기들끼리 모여 '해피 아워'2에 함께 가기로 한 날, 그들끼리 나누는 대화 내용을 알아듣지 못해 (알아듣는 척) 억지 미소만 짓고 있던 내가 불쌍해 보였는지, 이들은 나를 끌고 다니며 대화에 참여시켜 주었고 음식까지 알아서 주문해 주었다. 그들의 배려 덕분에 나는 긴장이 풀리고 용기도 생겨 더듬더듬 나에 대해 이야기하기 시작했고 그렇게 스포츠 분야에서 공통 관심사를 찾아 나갔다. 출발은 농구였다. 스캇과 크리스 모두 집에서 NBA 중계를 습관적으로 틀어 놓을 정도로 나처럼 농구를 좋아하는 친구들이었다. 스캇은 내가 디트로이트 피스톤스Detroit Pistons 팬이라는 사실에 퍽 놀라워했다. "성적도 안 좋고 슈퍼스타도 없는 팀을 미시건 주State of Michigan가 고향도 아닌 네가 좋아하다니" 일단 스포츠에 대해 말문이 트이니 미국인답게(?) 미식축구에 대한 이야기로 넘어갔다. 크리스는 미식축구 규칙을 하나씩 설명해주며 댈러스 카우보이스Dallas Cowboys가 얼마나 위대한 팀인지 역설했다.

---

2 해피 아워(happy hour)는 통상 식음료를 판매하는 곳에서 할인가에 음식을 제공하거나 특정 메뉴를 주문할 경우 추가로 음식을 제공해주는 프로모션을 말한다. 주로 점심시간과 저녁시간 사이 손님이 거의 없는 시간대(16:00~18:00경)에 추가적인 호객 행위를 위해 실시한다.

"네가 어떻게 트로이 에이크먼Troy Aikman과 에밋 스미스Emit Smith
를 알지?"

그렇게 우리는 술에 잔뜩 취했다.

진탕 술을 마신 다음날 아침 그리 비싸지 않은 음식점인 아이
합iHop에서 치즈가 잔뜩 올려진 오믈렛을 먹고 숙취가 덜 깬 상태에
서 땀을 쭉 빼며 하는 농구시합을 경험해본 적이 있는가? 하늘이
노랗게 보일 정도로 어지럽고 전날 먹은 감자튀김 한 조각까지 전
부 올라올 정도로 매스껍다. 하지만 그 순간만큼은 대학원 수업에
서 받았던 스트레스를 잊을 수 있었고, 문화적 배경이 다른 친구들
과 농구공 하나로 잔뜩 친해진 느낌이 들어 마음만큼은 한껏 가벼
워졌다. 한참 동안 실컷 몸을 부딪친 우리는 곧 교내 농구 리그
intramural league에 학과 내 대학원생들끼리 팀을 만들어 참가하기로 결
정했다. 경제학과 건물 복도에서 선수 모집(?)을 한 후 팀 구색을
갖추어 시작한 리그 참가는 이후 5년 동안 계속되었다. 물론 종목
도 계속 늘어났다. 학과 대학원생들끼리 식사를 하거나 대화를 나
누던 중 뜻이 맞으면 며칠 내로 팀을 만들고 연습을 시작했다. 플
랙 미식축구Flag football,3 남녀 혼성 실내축구, 닷지볼dodgeball4 등 요일

---

3 일반적인 미식축구(American Football)는 상당히 격한 몸싸움과 많은 장비를 필요로
  하기 때문에 일반인이 일상에서 쉽게 접하기 힘든 측면이 있어 이를 단순화하여 만든
  스포츠가 플랙 미식축구다. 헬멧과 같은 장비를 착용하지 않는 대신 허리에 깃발을 두
  르고 몸을 부딪쳐야 하는 태클(tackle)은 이 깃발을 빼앗는 것으로 대신하는 등 신체적
  접촉을 최소화하는 규칙이 핵심이다.
4 우리나라의 피구와 비슷한 성격을 가진 스포츠로, 상대팀 선수를 공으로 맞추어 경기장
  밖으로 내보내는 것을 기본 규칙으로 한다. 보통 여러 개의 공으로 동시에 진행한다는
  점과 자신이 들고 있는 공으로 날아오는 공을 쳐내면 방어에 성공하여 골을 던진 선수
  를 퇴장시킬 수 있는 점 등이 피구와 다르다.

과 계절, 장소와 팀원을 달리 하며 스포츠 경기는 계속됐다. 물론 우리가 엄청 뛰어난 운동선수였기 때문에 가능한 일은 아니었다. 밥을 먹고 자는 시간 외에는 대부분 책상 앞에서 벗어나기 힘든 대학원생의 일상은 가뜩이나 학부생에 비해 나이가 많은 우리의 체력을 조금 더 허약하게 만들었고 내가 속한 팀은 거의 모든 리그 토너먼트에서 꾸준하게 조기 탈락했다. 모든 종목, 모든 리그에서 우리는 항상 최약체였다. 나는 첫 학기부터 수업조교로 선발되어 일주일에 서너 시간씩 경제학원론을 듣는 학부생을 지도하며 장학금을 받았는데 가끔 리그 시합에서 내가 가르치는 학생들을 상대팀으로 마주할 때가 있었다. 우리는 경기 전부터 "우리를 상대로 너무 잘하면 F학점을 줄거야"라며 으름장을 놓았지만 결과는 항상 패배였다. 그들은 트래쉬 토크Trash talk를 하지 않는 선에서 선생에 대한 예의를 지켰다. 이렇듯 스포츠는 나에게 단순히 친구를 사귀기 위한 수단으로만 기능한 것이 아니라 내 삶의 일부로 깊숙이 들어와 '생활체육'이 일반화된 볼더의 한 일원으로 자연스럽게 녹아들 수 있게 만들어주었다.

스캇, 크리스, 나, 그리고 함께 팀을 이룬 미국인, 중국인, 프랑스인, 스페인인 등 다양한 배경의 친구들이 단순히 시합 때 만나 운동만 한 뒤 헤어지는 사이가 아니게 된 것은 스포츠의 기본적인 본질을 생각하면 당연한 수순이었다. 스포츠는 나이와 언어, 인종과 지위 등 우리를 둘러싼 다양한 이름표들을 일거에 삭제해버린 뒤 순수한 열정과 즐거움으로 모두를 하나로 묶어준다. 스포츠는 그런 면에서 나에게 참 좋은 사회참여 수단이었다. 경기 일정이 잡히면 며칠 전부터 이메일로, 문자로, 수업시간에 강의실에서, 대학원생 연구실에서 삼삼오오 모여 되지도 않는 어설픈 작전을 수립하거나 우리가 얼마나 대단한 팀인지 떠벌리는 데 많은 시간을 할애했다. 경기 중에는 팀원들끼리 싸울 정도로 엄청난 경쟁심으로 투지를 불태우지만, 늘 그렇듯 참패로 경기가 끝나면 펍으로 달려가 술을 진탕 마시며 우리가 얼마나 쓰레기 같은 팀인지 낄낄거리며 떠들어댔다. 팀원 중 누군가가 연인이나 배우자를 데리고 오면 술판이 커졌고, 도서관에서 조용히 공부하고 있던 동료 대학원생들까지 억지로 불러내 판을 더 키웠다. 서로 응원하는 스포츠팀의 자질구레한 사소한 이야기까지 술자리 안주로 올라왔고 라이벌팀을 응원하는 친구를 만나면 살짝 술대결 양상으로 이어지기도 했다. 그렇게 몇 시간 떠들썩하게 놀고 헤어지면 마음이 그렇게 후련할 수가 없었다. 물론 그로 인해 현실이 나아지지는 않았다. 교수님이 내준 과제는 여전히 쌓여 있었고 내 미래는 여전히 어두운 긴 터널을 지나는 것처럼 앞이 전혀 보이지 않았다. 통장에는 당장 이번 달식료품을 살 돈만 겨우 남아 있는 상태가 유학생활 내내 지속되었고 한국에 있는 가족들이 너무 보고 싶었다. 그럼에도 불구하고 농구 시합이 끝난 후 가난한 대학원생에게 구세주와도 같았던 싸구려 맥주 피비알Pabst Blue Ribbon을 한 모금 들이킬 때마다 하루하루를 살아갈 수 있는 힘을 얻었다.

2012년, 네브라스카 주 오마하(Omaha)에서 열린 대학야구 월드시리즈 경기를 보기 위해 떠난 로드트립 도중 크리스와 함께. 모든 식당이 문을 닫아 한참을 떠돈 끝에 겨우 문을 닫기 직전의 타코 벨(Taco Bell) 가게 하나를 발견해 근처 주차장에서 끼니를 해결하는 모습

2016년 텍사스 주 칼리지스테이션College Station에서 열린 사우스캐롤라이나 대학 대 텍사스 A&M 대학 간 미식축구 경기 모습. 스캇과 크리스는 각자의 모교를 응원하기 위해, 당시 한국에서 직장생활을 하던 나는 단지 이 둘이 싸우는 모습을 구경하기 위해 비행기에 몸을 싣고 이곳으로 향했다

학교와 도시가 스포츠로 하나되는 순간

스포츠를 통해 동료 대학원생들과 나눈 교감의 폭은 볼더의 공동체로 이어졌다. 앞서 짤막하게 설명했듯 볼더는 인구 규모가 작은 대학도시다. 광역 인구 30만 명 중 콜로라도 대학교 재학생 약 3만 5천여 명과 만여 명 가량의 교직원, 그리고 이 대학교와 직간접적으로 연관된 일을 하는 사람까지 추산하면 도시 전체가 콜로라도 대학교와 연을 맺고 있다고 해도 과언이 아니다. 이들에게 대학 미식축구 시즌 중 토요일마다 열리는 콜로라도 대학교 미식축구 팀의 시합은 떠들썩한 축제와 같다. 금요일부터 대학교 마칭밴드 marching band가 시내 곳곳을 누비며 흥을 돋우고, 시합 당일이 되면 아침부터 경기장 주변 곳곳에 테일게이트tailgate 파티가 열린다. 이 테일게이트 문화는 다양한 미국문화 중에서도 나에게 많이 생소한 부분이었다. 어느 토요일 아침 스캇과 크리스가 당시 내가 살고 있

던 학교 기숙사 아파트 현관문을 두드리며 잠을 깨웠고, 투덜거리며 이들을 따라 몇 걸음 옮겼을 때 커다란 공터를 가득 메운 인파를 보고 깜짝 놀라지 않을 수 없었다. 각자 차에서 꺼낸 그릴 위에서 소시지를 굽거나 맥주를 마시는 이들, 마침 날씨가 좋으면 옷을 훌훌 벗어던지고 태닝을 하는 이들, 미식축구 공이나 프리즈비를 던지며 가볍게 몸을 푸는 이들까지 제각각 즐거운 시간을 보내고 있었다. 내가 보기에 그날 공터로 나온 이들이 가진 공통점이 두 가지 정도 있었는데 하나는 콜로라도 대학 미식축구팀 경기가 열리는 날 놀기 위해 모였다는 것이고 또 다른 하나는 정작 콜로라도 대학 미식축구팀의 경기 결과에는 큰 관심이 없어 보였다는 것이다. 실제로 그러했다. 당시 이 대학 미식축구팀은 컨퍼런스 내 최약체였고(2022년 콜로라도 대학은 1승 11패의 압도적인 성적으로(?) 컨퍼런스 꼴찌를 기록했고, 디온 샌더스(Deion Sanders)를 감독으로 임명했다) 거의 모든 경기에서 패배했지만 그날 대학 티셔츠를 맞춰 입은 한 가족의 표정에서는 그로 인한 안타까움을 1%도 발견할 수 없었다. 그저 가족과, 혹은 친구들과 함께 밖으로 나가 즐거운 시간을 보내기 위한 좋은 핑계가 필요했던 것처럼 보였다. 스캇과 크리스 역시 마찬가지였다. 이들은 주변에 있는 사람들과 스스럼없이 편하게 대화를 나누었는데 그 중에서도 특히 크리스는 방금 처음 만난 사람과 맥주 한 잔을 나누고 나면 곧잘 친한 사이로 발전하곤 했다.

　스포츠를 통해 잘 모르는 사람과 쉽게 친해질 수 있다고 크리스에게 조언을 받은 적이 있다. 최소한 내가 살던 동네에서 그 조언은 사실이었다. 콜로라도 대학교 후드티를 입고 있으면 홀푸드의 점원, 혹은 길을 지나가던 행인 중 많은 이들이 대학 미식축구팀이

나 농구팀의 성적에 대해 물었고 나는 즐겁게 그들과 스포츠에 대한 대화를 나누곤 했다. 미식축구 시즌인 되면 토요일 오전부터 거의 모든 대학 미식축구 경기 중계방송을 빠짐없이 챙겨 보았고 그 중 콜로라도 대학교 풋볼팀의 경기는 단 한순간도 놓치지 않고 열성적으로 응원하며 보았기에 어떤 질문에도 유창하게 대답할 수 있었다. 그렇게 모르는 사람과 짧게 대화를 하고 나면 괜히 기분이 좋아져서 집으로 돌아오게 되었는데 간단한 대화만으로 잘 모르는 상대방의 일상을 조금은 더 풍요롭게 해줄 수 있다는 교훈은 이후 한국으로 돌아와서도 요긴하게 써먹은 생활의 팁 중 하나다. 특히 2018년부터 대학교에서 일하기 시작하면서 젊은 학생들을 상대할 때가 많은데 아주 사소한 것이라도 관심을 표현하며 그들의 이야기에 귀를 기울여주기 위해 노력하는 편이다. 단지 이야기를 들어주는 것만으로 학생들에게 큰 위로가 된다는 사실을 잘 알고 있기 때문이다. 내가 볼더에서 얻은 큰 교훈이다.

2010년 콜로라도 대학교 미식축구 경기장에서 바라본 볼더 풍경

한국인 유학생입니다만, 콜로라도가 저의 로컬팀이 되었습니다

한편 본격적으로 콜로라도 연고팀들에 관심을 가지기 시작한 것은 유학생활의 중반을 지나면서부터다. 그 전까지 농구에 있어서는 확고한 디트로이트 피스톤스의 팬이었고 대학농구나 미식축구 게임에는 큰 관심이 없었다. 하지만 지역사회에서 로컬 스포츠팀 정보에 끊임없이 노출되면서 어느새 그들에 대한 관심이 스멀스멀 피어나기 시작했다. 스포츠용품 판매점인 딕스Dick's에 가면 가장 잘 보이는 코너에는 당시 덴버 브롱코스Denver Broncos 팀의 간판스타였던 챔프 베일리Champ Bailey의 유니폼이 걸려 있었고 지역 뉴스 프로그램에서는 콜로라도 연고 야구팀인 록키스Colorado Rockies의 선수들이 행한 자원봉사 활동이 톱뉴스로 보도됐다. 단순히 한 농구 팀의 오랜 팬, 혹은 NBA를 좋아하는 가벼운 농구 애호가에서 한 지역 내 모든 스포츠팀의 모든 기록을 살펴보는 '덕후'로 거듭나기 시작한 것도 이쯤인 것 같다. 사실 여기에는 몇 가지 기분 좋은 우연도 겹쳐 발생했다. 내가 좋아하는 피스톤스 팀과 덴버 연고팀인 너겟츠Denver Nuggets 팀 간 발생한 트레이드로 인해 콜로라도 대학교를 졸업한 지역 스타 선수인 천시 빌럽스Chauncey Billups가 고향팀인 덴버로 돌아와 팀을 서부지구 결승까지 올려놓은 일이 있었다. 이 성취는 지역 연고 프로 스포츠팀과 지역 내 대학사회, 그리고 지역사회를 하나로 묶어준, 콜로라도 지역에서는 하나의 사건이었다. 이후 빌럽스는 또 다른 트레이드로 인해 팀을 떠났지만 그 이후에도 고향을 지속적으로 방문하고 지역사회를 위해 여러 가지 프로그램을 운영했다. 한번은 친구들과 콜로라도 대학 농구팀 경기를 보기 위해 대학교 체육관을 방문했는데 체육관 복도를 지나다 우연히 천시 빌럽스를 마주쳤고 너무 놀란 나머지 한국어로 "빌럽스 형!"이라고 외마디 비명만 질렀을 뿐 사인 한 장 부탁하지 못해 꽤 오랜 기간 안타까워했던 일도 있었다. 또 다른 우연은 내가 다니던 학교 근처 성당 앞에서 일어났다. 눈이 많이 내린데다 날씨까지 추워 길이 온통 얼음바닥이던 밤이었다. 차 한 대가 성당 앞에서 발이 묶였다. 눈 속에 바퀴 하나가 빠져 허우적거리던 차를 지나가던 어떤 부자(父子)가 아무런 거리낌 없이 눈 속으로 뛰어 들어가 차를 밀기 시작했다. 그 옆을 지나가던 나도 얼떨결에 합류해 함께 차를 밀었고, 여러 사람들의 도움으로 차는 무사히 빠져나갈 수 있었다. 아무 일 없었다는 듯 코트와 바지에 묻은 눈과 진흙 따위를 툴툴 털던 부자 중 아들로 보이는 이가 내게 고맙다고, 수고했다고 악수를 청했다. 나는 덩치 큰 그 젊은이가 콜로라도 대학 농구팀의 주전급 선수 중 하나였던 사바티노 첸Sabatino Chen임을 곧 알아볼 수 있었다.5 사실 별 것 아닌 것처럼 보이는 이 에피소드가 내가 큰 울림을 준 이유는, 이 일이 있고 난 후 대학 소속 운동선수들이 지역사회를 위해 상당히 많은 봉사활동을 한다는 사실을 알게 되었기 때문이다. 대학 운동선수들에게는 지역 공동체를 위한 크고 작은 봉사와 희생이 일상 속 당연한 영역으로 자리 잡고 있었다. 그러한 활동으로 인해 타의 귀감이 되는 위치에서 어린 청소년들에게는 롤모델role model이 되고 공동체를 하나로 단결시키는 촉매제로 기능하게 되는 것이다.

5 사바티노 첸은 비록 NBA에 데뷔하지는 못했지만 이후 프로페셔널 농구선수로 유럽 등지에서 몇 년 더 활동한 후 현재는 대학 전공을 살려 덴버 지역에서 비즈니스 컨설턴트로 일하고 있다. 대학 때부터 이어진 인연이 바탕이 되어 현재까지 지역사회와 함께 하고 있는 셈이다.

물론 나와 같은 스포츠 애호가에게는 '덕질'을 할 만한 충분한 이유를 제공해주기도 한다. 운동을 잘 하는 것뿐 아니라 인성까지 좋다니, 어떻게 반하지 않을 수 있겠는가.

지역 연고팀에 빠져들게 되는 계기 중 하나로 많은 이들이 '직관' 경험을 꼽는다. 나 역시 마찬가지다. 콜로라도 대학팀의 홈구장은 말할 것도 없고, 친구들과 함께 방문한 너겟츠 팀의 홈구장 펩시 센터Pepsi Center와 록키스 야구팀의 홈구장 쿠어스 필드Coors Field는 경기 결과와 상관없이 관람 경험 자체만으로 큰 즐거움을 주는 곳이었다. 돈이 없어 가난한 대학원생이었던 우리는 펩시센터를 갈 때면 항상 가장 높은 3층의 구석자리만을 구할 수 있었는데 그곳에서 실제 경기장을 보면 선수들이 작은 점처럼 보인다. 때문에 경기장 천장에 달린 커다란 화면을 통해 경기를 지켜보아야 할 때가 더 많았지만, 경기장에서 파는 맛있는 음식들과 경기가 잠시 중단될 때마다 등장하는 재미있는 볼거리들로 인해 잠시도 심심할 틈이 없었다. 쿠어스 필드는 그 이름만큼이나 개방적인 공원park의 느낌을 강하게 주는 곳이다. 쿠어스 필드의 외야는 광활하게 넓기로 악명이 높은데, 높은 고도로 인한 희박한 공기밀도 탓에 홈런이 타구장에 비해 지나치게 많이 발생하는 문제를 해결하기 위한 고육지책으로 이렇게 설계되었다. 외야수 입장에서는 수비하는 것이 쉽지 않아 고역일 수 있겠지만, 관중 입장에서 넓은 외야는 일종의 축복이다. 뻥 뚫린 외야와 그 뒤 관중석 너머로 콜로라도 특유의 맑고 붉은 노을이 가득한 하늘을 바라보고 있으면 이곳이 천국인가 싶을 때가 많았다. 2007년 기적적으로 월드시리즈에 진출했던 '락토버Rocktober' 이후 록키스 팀은 줄곧 약체 이미지를 벗어나지 못했지만 나는 류현진 선수나 박찬호 선수가 홈구장을 방문할 때를 제외하고는 항상 록키스 팀을 응원했다. 이기거나 지거나, 승패는 중요한 것이 아니었다. 내가 응원하는 팀이 팬들을 위해 열심히 뛰어주면 그것으로 된 것이다.

펩시센터와 관련하여 짤막하게 전할 만한 재미있는 에피소드가 하나 있다. 2014년, 6여 년의 유학생활을 마무리할 때가 다가왔고 가지고 있는 돈을 탈탈 털어 디트로이트 피스톤스가 덴버를 방문하여 갖는 너겟츠와의 시즌 마지막 경기에서 내가 구할 수 있는 가장 좋은 좌석을 구입했다. 그 자리는 피스톤스 선수들의 벤치 바로 뒷자리였는데 선수들과 코치들이 이야기하는 소리가 그대로 들릴 정도로 거리가 가까웠다. 그 자리에서 내가 응원하는 팀이 패배하는 모습을 보는 것으로(피스톤스가 질 것은 너무 자명했다) 6년 간의 유학생활을 무사히 마친 스스로를 위로하고 싶었다. 꽤 좋은 졸업 선물이었던 셈이다. 열심히 응원하던 중 내 옆자리에 흑인 한 명이 느지막이 도착했다. 옆에는 매니저로 보이는 사람이 여러 가지 잔심부름을 처리했는데 심지어 천시 빌럽스를 비롯한 농구선수들이 그를 보고 아는 척을 했다. 경기가 잠시 쉬어갈 때마다 근처 관중석에 앉아 있던 사람들이 그 '유명인'에게 다가와 함께 사진을 찍고 사인을 해줄 것을 부탁했다. 어느 순간부터는 내가 아예 그와 팬을 위해 사진을 찍어주고 있었다. 이쯤 되면 그 흑인이 누구인지 궁금할 법도 하지만 나는 그날 저녁 피스톤스의 저질스러운 경기력에 신경이 몹시 날카로워져 있었고 오직 경기에만 집중하고 있어서 그가 누구인지에 대해서는 관심조차 없었다. 오죽했으면 그 유명인이 내게 먼저 말을 걸 정도였다. "피스톤스를 좋아하는구나." "혼자 왔니?" "혹시 맥주 한잔 사줄까?" 등 계속 말을 거는 것이 귀찮아 맥주 한 잔을 공짜로 얻어 마시는 것으로 모든 대화를 갈음하고 다시 경기에만 집중했다. 피스톤스는 예상대로 결국 패배했고 나는 홀가분한 마음으로 십으로 돌아왔다. 지금노 나는 그 유명인이 누구인지 모른다. NBA에서 제공하는 경기 다시보기 프로그램인 리그패스 league pass 아카이브에 그 경기가 아직 남아 있는데 피스톤스 선수단 벤치 뒤에 나란히 앉아 있던 나와 그 유명인의 모습이 잘 남아 기록되어 있다. 하지만 몇 번을 다시 봐도 그가 누구인지 모르겠다.

2014년 유학생활을 마무리하고 한국으로 돌아오기 전 마지막으로 방문한 쿠어스필드에서

한국에서의 삶, 하지만 로컬팀에 대한 사랑은 계속 된다

유학생활을 마치고 한국으로 돌아온 뒤 나의 콜로라도 덕질은 마무리되었을까? 그렇지 않다. 2020년을 살고 있는 요즘, 나는 여전히 매일 아침 콜로라도 록키스의 경기결과를 확인한다. 록키스가

승리한 날은 괜히 기분이 좋아 하루 종일 들뜬 상태로 보내지만, 록키스가 억울하게 역전패라도 한 날은 하루 종일 기분이 가라앉아 우울해한다. 2016년 슈퍼 보울Super Bowl에서 덴버 브롱코스가 우승했을 때 뛸 듯 기뻐하며 콜로라도 시절 인연을 맺은 모든 이들과 이메일로, 문자로 기쁨을 나누었다. 내 연구실 한쪽 벽에는 콜로라도 대학교의 깃발이 걸려 있고 콜로라도 대학 미식축구팀이 승리한 다음 주에는 대학교 로고가 작게 새겨진 넥타이 핀을 달고 출근한다. 같은 팩12 지구 소속 타학교를 졸업한 동료 교수님을 놀리기 위해서다. 함께 농구팀을 뛰었던 친구들과의 인연도 계속 이어오고 있다.

  2018년 아내와 함께 라스베이거스와 포틀랜드, 시애틀 등을 여행했을 때 스캇과 크리스는 라스베이거스까지 날아와 며칠을 함께 보냈다. 2019년 스캇의 결혼식에 참석하기 위해 학기 중 억지로 짬을 내어 사우스 캐롤라이나 주 찰스턴Charleston을 방문하기도 했다. 나이 서른을 넘기고 가족도 생긴 우리가 다시 만나면 이제는 좀 진지한 대화를 나눠야 할 것 같지만 우리는 다시 만날 때마다 여전히 스포츠에 대해 수다를 떨며 낄낄거렸다. 어쩌면 그 하룻밤의 시답지 않은 대화를 위해 몇 백만 원의 여행비용과 며칠의 시간을 희생한 것일 수도 있겠다. 누군가는 나의 이러한 행동이 논리적이거나 현명하지 못하다고 말할 수도 있다. 하지만 스포츠를 통해 완전히 다른 문화적 배경 아래에서도 끈끈한 우정을 나눈 친구를 축하해주기 위해, 그리고 그 과정을 통해 힘든 유학생활을 결국 이겨낸 스스로를 격려해주기 위해 그 정도는 당연히 할 수 있는 일이었다고 답하고 싶다. '덕질'은 그렇게나 어이없고 아름다운 것이기 때문이다.

2017년 시애틀 세이프코 필드 전경. 아내와 함께 떠난 여행에서도 스포츠 경기는 빠짐없이 챙겨보았다.

한국에 돌아와서도 계속 예전에 살던 곳의 연고팀만을 좋아한다면 그것은 진정한 '로컬'에 대한 사랑이 아닐 수도 있다. 2020년 현재 가족과 함께 살고 있는 곳은 세종이라는 인구 30만 명 남짓의 작은 신도시다. 서울에서 몇 년 직장생활을 하다 대전으로 직장을 옮기면서 가족과 함께 이 새로운 도시에 자리 잡았다. 나와 아내 모두 이곳에 대한 연고가 전혀 없지만 2년 넘게 살고 있는 지금 이 도시에 대한 애정은 나의 고향 서울 못지않다. 지금까지 이곳에 살면서 단 하나 아쉬운 점을 꼽자면 스포츠 연고팀이 없다는 것이었는데 최근 드디어 연고팀이 생겼다! WK리그에서 스포츠토토팀이 2020년 리그부터 세종으로 연고지를 이전한 것이다. 코로나 바이러스19 대유행으로 인해 직접 경기를 관람할 수는 없지만 내가 살고 있는 지역에 프로팀이 생겼다는 사실만으로 많이 흥분이 되는 것이 사실이다. 이곳에서 나의 덕질은 새로운 국면을 맞이하고 있다. 지

2017년 라스베이거스에서 다시 만난 친구들과 함께(왼쪽)
2019년 열린 스캇의 결혼식에서 스캇과 함께(오른쪽)

금까지 잘 몰랐던 여자축구에 대해 공부하기 시작했고 한 경기가 끝날 때마다 '우리' 스포츠토토 축구단 선수들의 기록을 꼼꼼히 챙겨본다. 물론 인터넷으로 중계되는 경기를 챙겨보는 것은 기본이다. 적극적으로 팬클럽이나 응원단에 가입하고 활동하는 것은 내성적인 성격을 가진 내게 어울리지 않는 옷이니, 이 정도가 내가 팬으로서 할 수 있는 최선이라고 생각한다. 이렇듯 스포츠 덕질은 끝이 없다. 끝이 보이지 않을 정도로 즐거운 일이다.

. . . . . .

김종혁의 팁인 리바운드

① 지금 발을 딛고 서 있는 곳의 스포츠팀에게 위로와 응원을 받는다면 그 팀이 당신의 로컬팀이다.

② 미국의 작은 마을에서 스포츠를 통해 힘을 얻었고 그 인연은 지금까지 이어지고 있다.

③ 평생 스포츠와 함께 지역 사회 안에서 살아갔으면.

미국 대학 미식축구 최고의 라이벌전 덕후인 경영 컨설턴트

정석현_ 경영 컨설턴트

Email_sukhyun@umich.edu

테니스와 서울 올림픽으로 시작한 덕질

어린 시절 몸이 약한 편이었던 나는 초등학교 4학년 때 어머니의 권유로 마침 집근처에 생긴 테니스장에서 '레슨'이라는 것을 받게 되었다. 요즘 보기 힘든 커다란 나무 라켓을 들고 땀을 뻘뻘 흘리며 포핸드 스트로크만 거의 6개월을 치면서 테니스란 참 재미없고 힘든 운동이라는 생각을 했었던 것 같다. 하지만, 나도 모르는 사이에 다리에 힘이 붙고 체력이 좋아지면서 백핸드, 발리, 서브까지 테니스 기술들을 하나씩 습득하게 되었고, 게임을 할 수 있는 수준이 되면서 운동의 즐거움에 대해서도 조금씩 알게 되었다.

초등학교 고학년이 되면서 스포츠 관전에도 관심을 갖게 되었는데 나의 관심을 끌었던 스포츠는 당시 표현으로 '겨울 스포츠의 꽃'이던 남자 실업 농구였다. 당시 내가 가장 좋아했던 선수는 기아자동차의 김유택 선수였는데 한국에서 독보적인 실력을 가진 정통 센터였고 종종 보여주는 블록슛과 덩크슛은 국내 선수 중에는 비교 대상이 없을 정도였다.

서울 올림픽을 앞두고 아버지께서 가져오신 88년 서울 올림픽 기념 가이드북이 집에 있었는데 남자 농구 종목의 관전 포인트로 미국 대학 선발팀 센터인 데이비드 로빈슨David Robinson과 소련 국가 대표인 아르비다스 사보니스Arvydas Sabonis에 대한 소개가 담겨 있었다. 두 선수는 이듬해 서울 올림픽 남자 농구 준결승에서 명승부를 펼쳤는데 이 경기가 내가 로빈슨의 팬이자 전미 프로농구NBA 팬이 된 계기가 되었다. 당시에는 주중 저녁 NHK일본 위성 방송을 통해서 토요일 오후에는 AFKN주한미군네트워크을 통해서 NBA농구를 시청할 수 있었고 겨울방학 때는 평일 오전마다 짬짬이 미국 대학농구도 시청하게 되면서 자연스레 미국 대학 스포츠까지 관심의 폭이 넓어졌던 것으로 기억한다.

미국 빅텐 지역에서 계속된 미식축구 덕질

이후 미국으로 대학 진학을 하게 되었는데 모교인 위스콘신 대학교University of Wisconsin에서는 미식축구College Football가 농구보다 훨씬 더 인기가 많았다. 운 좋게도 재학 중에 우리 학교가 빅텐Big Ten 챔피언과 로즈 보울Rose Bowl을 차지하고 론 데인Ron Dayne이라는 선수가 대학 미식축구 최우수 선수상인 하이즈맨 트로피Heisman Trophy를 수상하는 것을 지켜보게 되면서 자연스레 대학 미식축구에 관심을 갖게 되었다. 이후에 대학원을 같은 중서부 지역에 있는 미시건 대학교University of Michigan로 진학하게 되었고 학교에 다니는 2년간 시즌권을 구매해서 홈 11경기를 관전하면서 대학 미식축구의 매력에 흠뻑 빠져들게 되었다. 2011년, 강호 노틀댐Notre Dame 대학을 상대로

한 기적의 역전승, 다른 학교 친구들을 초청해서
함께 관전했던 2011년 오하이오 주립 대학Ohio
State University 상대 경기 승리, 아내와 함께 관전했
던 같은 주의 라이벌인 미시건 주립 대학Michigan
State University을 상대로 한 대학 미식축구팀 최초의
900승 달성 등 역사의 현장을 함께 할 수 있었던
즐거운 기억들이 많이 남아있다.

2011년 미시건 대학교
미식축구 시즌권

　하지만 졸업 후 한국으로 돌아와서는 대학
미식축구를 계속 보는 일은 쉽지 않았다. 우선
중계해주는 방송사가 없어서 인터넷을 찾아 헤매
며 공짜 링크들을 찾아내는 것부터, 간신히 찾아낸 링크들도 자주
중계가 끊기고 컴퓨터에 악성코드가 설치되는 일이 빈번했다. 또한
한국 시간으로 토요일 새벽에서 일요일 오전에 열리는 경기 스케줄
때문에 밤을 거의 새우다시피 하며 미식축구를 보는 일은 체력적으
로도 부담이었지만 어린 두 딸을 둔 맞벌이 아빠로서는 쉽지 않은
일이었다. 하지만 늘 남편의 취미를 관대하게 배려해준 아내 덕에
2013년 이후로 단 한 경기도 거르지 않고 약 100경기의 미시건 대
학교 미식축구 중계를 시청할
수 있었다. 또 뜻이 있는 곳에
길이 있다고, 미국에 있는 친
구의 케이블TV 계정을 빌려서
HD급 화질로 일요일 새벽마
다 혼자만의 즐거운 시간을 보
낼 수 있게 되었다.

미시건 대학 통산 900승 전광판 사진

미시건 대학교 서점에서 발견한
한국어 응원용 티셔츠. 번역기로 돌
린 듯한 Go Blue의 번역이 특이하다

2018년 가을에 장모님을 모시고 처제 식구들과 베트남 여행을 간 적이 있었는데 가족들이 리조트 수영장에서 즐거운 시간을 보내는 동안 혼자 호텔방에서 노트북을 통해 경기를 관전했던 기억도 떠오른다.

매년 대학 미식축구 정규시즌의 마지막 주 경기는 라이벌전으로 구성되는데 미시건 대학과 오하이오 주립 대학의 경기가 최고의 라이벌전으로 손꼽힌다. 귀국 첫 해에는 다른 여느 경기들처럼 일요일 새벽에 프링글스와 콜라를 곁들여서 혼자 두 학교의 라이벌전을 TV를 통해서 지켜보았었는데 다음날 혼자 집에서 어렵사리 경기를 보았다는 몇몇 동문들의 연락을 받고 혹시 단체관람을 하면 어떨까 하는 생각을 하게 되었다. 친한 지인 중에서 듀크대 경영대학원을 졸업하고 매년 노스캐롤라이나 대학교 University of North Carolina와의 농구 정기전 단체 관람을 진행하는 분이 있었는데 단체 관람에 대한 노하우를 전달받고 2014년 11월 마지막 일요일 새벽에 10명 정도의 대학원 동문들과 이태원에 있는 주점에서 단체 관람을 진행하게 되었다.

이 단체 관람 행사는 이후로는 연간 행사로 정례화 되어서 지금은 매년 11월 마지막 주 일요일 새벽에 미시건 경영 대학원 동문들을 중심으로 단체 관람을 진행중이다. 최근에는 학교 측에서도 이를 알고 응원 용품을 지급해주고 있는데 특히 2015년에는 미시건 대학교 학부생들과 오하이오 주립 대학교 졸업생들까지 합세해서 무려 100여 명이 3층짜리 주점 전체를 빌려서 함께 경기를 관전했던 것이 기억에 남는다.

빅텐 컨퍼런스에 대한 간략한 소개

빅텐에서 경험한 명문 스포츠 학교들의 열정

나는 빅텐 컨퍼런스에 소속된 두 학교를 졸업했는데 빅텐 컨퍼런스는 1896년 일리노이 대학University of Illinois, 미네소타 대학University of Minnesota, 노스웨스턴 대학Northwestern University, 퍼듀 대학Purdue University, 위스컨신 대학, 미시건 대학, 시카고 대학University of Chicago을 시작으로 1899년 인디애나 대학Indiana University, 아이오와 대학University of Iowa, 1912년 오하이오 주립 대학, 1950년 미시건 주립 대학이 가입하였고, 최근에는 펜 주립 대학Penn State Universty, 네브래스카 대학University of Nebraska, 매릴랜드 대학University of Maryland, 럿거스 대학Rutgers University이 참여하여 운영되고 있는 미국 내 대표적인 대학 컨퍼런스 중 하나이다. 이름에서 알 수 있듯이 소속학교 대부분이 재학생 수가 4만 명이 넘는 큰 규모의 주립 대학들이고 미식축구는 물론, 농구, 야구, 아이스하키, 축구, 수영, 테니스, 육상, 레슬링까지 대부분의 스포츠에서 전미 최상위권의 성적을 유지하고 있다.

빅텐이 명문 스포츠 컨퍼런스인 첫 번째 이유는 지역 주민들의 절대적인 애정이 아닐까 생각한다. 미국 중서부 대평원은 일명 옥수수 지대라고 불릴 정도로 시카고 등 일부 대도시를 제외하면 엔터테인먼트, 문화, 예술 등의 컨텐츠가 없고 혹독하고 긴 겨울 날

미시건 대학교 교내 수영장에 붙어있는 출신
마이클 펠프스, 피터 밴더케이의 사진
밴더케이는 박태환이 금메달을 땄던 베이징
올림픽 400미터 결승전에서 4위를 차지했던
선수이다.

씨 때문에 무료한 지역 주민들의 스포츠에 대한 관심과 열정이 남다른 지역이다. 특히 각 주를 대표하는 대학 스포츠 팀들에 대한 지역 주민들의 애착은 엄청난 수준이어서, 주정부와 동문들이 프로팀 이상의 열정적인 응원과 막대한 재정적인 지원을 제공하고 있다. 일례로 미시건 대학이 위치한 앤 아버 Ann Arbor시의 인구는 12만 명인데 미식축구 홈경기 때마다 전국에서 쏟아져 들어오는 동문들과 지역 주민들로 인해 지난해 홈경기 평균 관중 수가 11만 명을 기록하였다. 오하이오 주립대 미식축구팀의 경우 주 내 소재한 어떠한 프로팀과도 비교할 수 없는 절대적인 관심과 사랑을 받고 있어 오하이오 소재 프로 스포츠 구단들에 대한 지역 주민들의 무관심의 근본 원인이라는 지적을 받을 정도이다.

두 번째는 우수한 선수 저변이다. 이 지역 주민들은 주로 신체 조건과 운동신경이 뛰어난 덴마크, 독일, 폴란드, 스웨덴 등 북부 유럽 이민자들의 후예들로, 지난 2016 브라질 리우 올림픽에서 빅 텐 출신 선수들이 금메달 19개를 포함하여 47개의 메달을 따내기도 했다. 추운 날씨 때문에 타지역 선수 영입이 힘든 위스콘신 대학이 매년 2m 전후의 신장에 130kg이 넘는 미식축구 라인맨Lineman6들을 지역 고교에서 큰 무리 없이 조달하여 꾸준한 성적을 유지하는

6 미식축구 포지션 중 수비수, 체격이 가장 큰 선수들이 이 포지션을 맡게 된다.

것을 보면 빅텐 컨퍼런스의 선수 저변에 대한 설명이 될 것이다.

Game Day의 즐거움

매주 토요일의 풋볼 광란

미국 대학 미식축구는 매주 토요일에 경기가 열린다. 경기 시간은 오전 11시 시작이 일반적인데 동부 시간대에 살았던 나는 동부에서 열리는 미시건 대학 경기를 시작으로 중부시간대 위스콘신 대학 경기로 넘어가서 태평양 지역 경기까지 서너 경기를 연속으로 시청하면 밤이 되어 버리는 덕후스러운 경험을 꽤 자주 했던 기억이 난다. 하지만 무엇보다도 경기 당일 최고의 즐거움은 바로 홈경기 직관이다. 2002년 한일 월드컵 길거리 응원수준의 단체 응원이 매주 펼쳐진다고 생각하면 이해가 쉬울 것 같다. 대학원 시절 홈경기 시즌권을 가지고 있었던 나는 금요일에는 경건한 마음으로 일찍 잠자리에 들었다가 토요일에는 대략 아침 9시에 일어나서 친구들과 함께 풋볼 경기장 근처로 향해서 테일게이트Tailgate라고 불리는 길거리 응원에 참여하곤 했다. 경기 당일 풋볼 경기장 주변의 주차장들은 일찌감치 가족 단위의 관람객들이 점령을 하기 때문에 방문객들은 대부분 걸어서 20분이 넘는 거리 공용 주차장에 차를 세우거나, 경기장 주변에 거주하는 학생들 집에 유료로 주차를 하게 된다. 경기 시작은 대부분 오전 11시이지만 이미 아침 일찍부터 캠퍼스 일대는 광란의 분위기에 휩싸여 있다. 기본적으로 학교의 응원컬러인 노란 셔츠(엄밀히는 옥수수색)를 입은 학생들은 집집마다 길거리가 떠나가게 음악과 티비를 크게 틀어놓고 경기를 준비한다. 나는 주로 경영대학원 부근 공용 주차장에 주차를 하고 경기장에 약 20분 넘는 거리를 걸어서 이동 했었는데 이동하는 내내 길거리는 온통 노란 물결의 이미 취기가 살짝 오른 학생들로 꽉 차 있고 서로 눈만 마주쳐도 학교의 응원구호인 Go-Blue[7]를 외치며 학교의 응원가인 <헤일 투더 빅터스Hail to the Victors>를 목이 터져라 부르는 것을 볼 수 있었다.

미식축구 경기 당일의 또 다른 즐거움은 바로 테일게이트인데 캠퍼스와 경기장 주변의 주차장에서 사람들이 자동차에 바비큐 기계를 설치하고 햄버거와 소시지를 구워 먹으며 맥주를 마시기 때문에 도시 전체가 온통 고기 굽는 냄새로 가득할 지경이었다. 미시건대 경영대학원에서는 학생용 테일게이트 차량을 운영했는데 경기 당일에 경기장 주변에 맥주와 음식을 가득 실은 차량이 우리를 기다리곤 했었다. 테일게이트의 백미는 바로 응원단의 경기장 입장이었다. 대학 미식축구 리그에 참여하는 팀들은 대부분 대규모의 학생들로 구성된 응원단을 운영하는데 보통 약 100인조가 넘는 대형 마칭밴드Marching Band와 치어리더, 그리고 기수단으로 구성된다. 풋볼시즌이 시작되기 전 여름에 학교 주변 부설 경기장에서 선수들 못지않게 열심히 뙤약볕 아래서 줄을 맞추고 악기를 연주하며 시즌을 준비하는 이들을 볼 수 있는데, 경기 시작 약 한 시간 전쯤 완전히 복장을 갖춘 응원단이 경기장 주변에 출현하게 되면 수만의 인파가 응원단의 연주에 맞춰 경기장에 입장하면서 게임 데이는 절정으로 치닫게 된다. 경기장 안으로 들어가면 일부 좌석을 제외하고는 대부분의 경우 자리는 정해져 있지만 좌석이 없기 때문에 경기 내내

7 미시건 대학교의 상징색인 푸른색을 의미하는 응원 구호

2011년 오하이오 주립 대학 정기전 승리 후 필드 러쉬 장면

서서 경기를 관전하는 것이 대학 미식축구 관람 문화의 특징이다.

대학 농구나 미식축구 경기에서 전력이 약한 홈팀이 강한 원정팀을 이겼을 때 코트 러쉬Court Rush 또는 필드 러쉬Field Rush라고 해서 관중들이 경기장으로 일제히 쏟아져 나오는 일들이 종종 있다. 내가 유학하던 시절 미시건 대학교는 라이벌인 미시건 주립대와 오하이오 주립대에게 연패를 당하던 중이었다. 운 좋게도 재학중 열린 두 번의 홈경기에서 두 학교를 모두 이겼고 두 번 다 필드 러쉬가 있었는데 미시건 주립대 경기에서는 같이 경기를 관전했던 아내와 오하이오 주립대와의 경기에서는 동문들과 미식축구 경기장으로 난입(?)해서 축구장 잔디를 직접 밟아보는 경험을 할 수 있었다.

빅텐 미식축구의 경쟁구도

전미에서 가장 치열한 대학 미식축구 리그

미국 대학 미식축구 1부 리그에는 매년 대략 130여 팀이 참가하고 있다. 약 300여 팀이 활동하는 농구에 비해 참여하는 팀의 숫자가 훨씬 적다. 그 이유는 100여 명이 넘는 선수단 규모와 수만 명을 수용하는 경기장은 물론 프로구단 수준의 훈련 시설을 운영하는 데 드는 비용이 만만치 않기 때문이다. 빅텐은 역대 39번의 전국 챔피언 타이틀을 차지한 최강의 미식축구 컨퍼런스 중 하나이다. 최근 앨라배마 대학University of Alabama, 루이지애나 주립 대학Louisiana State University을 위시한 SECSouth East Conference와 ACCAtlantic Coast Conference의 클렘슨 대학Clemson University 등의 활약이 두드러지기는 하지만 빅텐 학교들의 미식축구에 대한 투자 규모나 팬덤은 여전히 단연 최고 수준이다.

일례로 연간 대학 미식축구팀 예산 규모를 보면 미시건 대학이 1억 2천 2백만 달러(한화 1,450억 원)로 전미 3위를 기록 중이고 15위 내에 빅텐 다섯 개 학교가 랭크되어 있다. 또한 미시건대, 펜 주립대, 오하이오 주립대의 홈구장 수용인원은 모두 10만 명 이상으로 미국에서 가장 큰 경기장 1, 2, 3위를 차지하고 있고 나머지 대부분의 학교들도 6만 명 이상 수용이 가능한 홈구장을 캠퍼스 내에 보유하고 있다. 참고로 가장 규모가 큰 미시건대의 빅하우스Big House 경기장은 평양의 능라도 종합경기장에 이어 세계 2위 규모의 경기장으로 매년 벌어지는 인터내셔널 컵International Cup 축구 대회에서 맨체스터 유나이티드Manchester United F.C., 레알 마드리드Real Madrid C.F. 같은 명문 구단들의 시범 경기를 개최한다.

가장 먼저 빅텐의 자존심인 오하이오 주립대는 7번의 챔피언십을 보유하고 있고 말굽을 닮은 수용인원 10만 명의 오하이오 스타디움을 홈구장으로 사용하고 있는 팀이다. 이 학교 미식축구를 전미 최고 수준으로 만든 인물은 故우디 해이스Woody Hayes 감독이다. 승부욕의 화신이었던 해이스 감독은 1954년부터 1977년까지 무려 24년간 감독을 역임하면서 다섯 번의 챔피언십을 학교에 선사했다. 물론 말년에 경기 중 벤치로 들어온 상대 선수 헬멧에 펀치를 날려 불명예 퇴진하기는 했지만 이후 얼 부르스Earl Bruce, 존 쿠퍼John Cooper, 짐 트레셀Jim Tressel, 어반 마이어Urban Meyer 같은 감독들이 꾸준히 최강의 엘리트 프로그램을 만들어 나가고 있다. 아치 그리핀Archie Griffin, 에디 조지Eddie George는 물론 최근의 지크 엘리엇Ezekiel Elliott까지 OSU가 배출한 스타들을 열거하자면 입이 아픈 수준이다. 미식축구 실력만큼이나 밴드의 실력 또한 최상급인 것이 관전 포인트라고 하겠는데 예전에 MBC 스포츠 중계방송의 배경음악이었던 <Le Regiment>나 싸이의 <강남 스타일> 등 한국인들의 귀에 익은 레퍼토리를 들을 수 있는 즐거움도 있다. 또한 개암나무를 형상화한 OSU의 마스코트 부르투스Brutus도 경기 당일 흥을 돋는 데 빼놓을 수 없는 요소라고 하겠다.

OSU와 함께 빅텐 미식축구의 양대 산맥은 미시건 대학

미시건 대학교 홈경기 응원 장면

이다. 빅텐에서 유일하게 OSU 상대 전적 우위를(58승 51패 6무) 점하고 있는 미시건 대학은 대학 미식축구 통산 최다승(962승), 11번의 챔피언십, 미국에서 가장 규모가 큰 스타디움(107,601명), 가장 유명한 응원가(Hail to the Victors), 가장 멋진 헬멧(Winged Helmet) 등을 보유한 대학 미식축구의 산 역사라고 하겠다. 미시건 대학 출신으로 가장 유명한 스타는 NFL 역대 최고의 스타인 쿼터백 탐 브래디Tom Brady로, 대학 시절 내내 크게 주목받지는 못했지만 4학년 무렵부터는 역전에 강한 선수로 유명세를 떨쳤다. 궁금하신 분들께는 2000년 앨라배마 대학과의 오렌지 볼 경기 하이라이트를 추천한다. 또 다른 인물은 미국의 제38대 대통령인 제럴드 포드Gerald Ford를 꼽을 수 있겠는데 1930년대에 라인백으로 활약하면서 두 번의 전국 챔피언십을 획득한 탑 클래스의 선수였다.

　　나의 학부 모교인 위스콘신 대학은 우승 경력은 1942년 딱 한 번에 불과하지만 90년대 이후 꾸준히 전국 강호 중 하나로 군림하고 있다. 네브래스카 대학 미식축구 선수 출신으로 현재 위스콘신 대학의 체육처장, 즉 애슬레틱 디렉터Athletic Director를 맡고 있는 배리 알바레즈Barry Alvarez는 1990년대 감독을 맡으며 위스콘신 대학의 전성기를 일궈낸 감독이다. 위스콘신 대학의 미식축구 스타일은 강력한 수비력을 바탕으로 실점을 최소화하고 러닝게임을 통해 게임 템포를 최대한 늦춰서 볼의 소유권을 최대화하는 조금은 지루하고 전통적인 스타일의 미식축구라고 하겠다. 하지만 론 데인을 비롯하여 몬티 볼Montee Ball, 멜빈 고든Melvin Gordon에 최근의 조너단 테일러Jonathan Talyor까지 꾸준히 스타 러닝백들을 길러내고 있고 NFL 시애틀 시호크스Seattle Seahawks의 슈퍼 보울 챔피언십 주역인 쿼터백 러셀 윌슨Russell Wilson과 NFL 수비의 아이콘인 제이제이 와트JJ Watt도 위스콘신 대학이 배출한 대표적인 선수들이다. 위스콘신 대학은 1917년에 만들어진 8만 명 규모의 캠프 랜달Camp Randall 경기장을 홈으로 사용하고 있다. 위스콘신 대학의 응원 전통으로 홈경기 3쿼터 종료 후에 8만 명의 관중이 일제히 관중석에서 쉴 새 없이 점프를 하는 <점프 어라운드Jump Around>가 유명한데 학부시절 미식축구 경기를 보러 갈 때면 경기장이 너무 낡아서 관중석이 무너지지 않을까 걱정을 하다가 3쿼터가 끝나면 미친 듯이 점프 어라운드에 참여했던 조금은 바보 같았지만 즐거웠던 기억이 있다. 하지만 경기장 리모델링에 대한 학생들과 지역 주민들의 의견은 늘 반대가 훨씬 많은 것을 보면 이 낡디 낡은 경기장에 대한 지역팬들과 학생들의 애정을 짐작할 수 있다고 하겠다.

이외에도 빅텐에는 전통의 미식축구 명가인 펜 주립 대학과 네브래스카 대학, 영원한 복병 미시건 주립 대학, 중서부 지역 전통의 강자 아이오와 대학 등 미식축구 강호들이 치열한 경쟁을 펼치고 있다. 따라서 전통의 강호들과 저력 있는 다크호스들이 매주 승부를 예측할 수 없는 접전을 펼치는 것이 빅텐 미식축구의 매력이고 아마도 이런 치열한 경쟁으로 인한 부상과 피로가 빅텐팀들이 시즌 막판 플레이오프에서 상대적으로 부진한 이유가 아닐까 하는 생각을 해본다.

더 게임The Game

미국 스포츠 최고의 라이벌전 미시건 vs 오하이오 주립

ESPN 미시건 대 오하이오 주립 정기전 광고 중 한 장면

처음 만나 서로에게 호감을 가진 두 남녀가 차를 타고 첫 데이트 중이다. 남자가 여자에게 어디 출신이냐고 묻고 여자가 미시건에서 나고 자란 토박이라며 '고 블루Go Blue'를 외친다. 갑자기 남자는 달리는 차에서 뛰어내려서 몇 바퀴 구른 뒤에 '고 벅아이Go Buckeyes(오하이오 주립 대학의 응원구호)'라고 외치며 주먹 감자를 먹인다. 미국 ESPN의 미시건대와 오하이오 주립대 정기전 광고 중 한 장면이다. 1999년 세기말에 미국 스포츠 전문 채널인 ESPN이 뽑은 10대 스포츠 라이벌에서 무하마드 알리Muhammad Ali 대 조 프레이져Joe Fraser 복싱경기, 노스캐롤라이나 대학교University of North Carolina와 듀크 대학교Duke University의 농구경기를 제치고 1위를 차지한 라이벌 경기가 바로 미시건 대학과 오하이오 주립 대학의 미식축구 정기전이다.

'전쟁은 옆 나라끼리 하는 것'이라고 동서로 붙어있는 오하이오 주와 미시건 주는 예전부터 사이가 좋지 않았다고 한다. 1835년 두 주의 경계에 있는 톨레도Toledo라는 작은 도시에서 톨레도 전쟁 Toledo War이라 불리는 영토 분쟁이 있었고 두 주 정부는 민병대까지 출동시키면서 서로에 대한 적개심이 시작되었다고 한다. 양교간의 미식축구 라이벌전은 톨레도 전쟁의 기억이 희미하게 남아있던

1897년으로 거슬러 올라간다. 첫 대결에서 34:0으로 승리한 미시건 대학교는 1918년까지 단 한 번도 패하지 않으면서 우세를 점하기 시작했다. 이후 1951년까지 48번의 대결은 32승 4무 12패로 미시건 대학교의 압도적 우세였다. 하지만 1951년 오하이오 주립 대학교에 우디 해이스 감독이 부임하면서 판도가 흔들리기 시작한다.

열혈남아인 해이스 감독은 미시건 주에 운전을 하고 갔다가 연료가 바닥나자 차를 밀고 오하이오 주를 넘어와서 주유를 했다는 전설이 있을 정도로 라이벌전을 중요하게 생각하던 감독이었다. 해이스 감독 부임 후 18년간 오하이오 주립 대학교는 미시건 대학교를 상대로 12승 6패를 기록하며 격차를 좁혀 나가기 시작한다. 이때 본래 오하이오 출신으로 우디 해이스 감독의 밑에서 선수로, 또 코치로 활약했던 보 쉠베클러Bo Schembechler 감독이 미시건 대학 감독으로 부임한다. 쉠베클러 감독은 부임 첫해인 1969년에 역대 대학 미식축구 사상 최강팀 중 하나로 꼽히는 오하이오 주립 대학교를 격파했고 이때부터 해이스 감독이 물러난 1978년까지 두 학교는 10년 전쟁을 벌이며 미시건 대학교가 5승 1무 4패로 근소한 우위를 점했다.

이 10년 동안 두 학교 모두 한 시즌씩을 제외하고는 전국 랭킹 10위 밖으로 밀려난 적이 없을 정도로 강력한 전력을 유지하며 두 학교의 대결을 스포츠팬들의 전국적인 이벤트로 격상시켰다. 해이즈 감독이 은퇴한 이후 미시건 대학교는 쉠베클러, 게리 몰러Gary Moller, 로이드 카Lloyd Carr와 같은 감독들이 활약하며 오하이오 주립 대학교와의 대결에서 우위를 지켰다. 특히 90년대에는 NFL 정상급 스타이자 지금은 중계 방송을 맡고 있는 데스몬드 하워드Desmond

Howard가 오하이오 주립 대학교를 상대로 펀트 리턴 터치다운Punt Return Touchdown을 성공시키며 카메라를 향해 대학 미식축구 최우수 선수에게 수여되는 하이즈맨 트로피 포즈를 취하는 장면이 미시건 팬들에게는 전실로 남아있나.

하지만 2000년 이후 오하이오 주립 대학교는 미시건 대학교를 상대로 짐 트레셀 감독이 9승 1패를, 어반 마이어 감독이 8승 무패를 기록하며 최근 전적 17승 1패에 8연승을 구가하며 상대전적을 58대 51까지 좁힌 상황이다. 라이벌전에서 고전을 면치 못하던 미시건 대학교는 2015년 NFL 샌프란시스코 포티나이너스San Francisco 49ers의 감독 출신 짐 하버Jim Harbough를 신임 감독으로 영입한다. 아버지가 쉠베클러 감독의 코치로 청소년 시절을 미시건 대학교가 위치한 앤 아버에서 보낸 하버는 미시건 대학교에서 주전 쿼터백으로 활약했던 '순혈' 미시건 선수 출신이다. 프로에서도 스타 쿼터백으로 활약한 하버는 이후 스탠포드 대학교, 샌프란시스코 49ers 등 명문 대학과 프로팀에서 감독으로서의 역량을 검증받은 명장이었다.

미시건의 하버 영입은 사실상 오하이오 주립 대학이 영입한 대학 미식축구 역대 최고의 감독 중 하나인 어반 마이어를 꺾기 위한 한 수였는데 동갑내기인 두 사람이 7개월 차이로 톨레도에 위치한 병원에서 태어난 것은 정말 일부러 만들어 내기도 어려운 인연이라 하겠다. 하지만 두 사람의 상대전적은 마이어가 4승 무패로 압승을 거두고 건강상의 이유로 은퇴하면서 종료되었고 하버는 마이어의 후임인 라이언 데이에게도 패하면서 흠 잡을 데 없던 커리어에 큰 상처를 입은 상황이다.

내가 프로보다 한참이나 낮은 경기력에도 불구하고 대학 스포츠를 더 사랑하는 이유는 아마도 프로에 서는 보기 힘든 최선을 다하는 모습과 성적에 연연하지 않고 자기 고장과 자신의 모교를 열심히 응원하는 팬들의 순수한 열정 때문이 아닌가 싶다. 매년 대학 선수들이 나를 감동시키는 포인트는 화려한 경기력 때문이 아니라 본인이 가진 모든 것을 쏟아내고 평생 다시 오지 않

미시건을 응원하는 첫째 딸의 모습

을 찬란한 대학시절의 기억을 뒤로 한 채 한 치의 아쉬움도 없이 기쁨의 눈물을 흘리는 졸업생들의 모습이 아닌가 싶다.

비록 올해는 아쉽게도 전 세계적인 감염병 이슈로 인해 미식축구를 비롯한 미국 내 대학 스포츠들이 예년보다 축소된 규모로 열릴 수밖에 없게 되었지만 곧 멀지 않은 시간에 땀과 눈물 그리고 미래에 대한 가능성이 가득한 대학 스포츠를, 대학 미식축구를 맘껏 즐길 수 있게 되기를 바란다.

• • • • • •

정석현의 Midwest Blitz

① 유학 시절 자연스레 접하게 된 대학 미식축구의 매력에 빠져들다.

② Michigan-Ohio State 의 라이벌전을 통해 미식축구 덕후의 길로 들어서다.

③ 가까운 미래에 풋볼 명문 대학들을 직접 방문해 순수한 대학 스포츠의 열기를 다시 느끼고 싶다.

눈덮인 미국 유타의 록키 산맥을 녹인 스포츠 열정

제임스 박_ 미 유타 대학교(The University of Utah) 아시아캠퍼스 대외협력처 실장

Email_jjungsupark@gmail.com

Instagram_@utcrimson

나의 스포츠 입덕, 유타Utah그리고 솔트레이크 시티Salt Lake City

"왜 유타로 가셨어요?" 미국 유타 주에서 유학한 사실을 알게 되면 사람들이 내게 종종 던지는 질문이다. 그러면 나는 바로 "제고향이라서요!"라고 대답한다.

록키Rocky산맥에 위치해 있는 도시 솔트레이크 시티는 인구가 40만 명이 채 되지 않는 자그마한 도시이다. 유타 주Utah는 남북한을 합친 크기와 비슷한 면적에 3백만 명이 조금 넘는 인구 밀도가 낮은 주이지만 스포츠에 대한 열정이 넘쳐흐르는 팬들로 유명하다. 내가 넓고 넓은 미국에서도 유타로 유학을 가게 된 것은 아버지의 모교이자 내가 태어났던 곳이기 때문이었다. 하지만 이러한 우연한 인연을 통해 선택한 유타행은 내 일생일대의 행운이며 최고의 선택이었다. 특히 세상 어디에서도 상상하기 어려운, 많은 즐거운 추억을 내게 선사해준 곳이고 그 추억 중 가장 큰 부분은 분명 스포츠였던 것 같다.

코튼우드 콜츠 고등학교Cottonwood Colts High School

나는 유타주 머레이Murray에 위치한 공립학교인 코튼우드 콜츠 고등학교 10학년으로 미국 생활을 시작하게 되었다. 등교 첫 날, 많은 긴장감 속에서 기대 반 설렘 반으로 학교를 갔었던 기억이 난다.

등교 첫째 날, 첫 과목이었던 체육시간은 신선한 충격이었다. 나보다 몸집이 두 배는 더 커 보이는 친구가 그보다 키가 더 큰 멕시코계 친구를 가볍게 뛰어넘고 덩크슛을 하는 것을 바로 앞에서 바라보며 당시 나는 '이런 말도 안 되는 운동 능력을 가진 괴수들이 사는 곳이 미국이구나!'라고 생각했었다.

덩크슛을 내리꽂던 그 친구의 이름은 스탠리 하빌리Stanley Havili 이었다. 농구 선수인 줄 알았던 그는 고등학교 미식축구 유망주였고 미국 서부 최고의 미식축구 명문교인 남가주대University of Southern California 즉, USC로 진학을 하게 되었다.

미국 대학 스포츠에서 부상이나 감독의 결정으로 한 시즌을 쉬는 것을 레드셔츠Red Shirt라고 한다. 친구는 입학하자마자 1년간의 레드셔츠 기간을 보냈지만 다음 시즌부터 당당하게 주전 자리를 꿰차고 마침내 2010년엔 팀의 주장까지 맡게 됐다. 졸업 후에는 2011년 NFL 전미 프로 미식축구 리그 드래프트 7라운드 240번 픽으로 필라델피아 이글스Philadelphia Eagles의 지명을 받아 프로 선수가 되었다.

하빌리처럼 괴물 같은 신체능력을 가진 선수들이 넘쳐나는 곳이 바로 미식축구라는 스포츠의 세계이고 (비록 나에게는 직접 할 엄두가 나지 않던 스포츠였기도 하지만) 감히 말하건대 미국에서 미식축구는 종교라고 해도 과언이 아닐 정도로 최고의 인기 스포츠이다.

유타 대학교 그리고 대학 미식축구

　나의 모교이자, 유타주를 대표하는 플래그십Flagship 주립 대학교인 유타 대학교는 미국 중서부 록키 산맥에 위치해 있으며 교육이든 대학 스포츠든 내실로 승부하는 학교이다. 픽사Pixar 창업가 에드 캣뮬Ed Catmull, 메리어트 호텔Marriott Hotel 창업주인 제이더블유 매리엇 J.W. Marriott, 어도비Adobe 창업가 존 워녹John Worknock 외에도 한국 삼보 컴퓨터 이용태 선배님, 인바디Inbody 차기철 선배님 등 국내외 유수한 창업가들을 배출해낸 학교이기도 하다. 창업가 정신은 유타 대학교의 스포츠에서도 찾아볼 수 있는데 비교적 조용하고 학생이 많지 않은 학교이면서도 꾸준히 내실을 쌓아가며 심심치 않게 깜짝 놀랄 만한 성과를 만들어내는 것이 유타 대학의 저력이라 하겠다. 힘내라 유타 대학교! Go Utes!
　유타 대학교의 미식축구 구장의 이름은 라이스-에클스 스타디

록키 산맥을 품은 라이스-에클스Rice-Eccles 경기장의 모습

움-Rice-Eccles Stadium이다. 다목적 경기장으로 지어진 이 구장은 45,807석의 좌석을 가진 중형 경기장으로 교내에 위치하고 있다. 뒤로는 세계적으로도 널리 알려진 록키 산맥이, 앞에는 서반구에서 가장 큰 소금 호수인 솔트레이크 호수The Great Salt Lake를 바라보는 이 구장은 2002년 동계 올림픽 개막식과 폐막식을 개최한 곳이기도 하다. 유타 대학교의 마스코트는 스웁Swoop이라는 붉은 꼬리를 가진 매이며, 유타대학 출신 동문을 유츠Utes라고 부른다.

미국 대학스포츠 협회 NCAA에 소속된 대학미식축구 리그는 1, 2, 3부Division I, II, III로 나누어지며 1부 리그 안에서도 130개 팀이 상위 그룹으로, 125개 팀은 중하위권 그룹으로 분류된다. 상위권 그룹인 FBS[1]는 대서양 연안ACC,[2] 빅텐Big Ten, 빅트웰브Big12, 팩12Pac12,[3] 남동부SEC[4]의 다섯 개 메이저 컨퍼런스 소속팀들을 주축으로 AAC,[5] C−USA,[6] MAC,[7] MWC,[8] Sun Belt 등 미드 메이저 컨퍼런스와 노틀댐University of Notre Dame, 육군사관학교Army, 브리검 영Brigham Young University, 메사추세츠 대학University of Massachusetts 등이 속한 독립 컨퍼런스까지 총 11개의 컨퍼런스로 구성되어 있다.

현재 유타 대학교는 스탠포드Stanford University, USC, UC버클리University of California, 워싱턴대University of Washington 등 태평양 연안 12개

---

1 Football Bowl Subdivision
2 Atlantic Coast Conference
3 Pacific-12 Conference
4 Southeastern Conference
5 American-Athletic Conference
6 Conference USA
7 Mid-American Conference
8 Mountain West Conference

의 대학들이 포함되어 있는 팩12 컨퍼런스에 속해 있지만 내가 재학하던 시절에는 미드 메이저 컨퍼런스인 마운틴 웨스트 컨퍼런스 Mountain West Conference에 속해 있었다. 유타 대학교는 위에서 설명한 다섯 개 메이저 컨퍼런스 소속 학교들에 비해서는 선수들의 기량과 실력이 열세일 수밖에 없었지만 기본적인 역량차를 극복하고 선수들을 잘 훈련시켜서 메이저 컨퍼런스에 속해 있는 대학교를 심심치 않게 격파하는 저력을 가지고 있었다.

학생응원단 '머스MUSS, Mighty Utah Student Section'

머스MUSS는 Mighty Utah Student Section(강력한 유타 대학교 학생 구역)의 약자로, 유타 대학교 학생응원구역을 지칭하는 표현이나 그냥 '유타 대학교 학생 응원단'이라고 이해하면 될 듯하다. 카일 위팅험Kyle Whittingham 현 유타 대학교 미식축구팀 감독이 1994년, 유타 대학교에서 막 어시스턴트 코치를 맡았을 무렵, "머스의 시초는 4명의 학생과 길 잃은 강아지 한 마리로 구성되었다"라고 농담을 던지기도 했을 만큼, 당시 학생 응원단의 조직은 작은 규모였다. 2001년 유타대학교 미식축구 홈경기에 입장한 학생 숫자는 평균 500명에 불과했고 미식축구 팬클럽Football Fan Club이라는 심심한 명칭을 지녔던 학생 응원단은 2003년, 머스로 개명하면서 지속적인 성장을 거듭하여 경기마다 6,000여 명의 학생이 참여하는 대형 응원단으로 발전하였고 2014년에는 전미 대학 체육협회National Collegiate Athletic Association 최고의 학생 응원단 4위에 선정되기도 하였다.

머스의 독특한 응원방식은 유타대가 공격할 때는 쥐 죽은 듯이 조용히, 상대팀이 공격할 때는 정신을 흔들어 놓을 정도로 시끄럽게 응원을 하는 것이 대표적이다. 이외에도 써드다운 점프Third down jump는 상대팀이 세 번째 공격을 할 때 응원석의 학생들이 제자리에서 일제히 점프하고 소리를 지르며 상대팀의 실수를 유발하는 것이고 학교 공식 응원가인 유타인의 노래Utah Man Song를 밴드의 연주에 맞춰서 목이 터져라 부르는 전통도 빼놓을 없다. 또한 경기가 시작되기 전에는 머스 테일게이팅MUSS Tailgating이 열리는데 미식축구

경기 시작 전에, 열성적인 팬들이 경기장 북쪽 열린 공간에 모여서 바비큐도 하고 공짜 음식도 나눠주면서 전의를 다지는 행사가 열린다. 마지막으로는 유타대를 상징하는 수화 사인에 대해서 소개를 하자면, 손가락을 모아 알파벳 '유U모양'을 만들어 내는 것이다. 모든 유타 사람들은 이 '유'자를 통하여 팬심과 애교심을 확인하곤 한다.

유타 대학교의 U 사인

　　내가 재학중 머스의 일원으로 보낸 기간은 운 좋게도 유타 대학교가 학교 미식축구 역사상 가장 우수한 성적을 낸 기간이었고 학생응원단 역사상으로도 황금기라 불릴 수 있는 기간이었기 때문에 나는 미식축구의 매력에 흠뻑 빠질 수밖에 없었던 것 같다.

시작은 미약했으나 끝은 창대했던 2008-09 시즌
그러나 인생 가장 잘못된 선택을 한 …

　　시작은 미약하였다. 2008 - 09 대학 미식축구 시즌이 시작하기 전 유타 대학교를 바라보는 바깥의 시선은 차가웠다. 대학 미식축구 시즌이 시작되기 전에 최고 권위의 AP^{Associated Press} 통신은 상위 1위부터 25위 팀을 발표하고 매주 순위를 업데이트한다. 상대적으로 순위 밖의 팀들은 주목을 받지 못하는 팀들로, 시즌 초 유타 대학교는 25위 안에 들지 못했다.

　　시즌 첫 상대는 바로 미식축구 초명문 미시건 대학교^{University of Michigan}였다. 미시건 대학교는 풋볼 명문학교일 뿐 아니라, 전 미국에서 가장 큰 미식축구 경기장을 가지고 있는 학교로도 유명하다. 유타 대학교 풋볼 경기장이 약 45,807명을 수용할 수 있는 크기의 경기장이라면, 미시건 대학교의 풋볼 경기장은 그것의 두 배도 넘는 107,601석의 좌석을 지닌, 말 그대로 거대한 경기장이다. 유타 대학교의 첫 경기는 미국에서 가장 큰 경기장을 가진 미시건 대학교의 적진 한복판에서 중압감 속에서 이루어졌고 결과는 아무도 예상하지 못한 유타 대학교의 간발의 차 승리(25대 23)였다. 원정 경기에서 미시건 대학을 격파하는 예상치 못한 승리로 유타 대학교는 일주일 만에 22위에 랭크되며 미 전역의 스포츠팬들에게 제대로 눈도장을 찍게 된다. 그만큼 대단한 이변이었다.

　　그 후로는 연전연승을 내달리며, 실력으로 조금씩 인정을 받기 시작했다. 그러다 2008년 9월 6일, 유타 대학교는 TCU^{Texas Christian University}라는 강적을 만나는 고비를 맞게 됐다. 당시 텍사스 주의 숨은 강자인 TCU는 연승가도를 달리면서 전미 랭킹 11위에 랭크되어 있었다. 유타 대학교는 홈구장에서 치열한 승부 끝에 가까스로 13 대 10의 역전승을 거두었는데 이 경기에서 느꼈던 희열은 감히 2002년도 한일 월드컵에서 대한민국 4강 진출 후 국민들이 느꼈던 감동과 희열에 비견될 만하다고 할 수 있다. 이 날 경기장은 광란의 분위기로 휩싸였고, 모든 관중들이 경기장으로 한꺼번에 뛰어내려가는 필드 러쉬Field Rush가 이루어졌다. 관중석과 경기장 사이에 건물 2층 높이만큼의 차가 있음에도 불구하고 남녀 할 것 없이 모든 학생들이 경기장으로 뛰어 내려가 선수들과 함께 승리를 축하하며 축제의 분위기를 한껏 즐겼다. 뛰어내린 관중 하나는 경기장에 서있던 치어리더랑 부딪히는 바람에 큰 사고가 일어날 뻔 했던 기억도 난다.

그 경기 이후, 적수는 없었다. 시즌 마지막 경기는 유타 대학교의 라이벌, 랭킹 16위 브리검 영 대학과의 홈경기였는데 미국에서는 '성전Holy War'이라고 불리는 유명한 라이벌전이다. 유타 대학교는 48대 24의 일방적인 승리를 거두면서 정규시즌을 무패로 마무리 하게 된다.

그리고 대망의 슈거 보울Sugar Bowl9에 진출한 유타 대학교는 2007년 닉 세이번Nick Saban 감독이 부임한 이후로 현시대 미식축구의 왕조라 불리는 앨라배마 대학University of Alabama과 마주하게 된다. '붉은 물결Crimson Tide'이라는 별명을 가진 앨라배마 대학교의 미식축구

9 플레이오프가 도입되기 시작한 2014년 직전까지 대학 미식축구는 우승팀 선정을 위해 BCS(Bowl Championship Series)라는 체제를 사용했는데 가장 권위 있는 4대 보울을 운영했다. 이 4대 보울은 로즈 보울(Rose Bowl), 오렌지 보울(Orange Bowl), 슈거 보울(Sugar Bowl), 피에스타 보울(Fiesta Bowl) 이렇게 구성되었다.

팀은 자타공인 전미 최강의 팀으로 유타 대학교에겐 시즌 최종 성적 상위권 랭킹을 위해서 넘어야 할 큰 산이었다. 이때 나는 언제 다시 올지도 모르는 중요한 경기를 앞두고 절대 하지 말았어야 할 큰 실수를 해버리고 말았다.

사실 나는 유타 대학교가 이렇게 전승무패로 잘할 줄을 몰랐기에 멕시코 칸쿤으로 가는 여행 계획을 미리 잡아놓았었는데 칸쿤 여행과 슈거 보울 중 어디를 가야 할지 며칠 동안 끙끙 앓으면서 고민하다가 결국은 칸쿤 여행을 선택하고 말았다. 사실 꼭 내가 아니라 그 누구라도 당시에 유타 대학교가 이 정도까지 성적을 낼 줄을, 그리고 설마 앨라배마 대학을 상대로 슈거 보울에서 승리하리라고 생각하기는 어려웠을 것이다.

결국 뉴올리언스New Orleans에서 열린 유타 대학교와 앨라배마 대학교의 슈거 보울 경기는 유타 대학교 골수팬인 나를 포함해서도 아무도 예상하지 못한 방향으로 흘러갔다. 라스베이거스Las Vegas 도박사들은 앨라배마의 9점차 승리를 예상했지만 막상 경기가 시작되고 7분 만에, 유타 대학교는 폭풍 21점을 올리며 기세를 올렸고 결국 31대 17이라는 압도적인 승리를 거두며 슈거 보울 트로피를 차지하게 되었다. 당해에 전미 유일한 전승무패의 팀으로 시즌을 성공적으로 마무리했던 유타 대학교는, 시즌 종료 후 최종 랭킹을 전미 2위로 마무리 하였고 당시 1위였던 플로리다 대학교는 1패를 안고 있었기에, 어떤 팀이 진정한 우승팀이었는지 의견이 분분했었다. 당시 유타대학교가 1위가 되지 못했던 것은 메이저 컨퍼런스 소속이 아니었기 때문에 역차별을 당했다는 시각도 있었다. 훗날 유타 대학교는 메이저 컨퍼런스인 팩12로 소속을 옮기며 명실상부한 미식축구 강호로 발돋움하게 되는 계기가 된다.

번외로 슈거 보울 대신 선택했던 멕시코 칸쿤 여행은 멕시코 땅에는 발도 디뎌보지 못한 채 끝나버렸다. 마침 멕시코에서 갱단들에 의해 미국 관광객들이 잔인하게 살해당하는 사건이 발생하면서 칸쿤에서 참여하려 했던 이벤트가 캘리포니아 주에 있는 팜스프링스로 변경되어버렸고 노인들 가득한 실버타운에 위치한 호텔에 묵으면서 내내 후회만 했던 기억이 난다. 물론 당시 내가 했던 선택이 지금은 돌이켜보면서 웃을 수 있는 추억이 되긴 했지만 말이다.

바디페인팅으로 MUSS 최고의 팬으로 뽑힌 2010-11시즌 그리고 '인간 모세의 기적'

대니와 바디페인팅을 같이한 '몰몬 크루'

2010-11 시즌이 시작되기 전, 대학시절 가장 친한 친구였던 대니 Danny Oldroyd가 몰몬10교도인 친구들을 모아서 미식축구 경기마다 학교 이름을 바디페인팅 하자는 제안을 했다. 당시 미식축구팀의 선전으로 애교심이 절정에 달했던 나는 친구의 제안을 흔쾌히 수락했다.

그 시즌에 열린 모든 홈경기에서 우리는 단 한경기도 빠짐없이 바디페인팅을 하게 되었고 날씨가 덥건, 춥건 간에 U.T.A.H. 네 글자를 모교의 공식 색상인 빨간색으로 바디페인팅을 하여 경기를

10 예수 그리스도 후기성도 교회(The Church of Jesus Christ of Latter-Day Saints)

관전했다. 나는 주로 알파벳 A를 담당했는데 UCLA와의 경기에서는 영하로 내려가는 추위에 바람도 많이 불고 눈까지 내렸음에도 바디페인팅을 하고 경기를 관전했고 다음 날 감기 몸살로 끙끙 앓아누웠던 기억이 있다. 하지만 우리의 응원 덕분인지 31:6의 압도적인 승리로 추위 속 고생에 대한 보상은 충분히 되었다고 생각했다.

가장 기억에 남는 에피소드는 오레건 주립대Oregon State University 와의 홈경기였는데 이 날은 같이 바디페인팅을 하는 친구가 일이 있어서 제때 미리 바디페인팅을 하지 못하였고, 경기장에 도착하니 수백의 인파가 입장을 위해 우리 앞에 이미 늘어서는 바람에 경기 시작에 맞춰 입장하기가 불가능한 상황이 벌어졌다. 그런데 기적처럼, 우리 주변에 있는 관중들이 "얘네들은 제일 앞으로 갈 만한 녀석들이야, 맨 앞으로 갈 수 있게 길을 열어줘!!These Guys deserve to go to the front of the line, let them go through the line!!"라고 외치기 시작하더니 사람들이 한두 명씩 동조를 하기 시작하면서 박수를 쳐주고, 우리를 응원하며 길을 열어주기 시작했다. 그야말로 '사람의 바다'가 두 갈래로 갈라지는 순간이었다. 홍해가 갈라지던 순간 모세는 이런 느낌이 들었을까? 말 그대로 '현대판 인간모세의 기적'이 일어난 순간이었다.

홍해처럼 갈라지는 인파 속에서, 우리는 수십 분이 걸려서 들어갈 수백 미터 거리를 단 몇 분 만에 뚫고 갈 수 있었고 킥오프를 하기 전에 제때 도착하여, 있는 힘껏 유타 대학교 화이팅Let's go Utes! 을 외쳤다. 이때 느꼈던 벅찬 감동은 정말 평생 잊지 못할 것이다.

나와 함께 바디페인팅을 했던 그룹은 경기 후 최고의 팬으로 선정되었고 교내지에도 실리는 영광을 얻었다. 그리고 지역 신문,

지역 방송뿐만 아니라 전국구 방송에서도 화면에 잡히는 영광을 누렸다. 내 일생에 이런 바디페인팅을 언제 또 해보겠는가? 젊은 날의 패기가 가득했던 그 시절의 추억들을 떠올려보면 나도 모르게 미소가 지어진다.

취기로 적진에 침투하다

2012년 9월 7일 유타 대학교는 지역 내 또 다른 라이벌 학교인 유타 주립대학교Utah State University와 원정 라이벌 경기를 펼쳤다. 유타대와 유타 주립대의 경기는 '형제들의 전투Battle of Brothers'라 불린다. 브리검 영 대학과의 라이벌전 경기만큼은 아니지만 나름 '지역 라이벌'로서 지역에선 이목을 집중시키는 라이벌전이라 할 수 있다. 마침 코리Corey라는 유타 미식축구의 열광팬인 친구가 원정 응원을 가자는 제안을 했고 둘이 함께 원정경기를 보러 갔다. 앞에서 얘기했던 바디페인팅을 함께했던 몰몬교도 친구들은 술을 입에도 대지 않았지만 반대로 코리라는 이 친구는 대단한 애주가였고 상대선수는 물론, 상대팬들을 향해서 하고 싶은 얘기(욕설 포함)를 마음껏 다 하며 응원을 하는 친구였다.

미식축구는 홈팀과 원정팀의 구역이 분리되어 있는데 경기의 분위기가 격앙되었을 때 양팀 팬들의 충돌 가능성을 방지하기 위해서 학생 응원단과 상대팀팬들은

유타 주립대학교 경기장 응원 모습

정반대에 위치해 있는 경우가 많다. 이날 우리도 처음에는 홈팀인 유타 주립대학교 응원단의 정반대에 자리 잡았다. 경기가 잘 안 풀리다 보니, 코리는 과음을 하기 시작하였는데 몰래 경기장에 숨겨 들어온 보드카를 한잔 두잔 마시더니 술에 취해서 갑자기 "유타 주립대학교 응원구역에 있는 친구한테 인사를 하러 갈거야"라고 외쳤다.

적진에 친구를 혼자 보낼 수 없었던 나는 "혼자 가긴 어딜가, 내가 같이 가줄게"라고 대답하며 함께 적진으로 뛰어들었다. 당시 나는 순수하게 상대팀 응원구역에 있는 친구를 만나 간단히 안부인사 정도나 하고 우리팀 응원구역으로 돌아오겠다는 정도로 생각했다.

그런데 코리가 만나야겠다는 친구는 유타 주립대학교 기계체조 여자선수였고 운동선수들은 홈팀의 학생응원단 중에서도 가장 주목을 많이 끄는 제일 아래쪽 자리에 좌석을 받게 된다는 사실을 그제야 알게 되었다.

더군다나 유타 주립대학교의 색은 파란색이고 유타 대학교의 색은 빨간색이다 보니, 마치 한국의 붉은 악마가 일본 울트라니혼 응원단 한가운데에, 붉은 악마 빨간 옷을 입고 뛰어든 것과 비슷한 상황이 연출되고 말았다. 코리에게 그냥 돌아가는 것이 어떻겠냐고 권유했지만 이미 코리는 전혀 돌아갈 생각이 없었고 할 수 없이 우리 둘은 적진한복판으로 걸어 들어가는데 한걸음 한걸음 내딛을 때마다 살얼음을 걷는 기분을 느꼈다. 아시안이 워낙 없는 동네에서 내가 얼마나 눈에 띄었을지. '저 아시안은 뭔데 우리 응원구역에서 얼쩡거려? 길을 잃었나?' 정도로 생각했다면 다행일 테지만 코리의 친구를 만나러 걸어 내려가면서 '설마 얻어맞는 건 아니겠지?'라는 생각까지 들었다. 다행히 큰일은 없었지만 팝콘이랑 빈 음료수 컵

같은 것들이 날아왔던 기억이 나는데 당시 유타 대학교가 유타 주립대학교에 지고 있었기 때문에 그 정도에 그쳤지 않나 싶다. 만약 유타 대학교가 큰 점수 차로 이기고 있었다면 어떤 일이 있어났을지… 아직도 등골이 오싹할 지경이다.

내 평생 그렇게 많은 야유를 들어볼 일이 다시는 없을 것이며 '나 오늘 살아 돌아갈 수 있겠지?'라는 생각을 해볼 일도 다시는 없길 바란다. 이런 경험은 한 번이면 충분하다. 참고로 경기는 20 – 27로 연장전 끝에 졌다. 아깝게 져서 다행이라는 생각을 하긴 처음이었다.

국내에서 유타대와 함께 즐기는 대학 미식축구

많은 다양한 스포츠를 관전해보았지만 개인적으로는 모든 팀 스포츠 경기 중에서 단연코 미식축구가 가장 재미있는 스포츠라고 생각한다. 그럼에도 불구하고 미식축구는 한국에서는 아직 불모지나 다름없다. 미국으로 유학을 다녀왔던 유학생들이나 정말 특별하게 미식축구를 접한 소수를 제외하고 미식축구라는 종목은 여전히 일상에서 쉽게 접하기 힘든 운동이다.

내가 몸을 담고 있는 유타 대학교는 국제도시를 표방하는 인천 송도에 확장형 캠퍼스가 있다. 하나의 대학, 두 개의 캠퍼스One University, Two Campuses라는 모토로 한국에 진출한 유타 대학교 아시아캠퍼스에서 일하면서 비단 교육뿐 아니라, 미국의 문화를 같이 공유하고 향유할 수 있지 않을까 하는 생각을 가지고 있었다. 그러다 어느 날, 유타대학교 아시아캠퍼스에서 미식축구를 다함께 같이 관람해 보면 어떨까? 하는 생각을 해보게 되었다.

나의 이 막연한 생각은 듀크대 농구 단체 관람 모임을 매년 주최하고 있는 주장훈 님과 NFL Korea의 제이 강 님의 도움을 받아 실제로 실현되었다. 2019년 9월 21일 대한민국에서는 최초로 인천 송도에서 지역 주민들과 함께 관전하는 미식축구 관전 행사 '유타 대학교와 남가주 대학교 경기 관전행사'를 기획하게 되었다.

아이들에게 미식축구 공을 던지는 법을 가르쳐 주는 강좌, 학생 마술사의 마술공연, NFL Mock Combine(여러 가지 미니게임), 미국식 바비큐와 테일게이팅, 마스코트와 함께 사진 찍기 등 다양한 프로그램을 기획하였고 경기 시작 전에는 제이 강 님께서 미식축구의 규칙을 설명해주는 강의 시간, 그리고 경기는 라이브 해설자 두 분을 초청하여, 현장감 있는 해설을 직접 들으면서 보는 프로그램으로 진행되었다.

가는 날이 장날이라고, 2019년 시즌 홈경기들 중 유일하게 유타 대학교가 패한 단 경기가 하필 이 경기였다는 게 살짝 아쉽긴 했지만 생소할 수도 있는 미식축구 단체관전 행사는 가족 단위의 120여 명의 시민들과 동문, 유타 대학교 교직원 및 학생들이 참여하여 성황리에 마무리 되었다.

아들을 데리고 오신 한 부모님께서는 아들이 정식으로 미식축구를 배울 수 있는 방법이 없는지 문의하기도 하였고 송도하면 미식축구가 떠오르도록 자리매김 했으면 좋겠다는 시민 분도 계셨다. "이국적인 분위기와 맞물려 선선한 바람도 불어주는 멋진 소풍 같은 날이었습니다", "작은 축제를 송도에서 여유롭게 즐겼습니다. 미식축구를 처음 접해본 좋은 계기가 되었습니다"와 같은 반응들 역

유타대 vs USC 미식축구 관전 행사 모습

시 보람을 느끼게 했다. 가족들이 함께 와서 미식축구를 즐기고 바비큐 핫도그를 먹으면서 즐겁게 뛰어노는 아이들을 보니 이게 바로 내가 미국에서 경험했던 그 미식축구와 함께하는 문화가 아니었던가 싶다.

미식축구는 선수들의 거친 몸싸움을 보는 재미도 있고 공수 양면에서 무한한 전략의 수싸움을 지켜보는 것도 좋지만 다른 무엇보다도 사람들을 모아주는 힘이 있는 스포츠이다. 나에게 자그마한 소망이 있다면, 앞으로 이 미식축구 단체관전 행사를 일 년에 한두 번씩이라도 꾸준하게 진행을 하고 싶다.

• • • • • •

제임스 박의 유츠 인더 하우스

① 유타대 미식축구는 언더독 반란의 진수를 함께한 일생일대의 경험

② 독자들께도 미식축구 입문을 강추! 응원팀 없으면 유타대 응원 강추! 고 유츠!

③ 국내에서 미식축구 단체 관람…백 명, 천 명, 만 명이 함께 보면서 즐기는 날이 오길 기대

스포츠 여행의 즐거움

세계에서 가장 열성적인 NBA 단일 선수팬의 미국 여행기

권경율_ 개인 사업자

Email_what2101@naver.com
Instagram_@teamhowardkorea_curtis

스포츠에 빠지다

학창시절 축구선수로 활약하셨던 아버지는 어린 나를 데리고 스포츠를 관람하며 설명해 주시는 걸 좋아하셨다. 그 덕분에 어릴 때부터 스포츠를 쉽게 접하며 그 즐거움에 빠져들게 되었다.

구단에 대한 팬심도 깊었지만 스포츠팬이라면 특히나 더 애착이 가는 선수가 있기 마련이다. 특히 농구에서 센터들을 좋아했던 나는 '공룡센터' 샤킬 오닐Shaquille O'Neal, 다른 센터들에 비해 키는 작지만 대단한 운동 능력과 근육질로 더 큰 선수들을 상대로 좋은 활약을 펼쳤던 벤 월러스Ben Wallace를 좋아했다.

드와이트 하워드 팬 '덕질'의 시작

2004년 미국 프로농구NBA 드래프트에서는 드와이트 하워드 Dwight Howard가 단연 돋보였다. 고등학교를 졸업하자마자 1라운드 첫 번째로 지명된 그는 뛰어난 운동 능력을 바탕으로 파워풀하게 찍어 내리는 덩크슛과 상대보다 더 높이 뛰어올라 슛을 막아내는 숏블록 능력이 특히 출중했다. 2008년 올스타전 덩크 콘테스트에서 선보였던 슈퍼맨 덩크는 하워드의 플레이에 더욱 열광하게 된 계기가 되었다.

내 인생을 바꿔 놓은 선택

2012년 나는 직접 미국 보스턴으로 날아가 드와이트 하워드의 경기를 보러 가기로 결심했다. 생전 처음으로 미국 땅을 밟아본다는 기대감과 대중매체로만 접하던 곳들을 직접 보고 느낄 수 있다는 기대감으로 부풀어 있었다. 하지만 안타깝게도 미국 도착 직전에 하워드가 허리 부상으로 시즌 아웃되면서 아쉽게 첫 NBA 직관을 한 것으로 만족해야만 했다. 하지만 기회는 갑자기 찾아온다고 했다. 바로 이듬해인 2013년 여름, 하워드가 한 스포츠 브랜드를 통해 내한을 한 것이었다. 당시 나는 가족여행 중이었는데 이 기회를 도저히 놓치고 싶지 않아 가족들에게 양해를 구해 하루를 앞당겨 올라왔다. 덕분에 2013년 8월 18일은 내 인생에 잊지 못할 하루가 되었다.

오전 11시부터 중·고등학생 농구 유망주를 대상으로 치러진 농구 클리닉 행사가 끝나고 이동하는 사이 하워드에게 사인을 요청했는데 흔쾌히 응해주었다. 너무 기뻐서 펄쩍 뛰며 소리를 질렀는데 그 모습이 재미있었는지 창문을 열고 엄지손가락을 치켜들어주는 모습에 다음 행사가 열리는 명동으로 꼭 가야겠다는 생각으로 급히 지하철에 몸을 실었다. 오후 3시부터 진행된 명동 행사는 사전에 당첨된 인원만 들어갈 수 있었기에 덥고 습한 날씨에 1시간이 넘게 밖에 서서 기다릴 수밖에 없었다. 하지만 하워드가 나와 명동을 한 바퀴 도는 과정에서 당시 그의 개인 트레이너였던 브라이언 메이어Brian Meyer가 나를 일행에 합류시켜 주었다.

오후 6시쯤 마지막 행사가 열린 영등포에서도 하워드는 행사 중 나에게 수건을 주기도 했고 눈을 맞춰 주기도 했는데 덕분에 미국에서 그의 경기를 보지 못해 아쉬웠던 마음이 모두 사라질 정도였다. 모든 일정을 마치고 하워드가 이동을 위해 벤으로 이동하였고 나는 아쉬움에 발길을 돌리지 못하고 있었는데 그의 개인 경호원이 나를 찾아와 하워드가 함께 사진을 찍고 싶어 한다며 나를 벤으로 데리고 갔다. 차 문이 열리자 내가 가장 좋아하는 선수가 웃으면서 반갑게 맞아주는 것 아닌가? 하루 종일 자신의 행사를 따라다니는 모습을 보고 감동했다고 했다. 당시 정말 온몸이 짜릿하고 손발이 덜덜 떨렸다. 하워드는 나에게 SNS를 하는지 물었고 그 자리에서 친구 추가를 해주었다. 이후 간간히 나의 안부에 댓글을 달아주면서 연락을 할 수 있게 되었다.

2013년 8월 18일 하워드와 처음으로 벤에서 함께 찍은 사진

코트 바로 옆자리 입장권

드와이트 하워드의 내한 행사는 나에게 언젠가 그의 경기를

꼭 보러 가겠다고 다짐하는 계기가 되었다. 2년 후인 2015년 다시 미국에 갈 기회가 생겼고 그의 서른 번째 생일 경기를 보기 위해 휴스턴으로 날아갔다. 하워드는 올랜도 매직Orlando Magic에서 데뷔를 했지만 LA 레이커스LA Lakers로 트레이드 되어 한 시즌을 뛰고 휴스턴 로켓츠Houston Rockets로 이적을 한 상황이었다. 이미 미국을 방문한 적이 있었고 당시에는 지인이 보스턴에 거주하고 있었기에 많은 도움을 받을 수 있었지만 이번 경우는 정말 혼자서 모든 곳을 돌아다니게 된 상황이기 때문에 설렘과 걱정이 공존했다.

보통 국내 여행객들이 뉴욕이나 로스앤젤레스 같은 유명한 관광지에 많이 방문하지만 미국 남부에 위치한 텍사스 주의 휴스턴은 여행객들에게는 생소한 곳이었기 때문이다. 하지만 텍사스를 대표하는 음식인 텍사스 바비큐를 먹어 볼 수 있다는 기대감이 커서인지 즐겁게 여행을 할 수 있었다.[1] 휴스턴에서 묵었던 숙소는 게스트 하우스였는데 게스트 하우스 직원이 나에게 어떤 일로 왔는지 물었다. 드와이트 하워드의 경기를 보기 위해서 찾아왔다고 이야기하니 그러면 너를 알아볼 수 있게 짧은 응원메시지를 써서 가는 게 어떠냐고 물으며 A4용지에 문구를 복사해 주었다. 문구를 들고 휴스턴 로켓츠의 홈구장인 도요타 센터Toyota Center에 입장하여 피켓을 들고 있었더니 경기장 진행요원이 나를 코트 가까운 곳으로 안내해 주었는데 마침 하워드가 경기 전 몸을 풀고 있는 상황이었다. 하워드는 피켓을 든 나를 보더니 손짓을 하며 잠시 기다리라고 했다. '나를 기억하고 있을까?'라는 걱정이 무색하게 바로 나를 알아봐주는 세심함에 정말 눈물이 날 뻔 했다. 나는 경기 시작 전 하워드가

1 휴스턴 시의 텍사스 바비큐 맛집은 <더 핏 룸(The Pit Room)>을 추천한다.

한국에 방한했을 당시 찍었던 사진을 포토북으로 만들어 그의 생일 선물로 준비해 전해주었는데 하워드는 고마워하면서 경기가 끝나면 벤치 뒤로 오라고 했다. 경기는 리그 최고 센터들의 맞대결로 관심이 높은 경기였는데 하워드가 맹활약, 팀의 승리를 견인하며 수훈 선수에 선정되었다. 벤치 뒤에서 인터뷰를 지켜보고 있는데 나에게 오더니 경기에 입었던 유니폼을 벗어 사인과 함께 건네주며 경기에 와주어서 고맙다고 했다. 브루클린에서 열리는 너의 생일 경기에 갈 것이라고 이야기 했더니 경기장에 오면 꼭 자신을 찾아

달라고 말했다. 숙소로 돌아가는 동안 이게 꿈인지 생시인지 분간을 할 수 없을 정도였다. 숙소에 도착하니 티켓을 복사해준 직원과 다른 투숙객들이 중계방송에 잡힌 나를 보았다며 축하해주었다. NBA.com에서는 하이라이트에 한국에서 드와이트 하워드의 광팬이 찾아왔다면서 나와 하워드의 만남을 하이라이트에 실어주었는데 내가 너무 흥분한 나머지 생일 경기를 보러 브루클린에 갈 것이라는 말을 하는 모습이 삿대질을 하며 화내는 것처럼 나와 굉장히 창피했다. 2015년 12월 5일 나는 잊을 수

경기 후 입었던 유니폼에 사인을 해주고 있는 드와이트 하워드

없는 밤을 뜬눈으로 지새웠다.

　　휴스턴에서의 꿈만 같았던 시간을 뒤로 하고 나는 다음 경기가 열리는 뉴욕시로 향했다. 12월 8일 브루클린에서 열린 경기는 하워드가 30살이 되는 생일 경기였다. 휴스턴에서 하워드가 나에게

경기장에 오면 자신을 찾으라고 했지만 어떻게 해야 될지 걱정이 앞섰다. 하지만 경기장에 들어서자 휴스턴 로켓츠의 홍보 담당 직원이 나에게 와서 하워드가 멀리 한국에서 자신의 경기를 찾아와주어 너무 고맙다며 작은 선물이라고 코트 바로 옆자리 입장권, 즉 코트사이드 티켓을 주었다. 코트사이드는 NBA 팬들이라면 누구나 앉아보고 싶어 하는 자리인데 선수들이 바로 옆에 있기 때문에 좋아하는 선수를 가장 가까이서 볼 수 있는 꿈의 자리이다. 그런 자리를 나에게 선물해 주다니 너무 기뻐서 눈물이 찔끔 나왔다. 홍보 담당 직원은 아직 한 가지 선물이 더 있다면서 나에게 조그만 종이를 주었는데 이것이 무엇이냐고 물었더니 '포스트게임 패스'라며 경기 후 하워드를 따로 만날 수 있는 확인증이라고 했다.

경기는 아쉽게 패배했지만 경기 후 만난 하워드는 웃으며 자신의 선물을 잘 받았냐고 물었다. 나도 내가 준 포토북을 잘 보았냐고 물었다. 사진도 찍고 앞으로의 일정을 물어보며 대화를 나누었는데 감동한 나머지 다음날 워싱턴DC에서 열리는 경기에 가기로 마음먹었다. 뉴욕에서 워싱턴까지 버스를 타고 5시간 반 정도가 걸리는데 경기 시간에 맞추기 위해서는 새벽에 떠나는 버스를 탈 수밖에 없었기 때문에 2시간 정도 밖에 잠을 못자고 곧장 워싱턴으로 향했다.

워싱턴에서는 휴스턴 로켓츠의 팬들이 나를 중계방송에서 보았다며 정말 대단하다며 사진촬영을 요청했다. 방송에 한 번 나왔더니 알아보는 사람도 생기고 마치 유명인이 된 기분이었다. 이틀 연속 경기를 치르는 일정이었기 때문에 경기가 끝나고 많은 이야기를 나누지는 못해 아쉬웠지만 하워드는 앞으로의 여행이 즐겁고 안전한 여행이 되길 바란다며 또 기회가 있으면 자신의 경기를 보러 오라고 했다. 이후 나는 워싱턴을 거쳐 올랜도, 마이애미, 시카고, 댈러스 등 총 14개의 도시를 여행하였다. 여행을 하면서 가장 기억에 남는 것은 시카고에서 댈러스까

포스트게임 패스와 경기 후 하워드와 찍은 사진

지 기차를 타고 간 일이었다. 미국의 기차 밖 풍경에 대한 기대가 컸기에 기차를 선택했던 나는 큰 후회를 할 수밖에 없었는데 시카고에서 오후 12시 반에 출발한 기차는 다음날 오전 11시 반이나 되어서야 댈러스에 도착했다. 그것도 기차를 타고 오는 내내 펼쳐진 바깥 풍경은 가도 가도 끝없는 옥수수밭뿐이었다!

나는 여행 기간 동안 하워드의 경기는 한 경기도 빼놓지 않고 보면서 응원했다. 여행 중 LA에서는 특별한 인연도 만났다. LA 도착 후 처음으로 찾은 음식점에서 농구를 틀어 놓았기에 시청하고 있었는데 나에게 음식을 가져다주었던 김진태라는 형이 농구를 좋아하냐고 물었다. 둘이 한참 이야기를 나누며 연락처를 주고받게 되었고 진태 형과는 아직도 연락을 하며 지내는 각별한 사이가 되었다. 덕분에 이후 함께 유명한 농구 리그를 관람하러 가기도 하고 쉽게 경험할 수 없는 것들을 함께할 수 있었다.

나는 미국을 여러 번 방문했음에도 여행객들은 다 보고 온다는 그랜드 캐니언Grand Canyon도 건너뛰고 LA에서 라스베이거스로 가

솔트레이크 시티에서 경기 후 하워드와

는 버스에서 휴스턴 로켓츠의 경기가 열리는 솔트레이크 시티Salt Lake City행 비행기표를 발권했다. 한 경기라도 더 보고 싶었다. 솔트레이크 시티에서는 단 하루만 있기로 했기 때문에 도착하자마자 여러 가지를 급하게 할 수밖에 없었다. 몰몬교의 성지인 템플 스퀘어Temple Square 구경도 가보고 박물관에서 열리고 있는 전시회도 구경했는데 나의 눈을 사로잡은 것은 거대한 스포츠 용품점이었다. 스포츠를 좋아하는 팬들이라면 '딕스Dick's' 같은 미국의 대형 스포츠 용품점에 꼭 들러보기를 추천한다. 비빈트 스마트홈 아레나Vivint Smart Home Arena에서 치러진 유타 재즈Utah Jazz와의 경기에서 하워드가 관중석에 있는 나를 보더니 경기가 끝나면 꼭 자기를 보고 가라며 구단 직원에게 이야기해 포스트게임 패스를 건네주었다. 경기 후 하워드는 여기까지 와서 자신을 응원해주어서 너무 고맙다며 언제 한국으로 돌아가는지 물었다. 그랜드 케니언 갈 돈으로 너의 경기를 보러 왔다고 했더니 나는 이런 열성 팬이 있다며 팀 동료에게 자랑을 하며 크게 웃었다. 이후 나는 시애틀을 거쳐 샌프란시스코를 지나 짧다면 짧고 길다면 긴 40일간의 시간을 뒤로 하고 나의 첫 번째 '하워드 투어'를 마무리 했다.

애틀랜타 방문기

하워드는 2015-16 시즌을 끝으로 휴스턴 로켓츠를 떠나 자신
의 고향팀인 애틀랜타 호크스^{Atlanta Hawks}로 이적했다. 전 소속팀이
플레이오프에서 나쁘지 않은 성적을 거두었으나 결승전까지 진출
하지 못한 아쉬움이 컸던 것 같다. 2016년 11월 미국으로 출국하기
전 우연히 NBA 커뮤니티에서 알게 된 한종이(유한종)와 연락을 하
게 되었다. 한종이는 'gAmeday'라는 유튜브 채널을 운영하는 스포
츠 열성팬인데, 애틀랜타에 거주하며 누구보다도 지역연고 팀에 대
한 애정이 많았다. 특히 요즘은 NCAA 농구에서 활약중인 대한민국
의 이현중 선수 전문 유튜버로도 명성이 자자하다. 한종이는 내가
애틀랜타에서 지내는 동안 많은 편의와 도움을 준 고마운 친구이기
도 한데 나이가 같아서 더 편했다. 애틀랜타로 이동하기 전 나는
LA에서 잠시 머물렀는데 11월 27일 LA 레이커스와 애틀랜타의 경
기를 먼저 보고 11월 30일 애리조나에 위치한 피닉스에서 펼쳐지
는 경기를 모두 보기 위해서였다. LA에서는 하워드를 잠시 만나 내
가 준비한 일러스트 액자를 선물했다. 원정 경기는 홈경기와 달리
다음 경기를 위해 이동하는 시간이 촉박해 많은 이야기를 나눌 수
없어서 아쉬웠지만 당시 팀의 어시스턴트 코치였던 다빈 햄<sup>Darvin
Ham</sup>이 와서 하워드에게 이야기를 들었다며 대단한 팬심이라고 치켜
세워 주어 내심 기분이 좋았다. 이후에도 다빈 햄 코치는 나를 만
날 때마다 친절하게 대해주었다.

피닉스에서의 짧은 만남을 뒤로 하고 나는 콜로라도 주에 위
치한 덴버를 거쳐 애틀랜타로 향했다. 12월 3일 애틀랜타에 도착했

는데 자정이 가까운 늦은 시간에도 불구하고 한종이가 공항까지 마중을 나와 주어 편하게 이동할 수 있었다. 애틀랜타에서의 첫 경기는 12월 5일 치러진 오클라호마 시티 썬더Oklahoma City Thunder와의 경기였다. 경기장에는 또 한 명의 반가운 친구가 나를 기다리고 있었는데 하워드의 광팬 중 한 명인 미국인 버바 알모니Bubba Almony라는 친구였다. 버바는 수도 워싱턴 DC 근교에서부터 멀리 떨어진 애틀랜타까지 운전을 해서 찾아온 열의를 보여주었다.

이날은 조금 특별한 날이기도 했다. 한국에서 하워드의 가족들과 간간히 SNS로 연락을 주고받고 있었는데 이날 경기장에 가족들과 사촌들이 모두 방문해 경기 후 만남을 가질 수 있었다. 멀리 한국에서 찾아와 자신의 아들을 응원해주어서 고맙다며 살갑게 손을 잡아주었던 하워드의 어머니와 마치 형제처럼 나를 반겨준 하워드의 남동생 자하지엘Jahaziel Howard은 머나먼 타지에서 따뜻함을 느낄 수 있게 해주었다. 아들이 리그를 대표하는 선수임에도 불구하고 열성팬 하나를 반갑게 맞아주는 하워드 가족들과의 시간이 어떻게 지나가는지도 모를 만큼 빠르게 흘러갔다.

하워드는 이제 이동을 해야 할 시간이라며 나와 한종이 그리고 버바를 경기장 안쪽 통로로 데려갔다. 경기장에 찾아준 우리에게 고맙다는 말을 전하며 그날 경기에 착용했던 유니폼을 나에게 선물해주었다. 팀이 3점차 아쉬운 패배를 당했음에도 세심하게 신경을 써주는 모습이 너무 고마웠다.

남는 시간 동안 나는 애틀랜타를 구경하며 보냈다. 한종이와 다녀왔던 피자집인 <앤티코Antico>와 깐풍기가 유명한 <금불Golden Buddha>은 애틀랜타 여행에서 빼놓을 수 없는 맛집이었다. 애틀란

타에는 세계적인 방송국 CNN, 코카콜라, 델타 항공사의 본사가 자리 잡고 있으며 대학 미식축구 명예의 전당College Football Hall of Fame이 위치해 있기 때문에 볼거리 즐길 거리가 꽤 많은 도시였다. 개인적으로는 대학 미식축구 명예의 전당에는 꼭 가보는 것을 추천하고 싶다.

이틀 뒤인 12월 7일에는 마이애미 히트Miami Heat와의 경기가 벌어졌다. 하워드의 생일은 12월 8일이지만 당일에 경기가 없어 만날 수가 없는 관계로 하루 전에 축하를 하기로 했다. 버바는 나에게 하워드의 생일 케이크를 제작하면 어떻겠냐고 물었고 케이크 제작 업체에 연락해 준비를 마쳤다. 원칙상 케이크를 가지고 들어갈 수 없어 주차장에서 하워드가 입장하기까지 기다려 케이크를 전달했다. 경기 후 주차장에서 사진을 함께 찍었는데 하워드는 자신

하워드가 자신의 SNS에 업로드 한 사진

의 SNS에 우리와 찍은 사진을 올리며 고마움을 표시해 주었다. 한국 언론 기사에도 나며 국내 NBA팬들 사이에 잠시 화제가 되었다.

이후 나는 애틀랜타에서 12월 13일 치러진 올랜도 매직Orlando Magic과의 경기를 관람하고 샬럿Charlotte과 LA를 거쳐 집으로 향했다. 하지만 아쉽게도 하워드의 애틀랜타 생활은 길지 않았다.

내 생일 파티에 와줘

2017년 하워드는 고향팀 애틀랜타 호크스에서 샬럿 호넷츠 Charlotte Hornets로 트레이드 되었다. 리빌딩을 선택하며 고액 연봉자들을 내보내고 새로운 팀을 만들기 위한 호크스 팀의 기조에 하워드는 맞지 않았던 것이다. 애틀랜타라는 도시가 정말 좋았고 고향이기도 했기 때문에 아쉬움이 남았지만 선수의 이적을 어찌 할 수는 없는 법. 벌써 5번이나 팀을 옮기며 저니맨 신세가 됐다며 많은 NBA 팬들이 하워드의 미래가 불투명하다고 생각했다. 팬 입장에서 자신이 좋아하는 선수가 그러한 평가를 받는다면 이만저만 속상한게 아니다. 하지만 선수 본인은 얼마나 더 힘들지 생각해보니 내가할 수 있는 것은 그저 묵묵히 응원해주는 것뿐이었다. 미국에 도착해 샬럿으로 향하는 버스 안에서 많은 생각이 들었다. 지난 시즌나에게 많은 도움을 주었던 한종이의 친구가 샬럿에 살고 있었는데샬럿에서 지내는 동안 자신의 집에서 지내도 좋다고 해 큰 도움이되었다.

한국 사람들에게 익숙하지 않은 지역인 노스캐롤라이나에 위치한 도시 샬럿은 작고 조용하고 아담한 도시다. 하지만 거대 은행인 뱅크 오브 아메리카Bank of America와 와코비아Wachovia의 본사가 모두 위치해 있고 모터스포츠인 나스카NASCAR의 본사, 미식축구팀 캐롤라이나 팬서스Carolina Panthers가 둥지를 틀고 있는, 작지만 스포츠팬들에게는 완벽한 도시였다. 게다가 호넷츠의 홈구장인 스펙트럼센터Spectrum Center가 지척에 있어 이동하기도 편하고 좋았다. 첫날도착해 경기장에 위치한 팬 샵Fan Shop을 둘러보며 직원들과 대화를 하고 있는데 구단의 단장인 아시아계 리치 조 Rich Cho를 샵 안에서 우연히 만났다. 사진을 요청했는데 팬 샵 직원이 이 친구 한국에서 왔다며 리치 조에게 이야기를 했더니 그는 대단한 팬이라며 흔쾌히 사진을 함께 찍어주었다.

샬럿 호넷츠 당시 단장이었던 리치 조와 함께

2017년 12월 8일 시카고 불스Chicago Bulls와의 경기 전 하워드는 가족들이 있는 섹션을 가리키며 경기가 끝나면 함께 생일파티에 참석해 달라고 했다. 내가 가장 좋아하고 동경하는 선수의 생일파티에 참석 한다니! 비현실적인 현실에 온몸이 짜릿했다. 하워드의 가족들은 1년 만의 만남에도 불구하고 나를 따뜻하게 맞아주며 잘 지냈냐는 안부 인사를 건네주었다. 하워드의 부모님은 매년마다 찾아오는 나를 한국인 아들이라 부르며 영어가 서툰 나를 잘 챙겨주었고 나는 연로하신 하워드의 외할머니를 모시고 파티가 열리는 리츠 칼튼 호텔로 향했다. 호텔 레스토랑은 생일파티를 위해 비워져 있었다. 생일파티는 가족 친지들과 함께 간단한 게임과 식사, 생일선물 증정식으로 진행됐다. 나는 한국에서 자개로 만든 조그마한 보석함을 준비해 갔는데 나의 선물을 뜯으며 하워드는 나와의 스토리를 사람들에게 이야기하기 시작했다. 그가 한국에 왔을 때 자신을 하루 종일 따라다니던 한국 팬이 여기에 와있고 매년마다 자신의 생일에 찾아와 축하를 해주어 너무 고맙다고 했다. 휴스턴에서 내가 주었던 포토북 이야기와 자신의 유니폼을 나에게 준 이야기까지 모두 기억하고 고마움을 표현해주는 하워드에게 나도 큰 고마움을 느꼈다. 하워드의 가족들과 사촌, 친구들도 나에게 와서 대단하다며 엄지를 치켜들어주었다. 약 3시간여의 파티가 끝나고 하워드는 다음날 있을 경기를 위해 휴식을 취해야겠다며 참석해준 모든 사람들에게 감사를 전하며 떠났다.

하워드의 생일 파티에 참석한 모습

하워드와 함께 아시아 투어를

하워드는 2018-19시즌을 앞두고 팀의 단장이었던 리치 조가 팀과 결별을 하면서 브루클린 넷츠Brooklyn Nets로 트레이드를 당했고 이에 옵트아웃을 선언하며 워싱턴 위저즈Washington Wizards로 이적을 했다. 이적이 확정된 상황에서 하워드는 중국으로 스폰서십 투어를 가게 되었다. 미국에 다니면서 하워드의 시그니처 농구화를 생산하는 회사의 관계자를 우연히 알게 되었는데 투어 일정을 알려주며 가능하면 투어에 합류해 달라고 했다. 여러 도시에서 진행되는 투어의 특성상 어디에서 합류를 해야 할지 선택하는 데 굉장히 오랜 시간이 걸렸다. 8월에 치러진 투어였고 여행 성수기 비행기 티켓 가격이 만만찮아 조금 힘들더라도 경유를 하는 쪽을 택했다. 인천에서 홍콩을 거쳐 '아시아의 하와이'라 불리는 중국 하이난에 도착했다. 약 10시간의 이동 끝에 도착해 기진맥진 했지만 하워드와 투어를 함께 다닐 생각을 하니 금세 피로가 가셨다. 리조트 측에서 나에게 하워드가 4시쯤 도착할 예정이라며 알려주며 기다리라고 했다. 나는 하워드가 이적하게 될 새로운 소속팀 유니폼을 미리 하워드의 이름과 넘버를 새겨 제작하여 입고 기다리고 있었다. 이후 행사관계자에게 들은 이야기로는 리조트의 대표가 부러워하며 나의 유니폼을 굉장히 탐냈다고 했다.

첫 행사가 열린 완다 프라자Wanda Plaza로 향하는 와중에도 비가 억수같이 내렸는데 빗속에서도 하워드를 보기 위해 많은 중국 팬들이 행사장을 가득 메웠다. 단지 일행으로 참여했을 뿐이지만 열화와 같은 환호에 나도 어깨가 으쓱해졌다. 한 중국 팬은 나에게 와서 사진을 같이 찍자고 하기도 했는데 마치 내가 선수가 된 기분도 느낄 수 있었다. 행사는 농구 클리닉과 3대3 대회 지역 결승전, 하이난 전통 춤 체험과 팬 사인회로 진행 되었다. 하워드는 시종일관 웃음을 잃지 않으며 자신을 위해 행사에 찾아와준 팬들에게 감사를 전했다.

둘째 날 첫 번째 행사는 지역 학교 행사였는데 학생들과의 질의 응답시간과 농구 교실이었다. 이른 오전부터 열린 행사인데다가 날씨로 인하여 힘들 법 했으나 프로다운 모습으로 행사를 즐기는

완다 프라자에서 열린 유소년 농구교실 행사

하워드가 대단하다고 느껴질 정도였다. 오전 행사가 끝나고 하워드가 나를 불렀는데 나에게 그의 운동화를 건네며 조금 있다 훈련을 하러 갈 예정인데 잘 가지고 있다가 자신에게 달라고 했다. 오후 1시쯤 오전 행사가 치러진 학교의 체육관에서 개인 훈련이 시작되었다. 나에게 자신이 훈련하고 있는 모습을 영상으로 찍어 줄 수 있는지 물었다. NBA 선수의 훈련을 돕는 경험은 색다른 경험이었다. 약 2시간 반 가량 진행된 훈련 동안 집중력을 잃지 않는 모습에 감탄했다. 훈련을 마치고 1시간의 휴식 후 바로 다음 스케줄이 이어졌다. 숙소 근처에 조성되어 있는 무비타운 투어와 아울렛에서 진행된 핸드 프린팅 행사, 기자들과의 인터뷰 행사였다. 한 가지 재미있는 일도 있었는데 피자가게에서 저녁을 먹는 와중 하워드와 트레이너들 간에 논쟁이 벌어진 것이다. 생각해 보면 정말 우스운 논쟁이었는데 길거리에서 프로 파이터와 스트리트 파이터가 싸우면 누가 이길지에 관한 이야기였다. 하워드는 나에게 너는 누가 이길 것 같냐고 물었고 나는 유명했던 스트리트 파이터 킴보 슬라이스

Kimbo Slice의 예를 들며 프로 파이터가 승리할 것이라고 했다. 그랬더니 하워드가 역시 뭘 좀 안다며 박수를 쳤고 반대 의견을 가지고 있던 트레이너는 내가 하워드 팬이라서 편을 든 것이라며 고개를 저었다.

하워드와 트레이너 에드 다운스(가운데)와 저스틴 조멜로(우측)

모든 행사가 끝나고 마지막 밤에 각자의 방으로 돌아가기 전 하워드는 새벽 5시에 떠난다며 로비에서 꼭 만나자고 했다. 그날 밤 혹시나 늦잠을 잘까 싶어 뜬눈으로 밤을 지새웠다. 로비에서 기다리고 있는데 하워드가 나의 등을 두드렸다. 함께 투어를 진행해서 너무 즐거웠다며 나에게 돌아오는 시즌에도 미국에 방문할 것인지 물었다. 나는 당연히 갈 것이고 곧 보자며 웃으며 마지막 사진촬영과 함께 인사를 건넸다.

악몽의 시즌

올스타급 두 가드 존 월John Wall과 브래들리 빌Bradly Beal이 버티고 있는 워싱턴 위저즈Washington Wizards에서 새로운 둥지를 틀게 된 하워드는 투어 내내 다가오는 시즌에 대한 기대감과 열망으로 가득차 있었다. 시즌의 시작도 나쁘지 않았다. 그렇기 때문에 나도 큰 기대를 가지고 있었다. 그런데 미국으로 출국하기 직전 청천벽력과 같은 소식을 들려왔다. 하워드가 허리 부상을 당했다는 소식이었다. 당분간 경기에 나설 수 없고 긴 시간 동안 회복이 필요할 수도 있다고 했다. 그의 생일 경기와 홈경기에 맞춰 필라델피아를 거쳐 워싱턴 DC, 애틀랜타와 클리블랜드까지 이어지는 일정을 잡아 놓았기 때문에 눈앞이 깜깜해졌다. 필라델피아로 이동하기 전 하워드가 LA에서 수술을 받았다는 소식을 들었다. 내가 할 수 있는 일은 단지 빠른 쾌유를 비는 것뿐이었다. 워싱턴 DC에서는 '레드셔츠' 모임에서 알게 된 유동혁 형님과의 점심식사를 했는데 하워드의 부상을 안타까워하며 나를 다독여 주셨다. 나는 아쉬움에 SNS에 글을 남기게 되었는데 현지의 많은 팬들이 나의 글을 퍼 날랐다. 소식을 들은 구단에서 하워드가 경기에 나서지 못해 안타깝지만 워싱턴까

중계방송에 나온 나의 모습. 내가 웃는 게 웃는 게 아니야…

지 찾아와 준 나에게 구단의 감사의 표시라며 하워드의 유니폼을 선물해주었다. 이와 같은 스토리가 중계진까지 전해졌는지 방송에서 나의 이야기를 소개하기도 했고 무려 밤 11시에 진행되는 스포츠 뉴스에서도 나의 소식을 다루어 주었다.

애틀랜타에서는 중국 투어에서 만났던 하워드의 친구인 로이 마두Roi Madu에게 SNS로 연락을 했다. 로이는 하워드가 LA에서 애틀랜타 고향집으로 돌아와 회복중이라고 했다. 나에게 애틀랜타에서 지내고 있냐고 물었고 그렇다고 했더니 시간 되면 자신을 만나고 가라고 했다. 로이를 만나 여러

가지 이야기를 나누며 시간을 보냈는데 자신이 하워드에게 잘 전해
주겠다고 걱정하지 말라고 하며 큰 힘이 될 것이라고 했다. 애틀랜
타에서의 일정을 마치고 클리블랜드로 이동했는데 경기를 보면서
도 무슨 정신으로 보았는지 모를 정도였다. 2012년도의 부상 악몽
이 되살아난 시즌이었다.

Redemption 속죄의 시즌

하워드는 수술 후 워싱턴 위저즈와 함께 했던 2018-19시즌을
통째로 날리게 되었다. 1985년생이라는 적지 않은 나이이고 운동능
력을 기반으로 했던 선수였기 때문에 큰 지장을 초래하는 허리 수
술을 받은 선수를 달가워 할 팀이 없었다. 위저즈와의 계약이 끝난
뒤 팀을 찾지 못하며 고전하던 하워드는 엄청난 체중 감량과 더불
어 완전히 달라진 몸을 보여주며 자신이 아직 건재함을 입증하고
싶어 했다. 사실 하워드는 위저즈로 이적하기 전부터 이미 체중 감
량을 시작했었고 중국 투어에서 만났을 때부터 많은 변화가 있었
다. 그런데 이번에는 내가 알던 하워드의 모습보다도 훨씬 더 감량
이 된 모습에 나도 깜짝 놀랄 수밖에 없었다. 하워드는 이전 LA 레
이커스 시절 단 한 시즌만을 뛰고 휴스턴 로켓츠로 이적을 하였는
데 과정이 좋지 못했기 때문에 레이커스에는 안티팬이 굉장히 많았
다. 그렇기 때문에 하워드가 팀을 찾는 과정에서 LA 팀에서 뛰고
싶다는 기사가 나왔을 때 기대보다는 걱정이 더 많이 앞섰다. 다시
LA로 돌아오는 과정에서 지난 날 레이커스 팬들에게 진 빚이 있다
며 속죄하고 싶다고 했고 레이커스의 선수들과 미팅을 진행하며 자

신의 의지를 보여주었다. 그런 하워드에게 레이커스는 경기당 수당을 지불하는 방법으로 계약을 진행했다. 걱정과는 달리 자신이 내뱉은 말을 착실히 지키는 모습을 보여주었고 그간 얼어있던 팬들과의 앙금도 풀리게 되었다.

계약을 목이 빠져라 기다리고 있던 나도 기쁘게 출국할 수 있었다. 2019년 12월 6일 LA에 도착해 하워드의 생일 경기가 열리는 12월 8일 미네소타 팀버울브즈Minnesota Timberwolves와의 경기를 시작으로 올랜도, 마이애미, 애틀랜타에서 진행된 원정경기를 직접 지켜보았다. 데뷔 시즌부터 8시즌 동안 몸 담았던 올랜도 매직과의 원정 경기에서는 팬들의 야유가 나오기도 했는데 커리어에서 가장 큰 활약을 펼쳤던 시기의 소속팀이었지만 이별이 그다지 좋지 못했기 때문이었던 것 같다. 경기가 끝나고 라커룸에서 잠시 이야기를 나눌 시간이 있었는데 자신은 아무렇지도 않다고 덤덤한 표정을 지었다. 경기장에는 2016년 애틀랜타에서 알게 된 하워드의 지인인 크리스 라르센Chris Larsen이 와있었는데 크리스는 자신의 도시인 올랜도에 온걸 환영한다며 반겨주었고 3년 만에 짧지만 즐거운 재회의 시간을 보냈다.

다음 경기가 치러지는 마이애미까지는 버스를 이용했는데 오전 8시에 버스를 타고 약 5시간을 달려 도착한 마이애미는 비가 추적추적 내리던 올랜도와는 다르게 뜨거운 열기가 몸을 감쌌다. 일정 자체가 빡빡했기 때문에 나는 짐을 풀고 잠시 쉬다가 곧장 경기장으로 향할 수밖에 없었다. 마이애미 히트의 홈구장인 아메리칸 에어라인스 아레나American Airlines Arena는 리그를 대표하는 슈퍼스타 르브론 제임스LeBron James를 보기 위해 찾아온 팬들로 북적였다. 이

하워드와 그의 에이전트 찰스 브리스코

제는 레이커스 소속인 르브론 제임스는 마이애미 히트 시절 우승을 두 번 거머쥐며 여전히 친정팀 팬들에게 사랑을 듬뿍 받고 있었다.

경기 전 코트에서 하워드의 에이전트인 찰스 브리스코Charles Briscoe를 만나서 인사를 나누었는데 그는 나를 보고 "니가 그 유명한 팬이구나?"라며 만나서 정말 반갑다고 이야기 했다. 그는 나에게 자신의 선수를 많이 응원해주어 고맙다는 말과 함께 또 기회가 된다면 만나자고 했다. 선수의 가족이나 에이전트, 혹은 함께 일하는 사람들을 알게 되면 좋은 점은 경기 후 선수를 만나기 더 쉽고 포스트게임 패스 요청 등 여러 가지 도움을 받을 수 있다는 점이다.

하루건너 하루 경기가 치러지는 동부 원정길에 시간적인 여유가 굉장히 부족했기 때문에 경기 후 애틀랜타에서 보자며 가볍게 인사를 나눈 후 숙소로 이동했다. 마이애미에는 중학교 동창생이 살고 있는데 경기 후 늦은 저녁 식사를 함께 하고 밤을 지새운 뒤 애틀랜타 행 비행기에 몸을 실었다. 애틀랜타에서는 경기가 끝나고 하워드의 어머니와 누나, 사촌들과 만나 그간 어떻게 지냈는지 이야기를 나누었다. 경기 후 관람석에서 기다리다 보면 다른 선수들도 와서 가족이나 지인들과 만나는 모습을 볼 수 있는데 관중들이 경기장을 빠져 나간 이후이기 때문에 조금 더 편하게 사진 요청이나 대화를 나눌 수 있어서 좋았다.

이후 나는 샌프란시스코를 거쳐 LA로 돌아와 NBA 팬들의 큰 관심을 모았던 LA 클리퍼스와의 크리스마스 매치, 12월 29일에는 리그를 대표하는 어린 슈퍼스타인 루카 돈치치Luka Doncic가 소속된 댈러스 매버릭스와의 경기를 관전했다. 이날은 조금 특별한 날이었는데 은퇴한 LA 레이커스의 레전드 코비 브라이언트Kobe Bryant가 자신의 둘째 딸 지아나Gianna Bryant와 함께 경기장에 방문했기 때문이다. 레이커스의 팬들은 뜨거운 박수로 레전드를 맞이했고 코비는 멋지게 화답했다. 특히 하워드와 인사를 나누는 모습이 인상적이었는데 하워드가 처음으로 레이커스에서 뛰던 시절 코비와의 사이가 좋지 못했기 때문이었다. 그간의 불화설이 매듭지어지는 순간이 감동으로 다가 왔다. 나는 가까운 곳에서 코비를 만날 수 있었고 그가 경기장을 떠날 때 "해피 뉴이어"라고 인사를 건넸다. 코비가 시크하게 손을 들어 흔들어주고 가던 그의 이 세상에서의 마지막 뒷모습이 기억에

코비 브라이언트의 생전 마지막 스테이플스 센터 방문 모습. 이게 그의 이 세상에서의 마지막 모습이 될 줄은 몰랐다.

선하다. 한국에 도착해 코비와 바로 그 둘째 딸이 헬기 추락 사고로 유명을 달리했다는 소식을 듣고 입을 다물 수가 없었다. 정말 믿기 어려운 소식에 나뿐만이 아닌 LA, 아니 전 세계의 농구 팬들이 코비와 그의 딸의 안타까운 사망을 애도했다. 그래서 더 많이 기억에 남는 경기다.

1월 6일은 나에게도, 하워드에게도 기분이 좋은 날이었다. 비보장 계약 상태였던 하워드의 계약이 보장 계약으로 전환되면서 남은 시즌을 확실하게 레이커스에서 뛸 수 있게 되었기 때문이다. 이날은 뉴욕 닉스New York Knicks와의 경기가 치러졌는데 하워드는 경기가 끝나면 라커룸 앞에서 만나자고 했다. 경기 종료 후 나에게 자신의 차에 타라고 했고 나는 하워드와 그의 홍보를 담당하는 찰리 핀토Charlie Pinto 그리고 몇몇 친구들과 함께 레스토랑으로 향했다. 자세한 이야기는 담을 수 없지만 그간 지내왔던 이야기와 보장계약 전환을 축하하며 시간을 보냈다.

1월 15일에는 미국에서 하워드의 경기를 관람하는 마지막 날이었다. 이날은 한국에서 미국을 처음 방문한 친구 정훈이와 LA에 거주하지만 '레드셔츠' 모임에서 친해져 자주 연락을 하고 있는 '그래프 킹' 형님과 경기장을 함께 찾았는데 포스트게임 패스를 받아 경기 후 하워드를 함께 만날 수 있었다. 가까이서 선수들을 볼 수 있다는 것에 친구도 고마움을 표시해 주었다. 하워드는 나에게 결승전에 진출하면 꼭 찾아오라며 조심히 한국으로 돌아가라는 인사를 해주었다. 나도 올 시즌 꼭 우승해 우승반지를 끼길 바란다고 곧 만나자는 인사로 경기장을 떠났다.

경기장 주차장에서 하워드와

다시 만날 날을 기약하며

한국에 돌아온 후 코로나 바이러스가 전 세계를 휩쓸며 모든
프로 스포츠가 중단되는 사상 초유의 사태가 발생했다. 국내 농구
와 배구 리그는 시즌을 조기 종료할 수밖에 없었고 NBA도 리그가
중단되며 기약 없는 기다림이 시작되었다. 7월 30일 마침내 중단되
었던 NBA가 다시 재개되었지만 무관중 경기로 진행되는 상황에서
결승전에 올라가면 찾아오라던 약속도 지키지 못하게 되었다. 하지
만 하워드로 인해 그가 뛰었던 팀들의 홈구장을 포함해 스무 곳의
NBA 경기장을 다녀오고 수많은 미국의 도시들을 여행하며 쌓은 경
험과 선수들과의 대화, 인연들은 내 인생의 마지막 순간까지 최고
의 기억으로 남을 것이다. 전 세계적인 비상시국이 언제 끝날지 모
르는 상황이지만 조만간 다시 만날 날을 기약해보며 마지막으로 항
상 나의 열정을 지지해주고 응원해준 가족들과 친구들, 지인들에게
감사하다는 말씀을 전하며 글을 마친다.

· · · · · ·

권경율의 코칭 팁

① 좋아하는 선수에게 진정성을 어필하라.

② NBA 직관을 할 때는 경기시작 1시간 30분 전 일찍 입장해 선수들을 가까이에서
  볼 수 있는 기회를 가져 보자.

③ 좋아하는 선수가 있으면 그의 에이전트나 가족들에게 친근하게 먼저 다가가 보자.

프로구단 프런트 업무의 초석이 된 미국 스포츠 여행기

구자경_ DRX(리그 오브 레전드 프로구단) 파트너십 매니저

Email_gjk86@naver.com

덕질이 업이 되면 관점이 달라진다

처음으로 타국에 장기 체류를 하게 된 건 2010년 여름이었다. 막연하게 '아, 난 외국에서 교환학생을 하고 싶어 → 토플 점수가 있어야 한다는데 지금 그걸 준비하긴 좀 오래 걸릴 것 같은데 그냥 하지 말까 → 유럽은 어때? 근데 영어가 아니잖아 → 네덜란드는 영어로 수업을 하고 토익만 있으면 된다네? 한 번 지원이나 해볼까 → 삑. 합격입니다'라는 무의식의 흐름에 행운이라는 재료와 아주 약간의 실력이 더해져 정신을 차려보니 서 있는 곳은 네덜란드 암스테르담이요, 들리는 것은 아시아인임을 감안한 친절한 (독일어 악센트가 강하게 들어간) 영어였다.

3면이 바다로 둘러싸여 공항을 통한 출국이 익숙한 나에게 국경을 넘는 것이 너무나 쉬운 것임을 처음 안 것은 자전거를 타고 학교에서 집에 가는 길에 잠시 한 눈을 팔았을 때였다. 새로운 길을 한 10분쯤 달렸는데 내 눈에 들어온 건 "독일에 오신 것을 환영합니다"라는 표지판이었다. 아니 이게 뭐지? 국경을 지키는 사람도,

검문소도 아무것도 없는 게 이렇게 쉬울 수 있다니. (지금 생각하면 아무것도 아니겠지만) 그때의 충격과 공포의 순간을 거쳐 집에 돌아온 나는 가방조차도 내려놓지 못하고 노트북을 열었다. 필요한 건 딱 두 가지였다. 'Skyscanner' 홈페이지에서 런던행 비행기표를 예약하고 리버풀Liverpool F.C.의 홈페이지에 접속해 앤필드Anfield 구장에서 열리는 첼시Chelsea F.C.와의 잉글랜드 프리미어리그 티켓을 지른 것.

앤필드에 들어갔던 그 순간은 아마 평생 잊을 수 없을 것이다. 경기 결과는 이른바 '제-토 라인'으로 불렸던 스티븐 제라드Steven Gerrard와 페르난도 토레스Fernando Torres의 맹활약으로 리버풀이 2:0으로 승리했는데 사실 내용이 잘 기억나지는 않는다. 콥[1]들이 지르는 함성, 뜨거운 열기, 리버풀의 선수가 공을 잡을 때마다 마치 전 관중이 약속이나 한 듯이 자리에서 일어나면서 들리는 소리, 조금이라도 오심이거나 불리한 판정 직후에는 여기저기서 들리는 심판을 향한 야유, 승리 후 선수들에 대한 미친 듯한 함성과 화답, 그리고 에버튼Everton F.C.이 승리했다는 짧은 장내 아나운서의 멘트에 경기 중에 들었던 그 어떤 야유보다도 더 큰 야유를 보내는 그들의 모습을 현장에서 보면서 그야말로 매력에 흠뻑 빠져들고 말았다. 참고로 때는 2010년 11월 8일이었으며 주심은 국내팬들에게도 친숙한 하워드 웹Howard Webb 심판이었다.

커리어의 첫 시작은 스포츠와 관련이 없었으나 여러 고민과 도전 끝에 2016년부터 히어로즈 프로야구단에서 일하게 되었다. 팬이자 소비자로 산업을 바라보던 입장에서 산업의 1차적 구성원이자 생산자가 되고 보니 아쉬운 것도, 한계도 많이 보였다. 그 중에서

1 Kop, 리버풀FC의 서포터를 통칭하는 말

가장 아쉬운 것을 꼽자면, 콘텐츠나 스토리를 생산해 나갈 의무와 권리가 있는 팀이나 리그가 그 흐름을 선제적으로 제시하지 못한다는 것이었다. 오히려 시장의 흐름과 대세에 따라가려 한다는 것 혹은 아무것도 하지 않으려고 하는 것이었다. 한국의 경우, 대부분의 프로구단들이 모 기업 산하에 있다 보니 최대한 안전 지향을 추구할 수밖에 없었다. 엔터테인먼트 시장은 콘텐츠 메이킹을 둘러싼 생존이 걸린 치열한 싸움이 곳곳에서 이미 일어나고 있었는데 유독 한국의 스포츠시장은 평화를 지향한다고 해야 할까?

그럼에도 불구하고 나부터, 우리 팀부터 작은 변화를 만들어보자는 도전 의식이 생겼다. 남들은 어떻게 하고 있을까? 선진 리그는 어떻게 하고 있는지 먼저 알아야 했다. 물론 유튜브로, SNS로, 구글로 남들의 경험을 간접적으로 보고 배웠지만 어느 순간부터 한계가 느껴졌다. 직접 구장에 가서 사람들에게 물어보고, 티켓을 사고, 팬 서비스를 경험하고, 맥주를 먹어봐야 할 것 같았다. 가능하다면 프런트와도 직접 이야기해보고 싶었다. 무엇을 지향하는지, 왜 그때 그런 선택을 했는지? 가공된 보도자료가 아닌 진짜 이야기가 궁금해졌다. 이래야만 정답에 근접한 힌트를 얻을 수 있을 것 같았다.

첫 시작은 2017년 일본이었다. 사실 선동렬, 이종범, 이승엽 등의 쟁쟁한 스타플레이어들이 KBO리그 이후에 가장 많이 진출했던 리그가 바로 일본이었고 한국에서도 꽤 중계를 많이 봤던 것으로 기억을 한다. 산업의 규모나 크기가 메이저리그에 비할 수는 없을 테지만 일본의 야구 산업은 '국민 스포츠'로서 포지셔닝을 점차 공고히 하고 있었다. 평일과 주말을 가리지 않고 평균 관중이 늘어나고 평균 연봉이 상승하는 등 지속적으로 성장하고 있는 것을 눈으로 확인하고 싶었다.

4박 5일의 일정으로 조금 빡빡한 스케줄을 잡았다. 요코하마에서 시작해 나고야, 오사카, 다시 도쿄로. 매일 오전에는 버스와 기차 그리고 비행기로 이동하고 오후에는 야구장에 갔다. 꽤 강행군이었음에도 불구하고 일본의 야구 문화를 겉핥기지만 조금이라고 이해할 수 있게 되었다. 한국의 야구 문화, 그리고 유럽의 축구 문화와는 다른 오묘한 일본 특유의 감성이 녹아져 있었다.

2018년에는 자카르타－팔렘방 아시안게임이 예정되어 있었다. 2006년 WBC, 2008년 베이징 올림픽의 선전으로 10년의 중흥기를 맞이했던 한국 야구계에 아시안게임 금메달은 그야말로 절실했다. 2017년을 기점으로 KBO리그는 조금씩 위기의 경고음이 들려오고 있었기 때문이다. 한국야구위원회와 팀들은 최고의 선수들을 차출해 '드림팀'을 결성해야 했기에 KBO리그는 3주 정도 중단될 수밖에 없었다. 나에게는 다시 오지 않을 기회였다. 앞으로 아시안게임이나 올림픽에 야구가 다시 포함될지 아닐지도 불투명한데다가 (물론 도쿄올림픽이 예정대로 진행되었다면 3주 정도 또 중단되었겠지만 코로나19가 모든 것을 바꾸어 버렸다.) 이미 2017년의 경험으로 이제 여행에는 어느 정도 자신감이 있는 상태였다. 지금 고생하지 않으면 언제 하겠냐는 생각이 든 것도 사실이었다.

2018년 1월부터 미국으로의 MLB 투어를 기획했다. 처음에는 동행할 사람을 생각하고 몇 명에게 의사를 타진했으나 돌아온 대답은 동일했다. "미쳤냐? 왜? 굳이?" 남들과 같이 가는 것은 빠르게 포기했다. 며칠을 가야 할까? 어디로 가야 할까? 얼마가 들까? 표는 잘 구할 수 있을까? 무수한 고민과 시뮬레이션과 검색과 통장 잔고와의 비교 끝에 아래와 같은 계획을 세웠다.

[1] 뉴욕 7일: 양키스New York Yankees, 메츠New York Mets

[2] 보스턴 3일: 레드삭스Boston Red Sox

[3] 워싱턴DC 4일: 내셔널스Washington Nationals

[4] 볼티모어 3일: 오리올스Baltimore Orioles

[5] 필라델피아 3일: 필리스Philadelphia Phillies

[6] 원칙1: 1일 1경기, 팀당 3경기 이상 관람.

[7] 원칙2: 다양한 시각에서 보기 위해 관람석은 매일 변경한다.

[8] 원칙3: 하루에 한 끼는 반드시 야구장에서. 각 구장의 시그니
처 메뉴와 맥주도 함께.

게임도 게임지만 'MLB 투어의 꽃'은 감히 구장 투어였다고 주장하고 싶다. 혹여나 이 글을 읽는 누군가가 비슷한 여행을 계획 중이라면 본 게임 아니라 구장 투어도 꼭 가보라고 권장할 정도다. 도저히 일정이 맞지 않았던 메츠Mets와 치안이 너무 위험해서 경기 시간에 딱 맞추어서 구장에 도착했던 오리올스Orioles를 제외하면 모든 구장 투어를 체험했었다. 당시 나는 히어로즈에서 VIP를 대상으로 하는 비공개 구장 투어를 전담하고 있었기에 역사가 살아 숨 쉬는 메이저리그에서는 어떻게 구장 투어를 진행하는지 정말 궁금하기도 했었다(물론 가이드별로 역량 차이가 있었겠지만). 국가, 도시, 팀, 선수, 프런트, 코칭스태프, 팬들이 관련된 역사를 30분도 안 되는 시간 내에 하나의 스토리와 콘텐츠로 풀어내는데 감탄하지 않을 수 없었다.

워싱턴 내셔널스에서 구장 투어를 진행하는 가이드와 일행들

가장 기억에 남는 건 워싱턴 내셔널스Washington Nationals에서 구장 투어를 담당했던 가이드인데 70살이 훌쩍 넘은 할머니(본인을 'Big Ma'라고 불러달라고 했으니)셨다. 무려 1960년대부터 본인이 기억하는 역사, 내셔널스, 대통령, 백악관 등등 야구에 관한 모든 것을 숨도 쉬지 않고 이야기해주는데 타고난 스토리텔러는 바로 이런 사람을 의미하는 게 아닌가 싶었다. 가이드와의 마지막 즈음에 질문 시간이 있었는데 조금은 당돌한 질문을 해보았다.

"내셔널스는 한 번도 우승한 적이 없는데 언제쯤 첫 우승을 할수 있을까요?"

잠시 호흡을 가다듬은 그녀는 대답했다.

(약간 노려본 것 같기도 하다.) "늦어도 3년 내로"

"어떻게 그렇게 확신해요?"

"구단주가 약속했으니까요. (우리는) 확실한 비전이 있고 훌륭한 선수들이 있고 더 훌륭한 팬들이 있어요. 반드시 그렇게 될 겁니다. 올해일지 내년일지는 모르지만 3년 내로."

당시 나는 속으로 코웃음을 쳤고, 내 옆의 양키스팬은 겉으로 웃었지만 결국 2019년 11월 그들은…

뒷 광고나 협찬 없이 내 돈 주고 간 일본, 미국 프로 스포츠 투어

비단 프로야구뿐 아니라 국내 프로 스포츠 구단들의 이벤트는 매년 진행하던 것들에서 크게 벗어나지 않는 수준에서 진행하려는 경향이 있다. 홈구장에 자주 방문하는 팬들은 '어차피 이벤트가 거기서 거기지' 하는 생각으로 바라보고 있었고 이에 대한 아쉬움 담긴 의견도 많이 받았다. 이런 피드백을 해결하기 위해 신선하고 재미있는 이벤트를 기획해서 시도해보자는 움직임이 히어로즈 내에서 있었다. 유럽과 일본 그리고 미국에서 직접 보고 경험했던 다양한 이벤트와 프로모션을 한국과 구단의 상황에 맞게끔 적극적으로 제안하고 (그 중 몇 가지는) 실제로 구현을 시킬 수 있었다.

요코하마 베이스타즈

일본 프로야구의 요코하마 베이스타즈Yokohama DeNA BayStars는 경기 전 어린 팬들을 위한 이벤트(포지션별로 아이들이 서있고 선수들이 가서 눈높이에 맞게 사인해주고 같이 국민의례 진행하고 사인볼을 주면서 격려해주는)를 주말마다 진행하고 있다. 운 좋게도 지인을 통해 요코하마 베이스타즈의 마케팅 이사와 1시간 정도 미팅할 기회가 있어서 이에 대해 물어보았을 때의 답변을 그대로 소개해보고자 한다.

"어린이 팬들이야 말로 미래의 잠재 고객인 동시에 프로 스포츠가 반드시 신경 써야하는 소중한 동반자라고 생각한다. 대부분이 그렇겠지만 평생 팬을 만드는 것은 대단한 이벤트나 경품 같은 것이 아니라 선수들의 최선을 다하는 플레이, 좋아하는 선수에게 거절당하지 않고 받는 사인, 그리고 단 1초라도 선수와 손뼉을 마주치며 나눌 수 있는 하이파이브라고 생각한다. 팬이 없는 프로스포츠는 존재할 수 없음을 모두가 알고 있다. 우리는 그 중에서도 어린이 팬들을 최우선 순위로 여긴다. 회사의 입장에서는 어린이 팬들을 우리의 평생 팬으로 만드는 데 요구되는 비용 대비 효과가 말도 못하게 높다. 야구를 사랑하고 업으로 삼는 입장에서는 어린이 팬은 우리의 전부이다. 미래의 잠재고객인 어린이, 청소년이 등한시하는 산업은 미래가 없다. 우리는 미래와 현재를 모두 보고 있다."

뉴욕 양키스

뉴욕 양키스New York Yankees는 구단의 스폰서들과 함께 양키스타디움에서 다양한 이벤트를 진행하고 있다. 특정 좌석을 더 좋은 좌석으로 업그레이드해주거나 팬들을 위한 사진 촬영 및 인화 이벤트도 진행한다. 홈구장을 방문해주는 팬들에게는 멋진 추억을 만들어주고, 스폰서들의 입장에서는 그들의 특징과 장점을 함께 어필할 수 있는 좋은 기회가 된다는 것을 소비자의 눈높이에서 인지하게 되었다.

워싱턴 내셔널스

워싱턴 내셔널스Washington Nationals는 매 홈경기마다 군인들과 가족들을 자주 구장으로 초청해서 그들의 이야기를 팬들에게 들려주고 존경심을 표현하는 이벤트를 진행하고 있다. 비단 내셔널스뿐 아니라 미국 대부분의 프로 스포츠 구단들은 국가를 위해 봉사하는 군인, 소방관, 경찰관, 자원봉사자들에 대해 사회가 얼마나 그들을 기억하고 있으며 가치 있게 생각하는지를 자주 표현하기 위해 (과하다 싶을 정도의) 노력을 기울이고 있다. 과연 국내의 구단들은 현충일이나 광복절 같은 기념일처럼 '해야 하는 때니까 하는 이벤트', '다른 구단들도 하니깐 하는 보여주기용 프로모션'을 제외하고 이런 노력을 얼마나 하고 있는지 생각하고 이를 표현하고 있을까?라는 생각을 하게 된 계기이기도 하다. 경쟁적으로 '밀리터리 유니폼'을 출시한다고 해서, SNS에 잊지 말자는 메시지를 포스팅하면 되는 것일까? 지금의 코로나19 사태에서도 알 수 있듯 사회는 하나의 유기

워싱턴 내셔널스의 홈 경기를 방문한 군인들에 대한 존경심을 표현하는 이벤트

체이며 초밀접한 연관성을 가지고 있다. 스포츠가 이 사회에 어떤 선한 영향력을 발휘할 수 있는가에 대한 고민이 필요한 때는 아닐까.

보스턴 레드삭스

화려한 플레이를 펼치고 팀의 승리와 위대한 역사에 기여하는 이들은 물론 선수들과 감독, 코치진이다. 당연히 이들은 훨씬 더 높은 연봉과 스포트라이트를 받는다. 하지만 선수들만으로, 경기만으로 프로 스포츠 산업이 이루어질 수는 없다. 구장을 방문한 사람들이 안전하고 신속하게 주차를 하고 경기장에 들어갈 수 있도록 안내하는 직원, 티켓을 판매하고 예약을 도와주는 직원, 상품을 기획하고 판매하는 직원들 모두가 위대한 팀의 현재와 미래를 만드는 데 기여하는 훌륭한 구성원들이다.

보스턴 레드삭스Boston Red Sox는 이들과 같이 화려하지는 않지만 묵묵히 자신의 일에 최선을 다하며 헌신하는 모든 직원을 기억하고 그들에 대한 존경심을 표현하는 데 주저함이 없는 훌륭한 구단이었다. 내가 방문한 3연전에서 거의 매일 사진과 같은 전광판 이벤트가 열렸다. 하나는 보스턴 레드삭스를 위해 오랫동안 일하다 은퇴한 직원을 구장으로 초청해 관중들에게 소개하고 그의 동료들이 축하의 인사를 건네는 이벤트였다. 이 타이틀부터 묵직한 울림이 느껴졌다. "우리의 영웅에게 모자를 벗고 경의를 표하자Hats off to Our Heroes." 이 이상 무슨 말이 더 필요할까?

자신의 위치에서 최선을 다하는 직원을 소개하는 이벤트도 있었다. <Faces of Fenway>라는 제목의 이 이벤트는 레드삭스의

은퇴한 직원(위)과 현장에서 헌신한 직원(아래)을 소개하는 이벤트

후원사인 엑스피니티Xfinity와 함께 직원이 일하는 모습과 이름, 주업무와 배치된 위치, 연차 등을 소개하는 구성이었다. 내가 펜웨이 파크Fenway Park를 방문한 날에는 재럿 코트Jared Cote라는 보안 담당 직원이 전광판을 통해 소개되었는데 놀라운 건 팬들의 반응이었다. 그냥 넘어갈 수 도 있을 텐데 장내 아나운서의 소개가 끝나자 꽤 많은 숫자가 자리에서 일어나 마시던 맥주를 들면서 "Thank you, Cote"라고 외치고 있었다. 보스턴 레드삭스의 찬란한 역사는 수많은 위대한 선수들이 만든 결과물이지만 그들이 그라운드에서 최선

을 다하기 위해서는 그 뒤에서 일하는 더 많은 직원들의 헌신이 있기 때문이라는 것을 팬들은 알고 있는 것이 아닐까 싶다.

현장의 '진짜 리얼 찐 생소리'에서 스포츠마케팅에 대해 고민하다

미국 여행을 계획하며 최대한 많은 것을 어떻게 얻어낼 수 있을지에 대한 고민을 하기 시작했다. 몇 달의 고민과 스스로와의 질문 끝에 아래와 같은 원칙을 세우고 매일 지키자고 다짐했다.

- 매일 다른 좌석에 앉아서 다양한 시야와 권종의 차이를 경험하자!
- 매번 다른 예약방법으로 티켓을 구해보자!
- 매번 다른 먹거리를 먹어보자!
- 하루에 최소 세 명 이상의 팬들과 이야기를 나눠보자!

100%는 아니었지만 최대한 세운 원칙을 지키기 위해 노력한 결과 몇 개의 기억나는 '생소리'를 접할 수 있었다. 이것들은 한국에 돌아와서 스포츠 팀 마케팅의 최전선에서 일하면서 아이디어를 도출하고 계획을 세우며 실행하는 데 있어 큰 도움이 되었다.

필라델피아 필리스Philadelphia Phillies의 홈구장인 시티즌스 뱅크 파크Citizens Bank Park의 외야에 앉아서 경기를 보는 사람들의 상당수는 40대 이상의 미국의 평범한 중산층들이었다. 옆에서 본 그들은 3시간 넘는 시간 동안 야구 자체에 집중한다는 느낌은 아니었다. 볼 카운트, 작전, 볼 배합 등 야구의 디테일에 집중하기보다는 야구라는 문화를 함께 보며 부부끼리, 친구들끼리, 이웃사촌끼리 각자의 관심과 고민을 공유하고 있었다. 자녀의 성적과 진로에 대한 고민, 직장 상사에 대한 험담, 치과를 가야 하는데 보험에 관한 이야기 등등… 정말 사소하고 평범한 이야기지만 마치 공원에서 편하게 돗자리 펼쳐 놓고 이야기하는 것과 다를 바 없어 보였다. 경기에서 이기면 환호성을 지르고 지면 아쉬워하는 것은 다를 바 없었지만 이 곳의 이름이 왜 스타디움Stadium이 아닌 볼파크Ballpark인지 알 수 있는 장면이기도 했다.

뉴욕 메츠New York Mets의 홈구장인 씨티 필드Citi Field에서는 초등학교 6학년 정도로 보이는 아들과 아버지가 3시간 내내 야구를 소재로 이야기하는 모습이 인상적이었다. 사실 요즘은 가족 간의 대화가 점점 줄어들고 서로를 관통하는 주제를 찾기 어려운 시대이다. 서로에게 익숙한 채널(매체)도 너무나 빠르게 변화하고 있다. 세대 간의 거리를 좁히고 부모와 자녀의 눈높이를 맞추고 이야기를 나누기에 스포츠만한 것이 또 없다는 생각도 들었다. 서로가 꼭 같은 팀을 응원할 필요도 없고 모든 선수를 함께 알아야하는 것도 아니다. 다른 세대 간에 유대감을 가지고 같은 주제로 이야기를 나눌 수 있다는 것만으로도 영원한 승자도 패자도 없는 각본 없는 스토리를 가진 스포츠가 이 사회에 선한 영향력을 발휘할 수 있지 않을까.

양키 스타디움Yankee Stadium은 2009년에 신 구장을 건축하는 과정에서 최신 기술을 적용하면서도 전통이라는 가치를 결코 옛 것이라고 폄하하지 않았다. 좌우 폭, 중앙 펜스까지의 길이는 물론이고 프리즈라 불리는 건축 양식과 게이트까지도 모두 기존 양키 스타디움의 그것을 그대로 본떠서 만들었다. 그뿐 아니라 기존 구장이 철거된 자리를 헤리티지 필드Heritage Field라 명명하고 지역의 중고생들이 사용할 수 있게 하기도 하였다. 100년이 넘은 양키스의 역사와 전통을 현대와 미래와 조화시키기 위한 노력은 지금도 계속되고 있었다. 혹자는 이곳을 '전설이 탄생하고 역사가 쓰이는 곳'이라 부르기도 하는데 참으로 적절한 표현이 아닐 수 없다는 생각이 든다.

한국으로 돌아오는 비행기에서 머릿속을 맴도는 생각이 있었다. 내가 몸 담고 있는 고척 스카이돔에 동대문 야구장의 유산이 어느 하나라도 있었는지 아무리 떠올리려 해도 생각나지 않는 것은 내 무지의 소치였을까 아니면 우연의 일치였을까? 미국에는 양키 스타디움Yankee Stadium이 있고 일본에는 도쿄돔Tokyo Dome이 있다면 한국에는 잠실 야구장이 있을 것이다. 1982년 세계야구선수권대회, 이곳에서 벌어진 일본전에서 나온 김재박의 개구리번트와 한대화의 역전 3점 홈런을 우리는 어떻게 기억할 수 있을까? 40년 넘게 한국 야구의 심장과 같은 곳이었던 잠실 야구장이 가진 전설과 역사를 후손에게 유산으로 남기는 것은 결코 서울시나 KBO만의 일은 아닐 것이다. 스포츠를 사랑하고 영웅들의 플레이에 환호하며 승패에 울고 웃는 우리들 모두가 한번쯤 고민하고 생각해봐야 하지 않을까?

• • • • • •

구자경의 구장투어 꿀팁

① 해외여행을 가면 프로 스포츠 경기장은 꼭 가보자.

경기가 없다고 실망하지 말고 가능하면 사전 예약으로 경기장 투어는 반드시 체험해보자.

② 한 자리에서만 관람하지 말고 다양한 자리에서 구경하면서 음식도 먹어보자.

③ 지금의 1달러에 너무 얽매이지 말자. 추억과 희소성이라는 가중치를 곱하면 나중에는 1,000달러 이상의 가치가 된다.

20대 청년의 평범하지 않은 동북아 농구대장정

정재우_ 스킬팩토리 브랜드 매니저

Email_bbquick@naver.com
Instagram_@96_ijaewoo

친구 따라 농구한다

스포츠 종목 중 농구는 특히 나와는 어울리지 않는 스포츠였다. 신장이 또래 친구들보다 작았고 체격 또한 왜소했기 때문이다. 농구를 하게 된 것은, 정말 단순하게, 친구 덕분이었다. 중학교 2학년, 우연히 점심시간에 농구를 할 기회가 있었는데 막상 슛이 잘 들어가지 않으니 오기가 생겼다. 그 오기 하나로 슛 연습도 하며 다양한 농구 경기를 보게 되었고 농구의 재미에 빠지게 되었다. 눈이 오는 겨울에는 눈을 치워가며 다 같이 농구를 하였고 저녁에는 잠실실내체육관으로 가서 KBL 서울 삼성 썬더스의 경기를 응원하며 농구를 즐겼다.

이때부터 나는 농구공 튀는 소리가 들리는 현장에서 일하는 것을 내 꿈으로 삼았다. 그리하여 현장에서의 농구 관람을 가장 중요시하였고 국내에 있는 모든 농구 잡지를 정기구독하는 등 농구와 관련된 모든 콘텐츠를 찾아보며 농구라는 스포츠와 친해지게 되었다. 지금껏 해왔던 모든 행동이 자연스럽게 일상이 되었으며 농구가 없는 삶은 나에게 상상조차 되지 않는다. 또한 한 자리에만 머무르는 것보다 여러 군데 여행을 다니는 것을 매우 좋아하는데 여행을 갈 때 농구를 주제로 다녀볼까 생각하다가 일본-대만-미국-중국에서, 가는 국가마다 그 나라의 농구경기 관람을 하는 데 성공하였다. 아직도 안 가본 곳이 많지만 지금까지의 나의 농구 여정을 이야기해보고자 한다.

만화 〈슬램덩크〉의 배경 지역 탐방

2016년의 봄은 나의 덕질이 서서히 중불에서 강불로 타오르고 있던 시기였다. 직접 친구들과 꾸리며 활동했던 학생 동아리 농구팀이 좋은 멤버들을 영입하면서 대회들에 참가해 성과를 올리는 것을 시작으로 농구와 관련된 일을 본격적으로 배우기 시작했던 것이 이 시기였기 때문이다. 그리고 나의 '농구 덕질'에 불을 더 지피기 위해, 처음으로 혼자서 떠나는 농구를 주제로 한 해외여행을 계획하였다. 해외라는 곳을 스무 살이 돼서야 처음 여행해 봤는데 이번이 두 번째로 떠나는 해외이자 처음으로 내가 계획해서 혼자서 떠나는 해외여행이었다. 일본의 도쿄를 선택한 것은 우리나라와 가깝기도 하고 만화 <슬램덩크>의 배경이 되는 장소에 직접 갈 수 있다는 점, 그리고 때마침 근처에서 일본프로농구 NBLNational Basketball League 경기가 있었기 때문이었다. 참고로 내가 지금까지 본 만화라고는 오직 <슬램덩크>뿐이었다. 내 인생 처음으로 본 <슬램덩크> 만화에 푹 빠져 아직도 선뜻 다른 만화를 읽지 못하고 있다.

'능남고'의 배경이 된 가마쿠라 고교 정문과 4개 국어로 된 출입금지 표시.
그리고 <슬램덩크> 건널목의 모습

　일본에 도착한 후 둘째 날부터 본격적으로 농구 투어를 시작
했다. 오전에는 <슬램덩크> 속 배경이 된 장소를 가보기로 하고
오후에는 일본프로농구 경기 관전을 계획하였다. <슬램덩크>에
는 일본 전역의 많은 곳이 배경으로 나왔지만 만화 속의 '윤대협의
학교 능남 고등학교'의 배경이 된 '가마쿠라 고등학교Kamakura Senior
High School'까지 가보기로 하였다.

　가마쿠라 고등학교를 가기 위해서는 '에노덴'이라는 열차를 타
고 가마쿠라코코마에 역Kamakura-koko-mae Station까지 가야 하는데 도쿄
시내로부터 약 1시간 정도가 소요되는 거리였다. 만화 속에서 보았
던 그 설렘을 안고 에노덴에 탑승하여 가마쿠라코코마에 역에서 하
차하였다. 역에서 내리면 시치리가하마Shichirigahama 해변이 펼쳐져
있는데 그 광경이 참으로 넓고 아름다웠다. 이런 경치를 두고 농구
를 즐긴다면 더할 나위 없겠다는 생각을 하며 가마쿠라 고등학교로
가보았다. 가마쿠라 고등학교는 능남고의 배경이기도 하였지만 실
제로 학기가 이루어지고 있는 학교였기 때문에 사진 촬영과 내부
진입이 불가능하였는데 오죽했으면 학교 앞에 한국어 포함 4개 국

어로 출입을 금지한다고 표시까지 해놓았다. 아쉬움을 뒤로한 채 나는 일명 '슬램덩크 건널목'이라고 불리는 곳으로 갔다. 이 건널목은 <슬램덩크> 만화 속에서 강백호의 북산 고교가 능남 고교의 윤대협의 활약으로 연습경기에서 86-87, 아쉬운 한 점 차 패배를 한 후 떠나는 장면에서 나온다. 워낙 유명한 명소이기에 많은 사람이 몰리는데 원하는 구도로 촬영이 어려워 잽싸게 빈 건널목만 나오게 사진을 찍고 가마쿠라를 떠났다.

가마쿠라를 떠나 일본프로농구 NBL 경기를 보기 위해 후추 Fuchu로 떠났다. 참고로 그 해는 NBL이라는 타이틀을 가지고 치르는 일본프로농구의 마지막 시즌이었다. FIBA의 1국가 1리그 규정으로 인해 2016-17 시즌부터는 B.리그B.LEAGUE로 통합되었다. 경기장이 위치한 후추는 다소 생소한 도시일 수도 있는데 나 역시 이곳에 농구를 보러 오기 전까지는 전혀 알지 못하던 곳이었다. 후추는 도쿄도 타마 지구에 있는 시인데 이곳에는 무려 22만 3천 명을 수용할 수 있는 일본 최대의 도쿄 경마장Tokyo Racecourse이 있는 곳이다. 이날 경기는 일본 최고의 명문팀 알바르크 도쿄Alvark Tokyo와 선 로커스 시부야Sun Rockers Shibuya의 경기였는데 알바르크 도쿄가 홈팀으로

나섰지만 경기가 열리는 교도 노모리　종합체육관Kyodo-no-mori Total Gymnasium은 알바르크 도쿄의 메인 홈 경기장은 아니었다. 오히려 이런 특색 있는 경기를 관람할 수 있다는 게 더 의미 있었다.

교도노모리 종합체육관의 내부 모습

경기장에 입장하였는데 생각보다 규모가 작았다. 경기를 관람하기에는 더할 나위 없었지만 '아무리 메인 경기장이 아니지만 이렇게 작아도 돼?'라는 생각이 들 정도였다. 그래도 프로 경기를 열기 위한 구색은 모두 갖추고 있었는데 스토어를 비롯하여 이날 경기를 위한 팸플릿도 모두 준비되어 있었다. 나도 여기까지 온 김에 알바르크 도쿄의 초록색 티셔츠를 구매하였다. 경기를 보다가 치어리더 공연 중 익숙한 우리 K팝이 들려왔는데 싸이의 <젠틀맨>으로 공연을 하는 것이었다. 이 노래가 2013년에 나왔으니 3년이 지난 노래였는데도 일본프로농구 경기에서 사용되는 것을 보면 싸이의 위상이 정말 대단하였다는 것을 새삼 다시 느꼈다.

한편, 일본프로농구는 외국인 선수의 비중이 크다고는 하는데 외국인 선수 3명 보유에 2명 출전을 허용하고 있다. 이날 경기를 봐도 자국 선수들보다는 외국인 선수들의 볼 점유율이 높아 보였고 일본 선수들은 신장은 크지 않지만 날렵한 개인기를 간간히 보여주고는 했다. 양 팀의 선수들도 후추 시민들을 위해 끝까지 최선을 다해 좋은 경기를 펼쳤고, 나도 첫 해외 원정 관람을 성공적으로 마치며 다음 여행을 기약하였다.

대학생들의 올림픽 - 하계 유니버시아드(2015 광주·2017 타이베이) 방문

내가 하계 유니버시아드와 처음 인연을 맺은 것은 2015년이었다. 당시 우리나라 광주에서 개최된 하계 유니버시아드대회 자원봉사자로 활동하였는데 인천공항으로 입국한 선수들과 임원들을 경기가 개최되는 광주와 충주로 가는 버스로 안내하는 역할을 하였다. 그리고 나는 자원봉사자의 역할이 끝나고 미국 대표인 캔사스대학교The University of Kansas와 독일의 남자농구 결승전을 보기 위해 광주로 내려갔다.

미국은 한동안 유니버시아드대회 멤버 구성에 크게 힘을 쓰지 않으며 2013년 카잔Kazan 대회 조별리그에서 탈락하여 아픔을 맛봤는데 이번에는 그 아픔을 씻기 위해 캔사스 대학교 단일팀으로 대표팀을 구성하여 대회에 나섰다. 단일팀으로 구성되었지만 캔사스의 전력은 100%가 아니었다. 센터 클리프 알렉산더Cliff Alexander와 윙맨 켈리 우브레 주니어Kelly Oubre Jr.는 NBA 드래프트 참가 스케줄로 인하여 대회에 불참하였고 드본테 그래험Devonte' Graham은 부상으로 출전하지 못했다. 결국 빌 셀프Bill Self 캔사스 감독은 이들을 대신하여 SMUSouthern Methodist University 소속의 니콜라스 무어Nicolas Moore, FGCUFlorida Gulf Coast University 소속의 줄리안 드보스Julian DeBose를 선발하여 엔트리를 꾸렸다. 지금으로서는 먼 훗날 NBA에서 활약하고 있는 선수들을 많이 못 본 것이 아쉽기도 하다. 결승전은 염주 종합체육관에서 열렸는데 상당히 많은 관중이 있었다. 특히 야구의 색이 강하다고 느껴졌던 광주에서 많은 농구팬과 함께하니 분위기가 정말 뜨거웠다. 경기 역시 내가 지금껏 봐왔던 경기 중 단연 최고의 경기 중 하나로 손꼽힌다. 포인트 가드 프랭크 메이슨 3세Frank Mason III를 앞세운 캔사스의 공격은 매우 화려하고 빠른 플레이로 관중들은 보는 내내 감탄사를 연발하였다. 이것이 정녕 미국의 농구로구나! 그렇다고 독일 역시 만만한 팀은 아니었다. 이날 독일은 3점슛 10개를 터뜨렸는데 끈끈한 조직력을 앞세워 캔사스대를 압박

유니버시아드 농구 결승전이 열렸던 염주 종합체육관과 타이베이 아레나

하였다. 경기는 무려 2차 연장까지 갔고 캔사스대가 84:77로 승리하며 미국은 10년 만에 유니버시아드 대회 금메달을 획득하였다. 경기가 마무리될 때쯤 버저가 울리고 웨인 쉘든 주니어Wayne Sheldon Jr.가 흥분한 나머지 농구공을 관중석을 향해 던졌는데 그게 정확히 바로 옆자리, 함께 간 지인의 무릎 위에 떨어졌다. 아직 야구장에서 홈런볼도 못 잡아봤는데 농구장에서 선수가 던진 큼지막한 농구공을 잡아보다니 매우 신기한 경험이었다. 농구공은 가져갈 수가 없기 때문에 다시 코트에 돌려주기는 했지만 광주에서 선진 농구를 관람한 것은 정말 잊지 못할 추억이 되었다.

그 소중한 기억을 간직한 채 나는 2017년 대만 타이베이로 떠났다. 대만 현지에서의 농구 인기는 야구 다음으로 많다. 대만계 미국인 NBA 출신 선수 제레미 린Jeremy Lin의 영향도 있고 실제로 윌리엄 존스컵William Jones Cup이라는 국제 대회를 1977년부터 지금까지 매년 개최하고 있다. 이 대회는 지금까지 단 3번만 취소되었는데, 1989년 체육관이 소실되는 화재 발생, 2003년 사스SARS, 2020년 코로나바이러스COVID-19로 인해 대회가 취소되었다. 어떻게 일정을 잘 맞춰 윌리엄 존스컵도 가고 싶었으나 대만을 방문할 당시에는 긴

여유가 없어 유니버시아드만 관람하고 오기로 하였다.

타이베이 시내에 들어오니 유니버시아드의 분위기가 한껏 무르익고 있었다. 곳곳에 붙어있는 유니버시아드 광고 포스터와 일을 마치고 돌아오는 자원봉사자들까지 2년 전 광주의 기억이 떠올랐다. 잠시 시간을 내서 타이베이 곳곳을 둘러보았는데, 꽤 규모 있는 스포츠 브랜드의 매장들이 크게 자리 잡고 있었다. 우리나라에서 구할 수 없는 제품들도 일부 있었고 NBA 유니폼을 몇 벌 구입하고 3-4위전과 결승전이 개최되는 타이베이 아레나Taipei Arena를 향해 떠났다. 사실 이번 대회 관람을 위한 정보가 많지 않아 애를 많이 먹기도 하였다. 당연히 국내에서는 정보를 찾기 어려웠고 믿을 거라고는 대회 공식 사이트와 구글링 밖에 없었다. 이것저것 열심히 찾으며 예매를 하는 것까지는 성공하였는데 경기장을 입장하는 곳에서 갑자기 꼬이고 말았다. 인터넷에서 예매한 티켓 확인증을 게이트에서 자원봉사자한테 보여주었더니 '이게 뭐지?' 하는 표정이었다. 서로 말까지 통하지 않으니 나는 속이 타들어 갔고, 경기장 내 안내데스크를 수소문하여 다행히 티켓을 교환하는 데 성공하였다. 하마터면 대만까지 온 나의 목적을 모두 상실할 뻔한 순간이었다.

경기장에 입장하니 수많은 관중으로 가득 차 있었고 세르비아와 라트비아의 3-4위전이 진행되고 있었다. 잠시 타이베이 아레나에 대해 소개하자면 농구 외에도 다양한 국제 스포츠 이벤트와 공연장으로 사용되고 있었는데 2009년과 2013년에는 NBA 시범경기도 개최한 바가 있는 규모 있는 경기장이었다. 세르비아와 라트비아의 경기를 관람하고 있는 관중들은 유럽의 젊은 선수들의 투지 넘치는 플레이에 매료되었고 나 역시 끈끈한 유럽 농구를 잠시 감상하며 함성을 내서 양 팀 선수들을 응원하였다. 결과는 81:74로 라트비아가 승리하였고 동메달 획득에 성공하였다. 그리고 다음 경기이자 2017 타이베이 하계유니버시아드 남자농구의 파이널! 미국과 유럽의 강호 리투아니아의 경기였다. 미국은 이번 대회에도 단일팀을 출전시켰는데 이번에는 퍼듀 대학교Purdue University가 출전을 하였다. 퍼듀는 2017 NCAA 토너먼트에서 16강까지 진출했던 팀이며 2019 NBA 드래프트에서 2라운드 33순위로 보스턴 셀틱스Boston Celtics에 지명된 칼슨 에드워즈Carsen Edwards를 주축으로 구성된 팀이었다. 리투아니아는 유럽의 대표적인 농구 강호이다. 유럽 하면 떠오르는 스포츠는 축구이지만 리투아니아는 축구보다 농구 인기가 더 많은 나라이다. 그래도 나는 퍼듀의 승리를 예상하면서 경기를 관람하였다. 전미 토너먼트 16강에 올랐다는 것만으로도 성과가 있는 팀이라 생각했고 미국팀이라는 이미지가 강력하게 박혀있기 때문이었다. 하지만 나의 예상은 정반대로 흘러갔다. 리투아니아는 끈끈한 조직력을 앞세워 퍼듀를 압박하였고 시간은 흐르고 흘러 85:74로 리투아니아가 승리하였다. 버저가 울리자 리투아니아 선수들은 모두 환호하였고 퍼듀의 선수들은 시상식 때까지 모두 표정이 어두웠다. 역시 공은 둥글고 스포츠의 세계를 함부로 예상한 나의 완전한 패착에 머리가 띵하였지만 타이베이에서 너무나도 즐거운 관람을 했기에 또 하나의 좋은 경험을 남긴 채 다음 직관 일정을 잡았다.

전 세계 농구인의 축제 – 농구 월드컵(2019 중국 상하이) 방문

2019년의 나는 군인 신분이었다. 그런데 군인이 어떻게 외국을 갈 수 있냐고? 하는 분들이 많다. 결과부터 말하자면 법률상으로 가능한 이야기이고 다만 흔하지 않은 케이스라 기존의 휴가보다 행정적인 과정이 번거롭기 때문에 많이들 시도하지는 않는다. 나는 휴가를 올리기 한참 전인 3월 월드컵 조 추첨식이 끝나고 바로 비행기표와 티켓 예매를 하였다. 조 추첨 전에 제발 우리나라 대표팀이나 미국 대표팀이 가까운 상하이에서 경기하길 바랬는데 아쉽게도 우리나라는 B조에 배정되어 우한에서 경기를 하였다. 다행히도 미국 대표팀이 터키, 체코, 일본과 함께 E조에 배정되어 상하이에서 경기를 치를 수 있게 되었다. 조 추첨이 끝나고 사전예매가 시작되었는데 Team Pass, City Pass, Day Pass, Game Tickets까지 4개의 옵션이 있었다. Day Pass와 Game Tickets은 6월 이후부터 판매 예정이라 나는 Team Pass를 선택하여 예매하였다. 13억의 중국인들이 모두 농구 월드컵 티켓 예매를 하는 것은 아니지만 애초에 인구수로는 상대가 안 되기 때문에 티켓팅이 매우 치열했다. 미국 Team Pass는 바로 매진이 돼버렸고 남아있는 옵션은 일본 Team Pass였다. 결국 일본팀의 티켓을 구매한 뒤 6월에 한 번 더 도전해보기로 하였다. 6월 티켓팅은 마지막 기회이기에 더욱 치열했는데 미국-터키전 경기 좌석을 선택하는 데까지 성공하였으나 미숙한 영어 실력으로 인해 뒤로 가기 버튼을 눌러 결국 이 경기의 예매는 실패하고 남은 터키-체코전의 경기를 예매하였다. 내가 볼 수 있게 된 경기는 일본-체코, 터키-체코, 미국-일본의 경기였다. 하루 시간을 내서 우한으로 우리나라의 경기를 보러 갈까 생각했지만 넉넉하지 않은 자금으로 인해 상하이에서만 경기를 관람하기로 하였다. 그리고 7월쯤 국외여행허가서를 내고 한 달간의 행정처리 절차 끝에 중국 여행 기간 포함 11박 12일의 휴가를 얻어내는 데 성공하였다. 중국에서는 5박 6일 동안 있었는데 국외여행 기간에는 연가 사용만 가능하기 때문에 상병 기간 최대한 연가를 안 쓰고 모아놓고 있다가 한꺼번에 풀었다.

드디어 9월 농구 월드컵이 개최되는 중국 상하이로 출국하였다. 상하이는 중국 최대의 상업 도시답게 고층 건물과 화려한 야경으로 나를 기다리고 있었다. 다니는 곳곳마다 이지엔리엔Yi Jianlian을 대표로 한 중국 농구 대표팀의 농구 월드컵 광고 사진들이 도배되어 있었다. 티켓 수령 장소에서 티켓을 교환하고 월드컵 경기장인 상하이 오리엔탈 스포츠 센터Shanghai Oriental Sports Center에 도착하였다. 우리나라의 잠실종합운동장처럼 다양한 경기장들이 함께하고 있는 곳이었다. 내가 처음으로 본 경기는 일본과 체코의 경기였는데 경기장에 입장하니 화려한 외관처럼 내부도 국제대회를 하기에 충분한 경기장이었다.

상하이 오리엔탈 스포츠 센터

본격적으로 일본과 체코의 경기를 관람하였는데 생각보다 많은 일본 팬들이 함께하고 있었다. 나는 일본 Team Pass를 선택하였기에 일본 관중들과 같은 블록에서 경기를 관람하였고 경기는 일본이 76:89로 패하였지만 일본 농구의 성장세를 확인할 수가 있었다. NCAA 곤자가 대학교Gonzaga University를 거쳐 2019 NBA 드래프트 1라운드 9순위로 워싱턴 위저즈Washington Wizards에 지명된 하치무라 루이 Rui Hachimura의 모습도 볼 수 있었고 멤피스 그리즐리스 Memphis Grizzlies의 와타나베 유타Yuta Watanabe, 이 대회에서의 활약으로 댈러스 매버릭스Dallas Mavericks와 계약을 체결한 바바 유다이Yudai Baba까지 '아카츠키 파이브(일본 대표팀의 애칭)'의 미래를 지켜볼 수 있는 경기였다.

두 번째로 관람하게 된 경기는 터키와 체코의 경기였다. 유럽 농구만의 끈끈함은 이전 타 대회에서도 느꼈지만 A대표팀이 맞붙는 경기를 직접 관람하는 것은 이번이 처음이었다. 유럽의 농구 강호 터키와 토마스 사토란스키Tomas Satoransky를 주축으로 한 체코의 경기였는데 이 경기에서 패배하는 팀이 조별 예선 탈락이 확정되기에 치열한 승부가 예상되었다. 터키는 이전 미국과의 경기에서 접전의 승부를 펼쳤는데 자유투를 놓치며 1점 차로 아쉽게 패하였다. 그 경기만 잡았더라도 오늘 경기를 조금 편하게 풀어갔을 텐데 아쉬움을 달래면서 경기가 시작되었다.

이날 경기는 오랜만에 정통 센터의 향수를 느낄 수 있는 경기였다. 요즘 현대 농구의 트렌드는 포지션에 구분 없이 3점 슛을 던지고 빠른 공수전환 플레이가 요구되는 시대이지만 체코는 당시 2m 17cm의 장신 센터 온드레이 발빈Ondrej Balvin을 축으로 화려한 덩크와 풋백 득점을 선보이며 센터 농구의 진수를 보여주었다.

다음 경기인 미국과 일본과의 경기는 이번 대회 마지막 직관이자 미국 대표팀의 경기이기 때문에 매우 기대를 하고 경기장에 입장하였다. 예상대로 엄청난 인파가 경기장을 찾아왔고 이전 경기들과는 또 다른 분위기가 고조되었다. 비록 미국 대표팀이 예년보다 로스터가 얇아졌지만 명장 그렉 포포비치Gregg Popovich 감독이 이끄는 화려한 코치진과 앞으로의 화려한 미래가 예상되는 선수들이 즐비하였기 때문에 즐거운 마음으로 관람을 하였다. 미국 대표팀 선수단이 입장하자 관중들은 엄청난 환호를 보내며 선수들을 맞이하였다. 상대 팀인 일본 선수단 역시 한껏 긴장된 채로 워밍업을 하는 모습이었다. 더군다나 하치무라 루이는 NBA에 데뷔하기 전 미국 선수들을 상대할 수 있는 경기였기에 많은 주목을 받았다. 미국 대표팀은 워밍업 단계부터 화려한 퍼포먼스를 선보이며 팬들의 환호를 불러일으켰고 나 역시 함성을 지르며 선수단의 퍼포먼스에 화답하였다.

워밍업을 마치고 NBA 인디애나 페이서스 소속 마일스 터너 Myles Turner와 하치무라의 점프볼로 본격적인 경기가 시작되었다. 이번 경기는 많은 이들의 예상대로 미국의 흐름으로 이어졌다. 이미 전반전 스코어는 56:23이고 미국 대표팀은 전반전에만 10개의 3점 슛을 성공시키며 일본의 수비를 요리조리 공략하였다. 많은 이들의 기대를 모았던 하치무라는 전반전에 무득점에 그쳤고 하프타임을 맞이하였다. 하프타임 때도 다양한 공연이 펼쳐졌는데 진기명기의 나라답게 공을 한 손가락으로 한 번에 두 개를 올려 돌리는 퍼포먼스를 선보이는 등 관중들의 흥미를 넘치게 해주었다.

후반도 전반과 다르지 않은 흐름을 계속 이어나갔는데 미국 대표팀의 포포비치 감독은 계속해서 작전타임을 통해 끊임없이 선수들과 커뮤니케이션을 이어나갔고 코치들과도 틈틈이 이야기를 나누는 장면이 보였다. 수많은 팬의 환호 속에 경기는 98:45로 미국의 승리로 끝났으며 일본은 53점 차로 대패하였으나 NBA 선수들로 이루어진 미국과의 대결은 선수들에게 큰 자산으로 남을 것이란 생각이 든다.

한국에 돌아와서도 농구 월드컵 소식을 계속 접하였다. 우리나라 대표팀은 코트디부아르를 꺾고 25년 만에 월드컵 본선 무대에서 승리를 거두었다는 기분 좋은 소식도 있었지만 미국의 승전보는 오래가지 못하였다. 조별 라운드가 끝난 후 다음 라운드에서 그리스와 브라질을 잡으며 8강에 진출하였으나 프랑스에 79:89로 덜미를 잡혀 순위결정전으로 내려갔고 세르비아와의 순위결정전에서는 89:94로 패배한 뒤 다음 경기에서 폴란드를 87:74로 잡으며 이 대회 7위라는 씁쓸한 결과로 월드컵을 마무리하였다.

빛나는 주연이 아닌 든든한 조연으로

전역 이후 나는 국내에 있는 굴지의 스킬트레이닝 센터에서 브랜드 매니저로 함께하게 되었다. 입대 전부터 지역 농구협회의 영상 제작과 농구클럽 대표 등의 활동을 토대로 덕업일치의 꿈을 본격적으로 시작할 수 있게 되었다. 하지만 나는 나의 역할을, 빛나는 주연이 아닌 든든한 조연이 되고 싶다는 생각을 늘 한다. 내가 주연이 되는 것보다는 내가 만들고 있는 영상, 사진에 실린 선수들과 트레이너들을 밝게 비춰줘 팬들이 조금이나마 더 관심을 끌 수 있게 만들고 그들이 최종적으로는 빛나는 스타가 되는 것이 나의 꿈이기 때문이다.

스무 살부터 본격적으로 여러 군데 직관을 하며 보는 시각도 매우 달라졌다. 처음에는 평범한 농구 팬처럼 오직 농구 관람에만 집중하였다면 지금은 경기장 주변의 분위기, 엔터테인먼트적인 요소, 심지어는 경기장 제작물에 있는 폰트까지 세세하게 살펴가며 작은 디테일을 보는 데 더 집중하고 있다. 그래서 더 많은 곳을 돌아보려 하고 현장에 대한 중요함을 항상 느끼고 있다.

　　마지막으로 농구 덕후로서 아직 가보지 못한 경기가 많지만, 그중에서 꼭 보고 싶은 경기가 있다. 바로 우리 남자농구 대표팀의 올림픽 본선 무대이다. 우리 대표팀은 내가 태어난 해인 1996년 애틀랜타 올림픽 이후 아직 올림픽 본선 무대에 진출하지 못하고 있다. 마침 나도 올림픽 농구 직관 경험은 없기에 우리 대표팀이 본선에 진출한다면 장소가 어디든 찾아가서 꼭 전 경기 직관을 하고 싶다. 나의 농구대장정이 순탄하게 이어져서 언젠가는 우리나라 농구대표팀의 올림픽 경기 직관기와 우리 센터에서 훈련하는 선수가 스타가 된 이야기를 또 다른 책에 담길 바라마지 않는다.

• • • • • •

정재우의 크로스오버(버킷 리스트 Top 3)

① 대한민국 남자 농구대표팀의 올림픽 본선 경기 직관

② 우리 선수가 뛰는 NBA 경기 직관

③ NBA 올스타전 직관

한 종목·한 분야만 판다

선수에게 직접 사인 받은 유니폼을
전 세계에서 가장 많이 모은 변호사

그래프 킹_ 현 로펌 변호사

Email_graphkingtv@gmail.com
Instagram_@jerseyarchives
Youtube_@싸인왕TV

농구에 빠지다

무언가를 시작한 시점을 정확하게 기억한다는 것은 아마도 그
만큼 첫인상이 강렬했다는 것을 뜻하지 않을까. 오돌토돌하게 돌출
된 주황색 작은 점들이 큰 원을 두르고 있었던 농구공을 어리숙하
게 보도블록에 튀기며 처음으로 골대에 슛을 시도했던 때는 초등학
교(당시 국민학교) 2학년이었다. 서울 방배동에 살던 사촌형네 집 앞
에 있던 공용 농구장에서 젖 먹던 힘까지 쥐어짜서 수십 차례 던져
보았지만 골대 안으로 쉽게 들어갈리 만무했다. 무수히 많은 시도
와 실패 끝에 해질녘이 되어서야 두세 번 성공시킨 후 느낀 손맛의
짜릿함이란. 골망이 찰랑거리는 그 청명한 소리가 아직까지도 귓가
에 선명하게 들리는 듯하다.

그런가하면 입문시점이 명확하게 기억나는 또 하나의 관심사
는 차원이 다른 농구 괴인들의 리그, NBA이다. 첫눈에 반한 '농구'
라는 스포츠, 그 작지만 분명한 불씨에 기름을 통째로 부은 격이

되었던 촉매제가 NBA였던 셈이다. 지금까지도 잊히지 않는 장면이 하나 있는데, 딱히 명장면이라고 하기는 힘든 순간이다. 바로 1992년 시카고 불스Chicago Bulls와 포틀랜드 트레일 블레이져스Portland Trailblazers의 파이널 승부에서 스카티 피펜Scottie Pippen이 업앤다운, 즉 공을 잡은 채 축이 되는 발을 비롯한 양발을 지면에서 떼면서 트레블링 바이얼레이션Traveling Violation을 범한 장면이다. 당시 나는 농구와 NBA 경기규칙이 전혀 숙지가 되어 있지 않았던 시점이라 공격권이 넘어간 이유에 대한 호기심이 발동되었다.

이 장면을 통해 상당히 독특한 계기로 '피펜'이라는 이름의, 팔다리 모두 길쭉길쭉한 선수에게서 눈을 뗄 수 없었다. 장신임에도 불구하고 가젤과 같이 우아한 보폭으로 백코트에서 경기를 조율하다 어느새 골밑으로 침투해 치열한 리바운드 싸움에 가담하는가 하면, 상대 에이스를 숨 쉴 틈도 없이 옭아매는 완벽한 대인방어를 펼치기까지 하는 이 선수에게 완전히 매료되고 말았다.

월드클래스 수집가, NBA 수퍼팬이 되다

태평양을 건너 지구 반대편의 먼 나라 농구리그에서 뛰고 있는 우상을 수십 년이 지나 한 번도 아닌 서너 번 직접 만나고 심지어 대화까지 나누게 될 줄은 꿈에도 상상하지 못했다. 피펜, 조던과 함께 그 시대 농구판을 수놓았던 별들, 매직 존슨Magic Johnson, 찰스 바클리Charles Barkley, 데이비드 로빈슨David Robinson, 레지 밀러Reggie Miller 등 무수히 많은 레전드를 만났고 부끄럽지만 '사인왕'으로 자칭할 정도로 방대한 월드클래스 NBA 사인 컬렉션까지 소장하게 되다니.

그렇게 미국 NBA수집가 커뮤니티에서도 알아주는 컬렉터가 되었고 선수로부터 직접 사인을 받은 유니폼 개수만 네 자릿수가 되는 지경까지 덕력을 끌어올리게 되었다.

직관한 정규시즌 NBA 경기만도 300경기 가까이 되고, 23개 구단의 홈구장을 방문한데다 리그의 큼지막한 이벤트는 빠짐없이 참관했는데, 선수가 선발되는 뉴욕의 드래프트 지명 현장부터 시작해서 유망주 선수들이 시즌을 앞두고 예열하는 라스베이거스 써머리그, 시즌 도중 펼쳐지는 '별들의 축제' 올스타 주간에는 7년째 개근 중이며 플레이오프와 파이널 무대까지 깃발을 꽂았으니 'NBA 덕후 시무 7조'를 완벽히 수행했다고 할 수 있지 않을까.

팬 이벤트를 꼼꼼히 챙기고 참여하다 보니 앞서 언급한 은퇴한 레전드뿐 아니라 현재 NBA를 이끌고 있는 리그 최고의 슈퍼스타들도 무수히 많이 만날 수 있었는데 스테픈 커리Stephen Curry, 케빈 듀랜트Kevin Durant, 제임스 하든James Harden, 루카 돈치치Luka Doncic의 경우 선수 각각 10번씩은 직접 만난 것 같다. 이런 에피소드들을 <사인왕>이라는 유튜브 채널에 'NBA 사인도장깨기'라는 플레이리스트로 만들어 팀 별로 담게 되었다.

그동안 모은 유니폼, 그것도 하나하나 사인을 받아서 수집한 유니폼들의 숫자가 (파악된 것만) 1,000장 정도 된다. 이 유니폼 각각의 사인에 각기 다른 스토리들이 얽혀 있다. 이와 관련하여 풀어놓을 수 있는 에피소드는 무궁무진하지만 이 자리에서는 나의 첫 NBA 첫사랑이자 영원한 우상, 스카티 피펜을 5차례에 걸쳐 만났던 에피소드를 간략하게 소개할까 한다.

그동안 사인받아 수집한 수많은 유니폼 개수는 파악된 것만 1,000장이 넘는다.

더 내셔널 - 천하제일 스포츠 수집가 대회

처음으로 피펜을 만났던 것은 2015년 시카고에서 열렸던 <내셔널 스포츠 컬렉터스 컨벤션The National Sports Collectors Convention>에서였다. '더 내셔널The National'이라고 줄여서 부르는 이 컨퍼런스는 한마디로 '천하제일 스포츠 수집가 대회' 정도라고 생각하면 될 것이다. 컬렉터블 닷컴Collectible.com에 의하면, 미국의 스포츠 수집 시장은 2018년을 기준으로 대략 54억 달러의 어마어마한 규모를 기록했다고 한다. 전국구 스포츠 상품 도소매업자들이 이 컨퍼런스의 전시장에 공간을 마련하였음은 물론이고 자기 구역에서 한가닥 한다는 수집가들이 전부 모인 자리가 바로 이 내셔널이었던 셈이다.

시카고 도심에서 벗어난 도널드 스티븐스 컨벤션 센터Donald Stevens Convention Center에 도착하였을 때 이미 개장시간 30분을 앞두고도 수많은 사람들이 줄을 서 있었다. 남녀성비가 거의 남 99: 여 1이라고 해도 과언이 아닐 정도인데다가 배불뚝이 아저씨들로 가득 찬 엄청난 중년아재 남초현상을 목격하고 놀랄 수밖에 없었다. 미국에서 '스포츠 수집'이라는 취미가 알고 보니 교외에 거주하는 중산층 아재들 고유의 문화가 아닌가 생각이 들었다.

그렇게 기다려서 입장한 컨벤션 현장은 휘황찬란하고 넘쳐나는 양기(?)에 아찔할 지경이었다. 입장하자마자 스포츠 카드 명예의 전당에 들어온 마냥 뉴욕 양키스New York Yankees 미키 맨틀Mickey Mantle의 1952년 카드부터 인사를 해왔다. 상태가 좋은 카드는 무려 백만 달러를 훌쩍 넘을 정도의 거래가를 기록한 스포츠 카드계의 4대천왕인데 이렇게 가까이서 볼 수 있다는 게 신기했다. 농구 관련 전

엄청난 희소가치를 지닌 월트 체임벌린의 1960년대
필라델피아 워리어스 시절 실착 유니폼

내셔널에 전시되어 있던 마이클 조던의
실착 유니폼

시장으로 넘어가자 한 경기 100득점의 신화 故월트 체임벌린Wilt Chamberlain의 필라델피아 워리어스Philadelphia Warriors 시절 실착 유니폼이 눈에 띄었다. 스포츠 카드 박스도 많게는 수만 달러짜리들이 부지기수였고, 마이클 조던의 실착 유니폼도 당연히 있었으니 눈을 어디다 두어야 할지 알 수 없는 지경이었다. 더욱이 감탄을 금치 못했던 것은 전 세계 단 10장만이 존재한다는 조던의 젬그린 카드를 실물영접할 수 있었다는 점이다. '안드로메다'로 경로를 한참 이탈한 가격 때문에 구매욕을 자극하는 효과는 1도 없었지만 수집가의 입장에서 눈호강은 제대로 한 셈이다.

거대한 컨벤션 센터는 크게 두 개의 공간으로 나뉘어져 있었는데 메인 홀에는 어퍼덱Upper Deck, 파니니Panini, 탑스Topps와 같은 스포츠 카드와 사인 아이템 유통회사들이 대형 코너를 차리고 있었고 전국 각지 스포츠 카드샵과 메모라빌리아Memorabilia 업체 수백 개가 대여섯 개 기다란 줄을 구성하며 빼곡하게 자리를 꿰차고 있었다. 하루 종일 돌아다녀도 절반이나 제대로 구경할 수 있을까 싶을 정도의 위용과 규모였다. 가판대를 차려놓은 상인들과 전국 각지의 수집가들이 서로 교류하며 덕력을 자랑하는 모습 역시 신선했는데 같은 목적을 가지고 네트워킹을 하는 자리 또한 자연스레 마련되었다. 1980년 LA 공항 옆 작은 호텔에서 백 명이 채 되지 않는 작은 규모로 시작된 이벤트가 수십 년이 지나 수만 명이 운집하는 전국구 수집가 전당대회로 성장하게 된 셈이다(2014년 클리블랜드Cleveland 내셔널 입장객은 43,000명 이상이 집계되었다). 장난삼아 사인 왕이라고 스스로 칭하지만 고수 오브 더 고수들이 모두 모인 이곳에 오니까 아마존 열대 우림의 모기 한 마리 정도의 존재감 밖에 되지 않음을 실감했다. 왕이 아니라 어디 한미한 촌구석 부락의 사인 촌장 정도로 개명해야 될 정도로.

스포츠 컬렉팅이라는 대주제를 전제로 각기 다른 구체적인 항목들이 있었는데 스포츠 깃발만 모아놓은 곳도 있고 사인공을 산더미처럼 쌓아놓고 파는 매장, 실제 경기 티켓만 모아놓은 부스,

마이클 조던의 데뷔연도 카드 박스가 무려 $35,000!

실착 유니폼 전시장, 스포츠스타 피규어까지 구미에 맞게끔 각양각색이었다. 스포츠 카드가 주류여서 카드만 따로 놓고 봐도 지구 한 바퀴는 돌 수 있을 정도의 엄청난 양이 아니었을까 싶은데 다양성이라는 측면에서도 월드클래스라고 인정할 수밖에 없는 별천지였다.

이미 출시된 카드를 재구매buy-back하고
재포장하여 판매하는 컨셉의 리프 매장

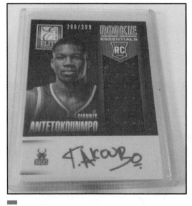

사인왕의 안목은 틀림없다! 2015년 이후
떡상한 야니스 안테토쿰보의 루키카드를
합리적인 가격에 업어왔다

바쁜 주말 어렵게 시간을 내어
참관했던 컨벤션이었기에 반나절 남
짓한 시간에 최대한 효율적으로 시간
을 사용하는 것이 관건이었다. 한참을
멍하니 각종 수집품 구경을 하다가
기념품이라도 챙겨가야지 싶어서 시
중에 나온 카드를 다시 구매해서 재
포장을 해서 판매하는 컨셉의 리프
Leaf라는 회사 매장으로 향했다. 별다
른 이유가 있어서라기보다는 주머니
가 가벼운 탓에 가성비를 따질 수밖에
없는 상황이었다. 리프에서 출시되는
미스터리 팩을 하나 재미삼아 구매했
는데 언제나 그렇듯 폭망했다. 안 그
래도 '야알못'인데 누군지도 모르는 레
전드 두 선수가 나왔고 시세라고 따질
것도 없지만 아마도 투숙하고 있던 호
텔에서 컨벤션 센터로 가는 차비만도
못 건졌던 것으로 기억한다.

그런가하면 수년이 지나 중박이
터진 구매품목도 있었는데 당시 2년
차를 막 마친 시점이었던 풋풋한 약관의 밀워키 벅스Milwaukee Bucks
소속 포워드 야니스 안테토쿰보Giannis Antetokounmpo의 사인 루키카드
를 가판대에서 50달러라는 나름 합리적인 가격에 업어왔던 것이다.

2020년 8월 현재 기준 동일 카드의 시세가 약 1,000달러를 넘었으니 당시 컨벤션에 참석하기 위해 투자했던 항공료와 투숙비는 뽑았다고 할 수 있지 않을까.

리프 매장 맞은 편에는 마이클 조던Michael Jordan, 일명 '마사장'을 전속계약 선수로 두고 있는 어퍼덱Upper Deck업체의 전시장이 있었는데 입장하는 순간부터 안구가 정화되었다. 마사장님의 사인물품은 기본반찬 정도로 구비되어 있었고 타이거 우즈Tiger Woods, 래리 버드Larry Bird, 매직 존슨Magic Johnson과 같은 초대형 스타들의 콜라보 제품에 입이 다물어지질 않았다. 전시를 관람하는 손님들한테는 어퍼덱 전속 모델들의 대학시절 카드들이 담긴 팩도 하나씩 증정했는데 노스캐롤라이나 대학교 시절 귀여운 마이클 조던의 모습을 보니 감회가 새로웠다. 이와 같이 발품을 조금만 팔면 내셔널만을 위해

NBA의 세계화를 이끈 삼대장 버드, 조던, 매직의 사인 아크릴 전시품을 어퍼덱 매장에서 볼 수 있었다.

발행되는 특수 카드와 같은 무료 증정품을 득템할 수 있다는 것 또한 내셔널을 참관하는 재미 중 하나다.

놀이동산에 처음으로 놀러간 아이마냥 신나서 여기저기 돌아다니다 애초에 내셔널을 찾게 된 주된 목적을 상기하고는 사인회 스테이지로 곧 발길을 돌렸다. 앞서 언급했던 초대형 메인홀 바로 옆에는 벽을 트고 사인회와 스포츠 카드 박스 브레이킹을 실시간 라이브로 중계하는 방송 스테이지가 마련되어 있었다. 내셔널에서는 매년 100명 가까이 되는 다양한 종목의 스포츠 스타들이 사인회 게스트로 참석을 하는데 2015년에는 바로 그 피펜도 초빙되었던 것이다. '트라이스타Tri Star'라는 회사에서 주관을 하는 사인회였는데 그야말로 별천지였다. 약 두 시간 동안 야구계의 무수히 많은 레전드들을 구경할 수 있었는데, 최다연속출전 기록의 칼 립켄 주니어 Cal Ripken, Jr., 90년대 애틀랜타 브레이브스Atlanta Braves 투수군단 트로이카의 한축이었던 존 스몰츠John Smoltz, 김병현 선수와 함께 뛰기도 했던 광속구 피쳐 랜디 존슨Randy Johnson까지, 실물을 보는 내내 도무지 입이 다물어지지 않았다. 스타들이 워낙 많다보니 5개의 줄을

아이버슨과 대화를 나누는 칼 립켄 주니어

별도로 세워놓고 농구, 야구, 미식축구, 하키, 복싱의 레전드들이 동시다발적으로 방문을 하는 과정에서 진풍경을 하나 볼 수 있었다. 저 한편 구석에서 농구계의 아이콘 앨런 아이버슨Allen Iverson이 야구계의 레전드 칼 립켄 주니어에게 찾아가서 인사를 하는 게 아닌가. 농구와 야구의 놀라운 크로스오버는 내셔널에서나 볼 수 있는 신기한 광경이 아닐까 싶다.

어릴적 영웅 피펜과 그의 사인

드디어 오랜 기다림 끝에 어릴 때부터 동경해왔던 피펜이 모습을 드러냈는데 시카고에서 열렸던 컨벤션이라 그런지 다른 선수들이 왔을 때보다도 더 뜨거운 열기가 느껴졌다. 이윽고 내 차례가 되어 유니폼과 은색 펜을 내밀었는데, 펜 잉크가 갑자기 쏟아져 나오는 바람에 피펜이 펜이 왜 이러냐고 초면에 볼멘소리를 하는 게 아닌가? 그러면 어떤가. 버켓리스트 탑3 안에 드는 피펜과 만났다는 것 자체만으로 영광이었다. 한번 만난 것만으로도 감개무량했는데, 시카고에서 물꼬를 튼 이날 이후 그를 몇 번이나 더 보게 될 줄은 상상도 못했다.

LA 고급 일식 레스토랑에서 가진 피펜과의 팬 미팅

피펜을 두 번째 만났던 건 2018년 LA 올스타전이었는데 ESPN

에서 패널을 맡은 이후 피펜은 올스타전에 빠짐없이 참석을 해왔다. 버라이즌Verizon 통신사에서는 고객들을 대상으로 올스타 주간 내내 특별 이벤트를 진행했는데, 카츠야Katsuya라는 고급 일식당을 대관해서 VIP 라운지로 만들었던 것이다. 라운지로 변신한 공간을 찾은 스타의 명단은 실로 어마어마했는데 피펜을 비롯하여 닥터 J 줄리어스 어빙Julius "Dr. J" Erving, 카림 압둘-자바Kareem Abdul-Jabbar, 크리스 보쉬Chris Bosh, 폴 피어스Paul Pierce와 같은 레전드들도 있었고 도노반 미첼Donovan Mitchell, 벤 시몬스Ben Simmons, 래리 낸스 주니어Larry Nance, Jr.와 같은 현역선수들도 그곳에서 만날 수 있었다. 보통 올스타 주간에는 쉴 새 없이 진행되는 이벤트 때문에 끼니를 거를 때가 많은데 이번만큼은 식당에서 무제한으로 제공되는 고급 스시와 일식요리를 만끽하고 라운지에 우아하게 앉아 일정을 기다릴 수 있어서 오히려 평소보다 살도 더 찌게 되었던 호화로운 경험이었다.

피펜을 다시 볼 수 있다는 생각에 설레어하며 기다리고 있는데 LA의 악명 높은 교통체증 때문에 1시간가량 도착이 늦어진다는 소식이 전해졌다. 전화위복, 새옹지마라고 했던가, 그렇게 지각을 한 스카티는 지각하고 팬들을 기다리게 한 것이 미안했는지, 평소 보여주었던 까칠한 성격을 내려놓고 웬일로 팬들의 물품에 일일이 다 사인을 해주기 시작했다. 기존의 포토존 행사가 사인회로 확장된 것이다. 혹시 몰라서 저지jersey를 3개 챙겨갔는데 줄을 서면서 기다리던 누님들이 자기들은 사인 받을 거 없으니까 퍼뜩 자기들한테 넘기라고 하는 게 아닌가. 대신 사인을 받아주겠다면서. 사인회 때 같은 취미를 가진 분들이랑 교류를 하면서 수다 떠는 재미도 상당한데 상부상조하면서 쌓이는 정이 역시나 묘미다. 그렇게 해서 어릴 적 우상과 사진도 찍고 포틀랜드 저지 2장과 불스 유니폼에 사인을 받을 수 있었다.

입덕 30년, 시카고 엘리베이터 앞에서 만난 피펜

가장 최근에 피펜을 봤던 곳은 6번의 우승을 차지했던 시카고였다. NBA 크로스오버Crossover는 아담 실버 총재 집권 이후 사실상 사라졌던 올스타 주간 잼세션을 작은 규모로 복원시킨 이벤트였는데 컨벤션 센터까지는 아니더라도 시카고 부둣가 옆 제법 큰 행사장에서 열렸다. 버드와이저, 기아자동차, NBA 2K와 같은 스폰서 회사들의 코너에서 사인회와 포토존 행사도 열려서 오랜만에 올스타 주간 분위기가 나기도 했다. 그 바로 옆 레스토랑은 ESPN Jump 방송의 촬영장으로 쓰였는데 그곳에서 촬영이 끝나고 방송 진행을 마친 피펜과, 한때 국내 커뮤니티에서 '동티맥 서코비'라는 말이 유행할 정도로 코비와 리그를 양분했던 티맥, 즉 트레이시 맥그래이디Tracy McGrady의 사인을 받을 수 있었다.

같은 주말에 피펜을 두 차례 더 볼 수 있었는데, 덩크 콘테스트가 열렸던 토요일에 경기장 엘리베이터 바로 앞에서 론 하퍼Ron Harper, 도미니크 윌킨스Dominique Wilkins와 인사를 나누고 있었다. 한때 수만리 떨어진 타국에서 뛰는 모습을 브라운관으로만 볼 수 있었던 스타와 바로 코앞에서 함께 엘리베이터를 기다리고 있다는 사실 자체가 내겐 말이 되질 않았다.

그 다음날 레전드 브런치 때 '올해의 레전드 상'을 수상하는 자리에서 피펜을 다시 만날 수 있었다. 본인이 가장 주목을 받는 자리에서 조차 얼마 전 별세한 코비 브라이언트의 이야기를 하는데 수상 소감의 대부분을 할애해서, 타고난 팔자가 본인보다는 다른 사람을 더 빛내주는 운명이 아닌가 생각도 들었다. 어떻게 보면 그 점이 개인적으로 피펜에게 빠져들게 되었던 매력 포인트 중 하나이다.

단 한번만 만나도 충분히 소원성취를 했다고 만족했을 텐데 네다섯 차례씩이나 보게 되다니 지금 생각해도 신기할 따름이다. 열심히 발품을 팔았던 노력에 때와 장소가 우연히 겹치는 행운까지 더해져서 '성덕'의 경지에 이르게 된 게 아닌가 싶다.

피펜은 최근 들어서 ESPN의 패널로 왕성한 방송활동을 이어가며 존재감을 드러내고 있다. 간혹 황당무계한 주장을 펼치며 소위 말하는 '프로 어그로 꾼'이 다 되었다고 욕을 먹곤 하지만, 그런 모습조차도 반가운 나의 소싯적 우상이다.

그런가 하면 피펜을 향한 열정이 마냥 레전드 선수 자체에 대한 동경만은 아닐 수도 있겠다는 생각도 들곤 한다. 몸뚱이만한 농구공을 뒤뚱뒤뚱 좇아가던 1990년 어느 흙바닥 코트 위에 덮어놓은 유년기에 대한 어렴풋한 그리움 또한 혼재하는 것일지도 모르겠다.

• • • • • •

사인왕의 버킷리스트 TOP 3

① 아직 가보지 못한 NBA 홈구장 7개를 마저 방문하자.
② 올스타 주간 20년 연속 개근 채우기(현재 8년 연속).
③ 마사장님 독대하기.

축구 덕후로 FIFA를 직접 경험하다

김한결_ 현 가족 치과 경영

Email_hankyulkim89@gmail.com

아버지로부터 유타까지 ··· 축적된 스포츠 팬심의 힘

　유년 시절, 스포츠팬이었던 아버지를 따라 대구 지역 연고 프로스포츠 팀인 삼성 라이온즈, 동양 오리온스 경기를 자연스럽게 접하며 스포츠의 매력에 빠졌다. 초등학교 2학년 때부터 매일 아침 현관문 앞에 배달된 스포츠 신문을 방으로 가져와 읽는 것으로 하루를 시작하고 인상 깊은 기사들은 스크랩하여 친구들과 공유했다. 친구들 대다수의 관심사가 HOT, 젝스키스, SES, 핑클 등 아이돌에 집중되어 있던 시절 나는 박찬호 선수가 활약하던 LA다저스와 연고 프로스포츠 팀의 정보를 모으며 교내 최고의 '스포츠 광'(지금으로 치면 덕후)으로 알려졌다. 동양 오리온스 32연패 시절에도 여동생과 함께 경기 시작 3~4시간 전부터 경기장에서 개문을 기다릴 정도로 열렬한 스포츠팬이었다.

　이후 미국 유타 대학교University of Utah로의 교환학생 프로그램에 참여할 수 있었다. 당시 유타대 농구부 선수들과 가까이 지냈는데 함께 기숙사 생활을 하던 한 동양인 교환학생이 자신들의 경기기록과 멋진 플레이를 기억하는 모습을 매우 신기하게 생각하며 잘 챙겨주었다. 특히 출국 전 마지막 관람 경기에서 경기 종료 후 코트 위로 선수들이 나를 직접 초대해주며 멋진 추억을 만들어주었다.

교환학생 시절 유타대 미식축구팀의 모든 홈경기를 직관하기도 했다. 당시 유타 대학 미식축구팀의 주전 러닝백 켈빈 요크Kelvin York와 막역한 사이로 지냈는데 학생 식당에서 만날 때면 내게 미식축구 규칙들을 알려주며 나를 미식축구의 세계로 이끌었다.

이 시절에는 대학 팀의 경기뿐 아니라 다양한 프로 스포츠 경기도 경험할 수 있었는데 그 중 특히 유타 지역 연고 농구팀인 유타 재즈Utah Jazz 홈에서 열리는 경기의 80% 이상을 직관했다. 시즌 중 선수단 하이파이브, 라커룸 투어 등 다양한 구단 행사에도 참석했으며 'NBA의 전설' 칼 말론Karl Malone도 만날 수 있었다.

한국에서 건너온 많은 야구 유망주들이 메이저리그 산하 마이너리그 경기에서 뛰었는데 교환학생 시절 트리플A에서 뛰고 있던 하재훈, 임창용, 최지만 선수를 보기 위해 유타 지역 트리플A팀 솔트레이크 비즈Salt Lake Bees 경기장을 종종 찾았다. 시카고 컵스 산하 보이지 호크스Boise Hawks의 한국인 선수들하재훈, 이대은, 이학주, 정수민의 호스트 가족을 만나기도 했고 최지만 선수 경기를 관전하며 그를 열렬히 응원하던 나를 발견한 루이스 히메네즈(당시 팀의 3루수)가 최지만 선수에게 나를 가리키며 팬에게 호응 좀 해주라며 호통을 친 재미난 일도 있었다.

유타 대학교Utah Utes 농구팀 관련 사진들(Brandon Taylor, Dakarai Tucker, Jordan Loveridge, Jarred DuBois 등과 함께)

유타 재즈Utah Jazz 농구 (2013-2014) 관련 사진들(Karl Malone, Derrick Favors, Al Jefferson 과 함께)

솔트레이크 비스Salt Lake Bees 야구(2013) 관련 사진들. 이학주 선수(가운데 사진), 최지만 선수와 (오른쪽 사진)

원조 '인간탄환' 모리스 그린을 만나다

2011년 대구에서 열린 2011 대구세계육상선수권대회에 아디다스 대학생 리포터인 아디리포터Adireporter로 파견을 가는 기회를 얻었다. 한국 높이뛰기의 전설 이진택 선수의 1999년 세비야 세계육상선수권대회 출전 경기 중계를 새벽까지 눈 비비며 시청했고 100m 최강자 도노반 베일리Donovan Bailey와 200m 전설 마이클 존슨Michael Johnson의 '세기의 대결'도 또렷하게 기억할 수 있을 정도로 높았던 육상에 대한 관심도를 지원 동기에 잘 녹여낸 성과였다.

파견 기간 동안 남자 100m 결승 및 400m 계주 등 전 세계 스포츠팬들의 이목을 집중시키는 대회 주요 경기를 관전하며 취재한 것도 좋았지만 아디다스 미디어 라운지에서 TV에서만 봤던 세계적인 육상 스타들을 직접 만나 자유롭게 대화를 나눌 수 있었던 시간은 스포츠에 빠져 살던 나에게 선물 같은 시간이었다. 당시 최고의 육상스타 우사인 볼트Usain Bolt를 제치고 남자 100m 우승을 차지하는 파란을 일으킨 요한 블레이크Yohan Blake, 영국의 육상스타 티파니 포터Tiffany Porter 등과 한 공간에서 호흡한 순간이 벅찼고 지금까지 결코 잊을 수 없는 값진 경험으로 남아있다. 한국 높이뛰기의 '전설' 이진택 감독도 직접 만날 수 있었는데, 당시 20대 초반이었던 내가 그를 알아보고 1999년 세비야 대회를 언급하며 다가간 것에 꽤 놀란 눈치였다.

대회 휴식일 기자단 운동회(미디어 레이스)에서는 2000년 아테네 올림픽 100m 금메달리스트 모리스 그린Maurice Greene을 만날 수 있었다. 당시 체구가 많이 커진 모리스 그린과 대화를 시도하는 미

'한국 높이뛰기 전설' 이진택 감독 인터뷰   미디어 레이스에서 만난 '인간 탄환' 모리스 그린

디어는 그리 많지 않아 비교적 편하게 인터뷰할 수 있었는데 어릴
적 모리스 그린이 공항 소매치기를 잡았다는 신문기사를 봤던 기억
이 불현듯 떠올라 다짜고짜 그 이야기로 대화를 시작했다. 모리스
는 "아직도 그걸 기억하냐"며 쑥스러운 웃음을 지었는데 스포츠 덕
후였기에 만끽할 수 있었던 짜릿한 순간이었다는 생각에 아직도 마
음 속 소중한 추억으로 남아있다.

AFC 아시아챔피언스리그 연락관 활동으로 시작된 깊은 인연

　2013년 미국 유타 대학교로 교환학생을 다녀온 직후, 대학시
절 명예기자로 활동했던 FC서울에서 전화가 한 통 왔다. FC서울이
참가하는 AFC 아시아챔피언스리그AFC Champions League, 이하 ACL 경기운
영을 위해 파견되는 아시아축구연맹AFC 경기감독관 및 국제축구연
맹FIFA 심판진의 의전을 담당하며 구단과의 소통을 도와주는 연락
관Liaison Officer을 한 번 해보지 않겠냐는 제안이었다. FC서울은 내가
명예기자로 활동하던 시절 드러낸 스포츠에 대한 열정과 왕성한 활

AFC 경기감독관 키멜 토카바에브Kemel Tokabaev(왼쪽)
사토 류지 주심 및 일본 심판진(가운데)
알리레자 파가니 및 이란 심판진(오른쪽)

동량을 좋게 평가한 듯 했다.

　FC서울에서의 ACL 연락관 경험은 내 인생에서 아주 큰 전환점이 되었다. 당시 FC서울의 국제대회 운영 컨트롤타워인 유성한 부장(현 FC서울 유소년팀장)을 만났기 때문이다. 발생할 수 있는 모든 위험요소는 사전에 파악하여 제거하고 예상치 못한 변수에 유연하게 대응하는 유성한 부장의 모습을 보며 많은 것을 배울 수 있었다. 특히 지나친 간섭 없이, 상대의 입장을 먼저 고려하며 신뢰를 쌓은 후 중요한 순간에는 협상을 유리하게 이끌어가는 과정들이 정말 인상 깊었다. 당시 처음 해보는 업무에 의욕만 앞섰던 나에게 중요한 상황이 발생할 때마다 본인이 취한 행동의 이유를 원 포인트 레슨하듯 친절히 알려주었고 나도 그에게 보답하기 위해 더욱 진정성 있게 업무에 임했다.

　업무 초기에는 국제축구대회의 일원으로 일한다는 사실에 고취되어 의욕만 앞섰지만, 유성한 부장의 꾸준한 관심과 지도 속에 그럴듯한 '스포츠 산업종사자'의 모습을 갖춰나갔다. 그 결과 AFC

에서 파견된 대표단 대다수가 나와의 비즈니스에 만족하여 아직도 몇몇은 한국에 출장 올 때면 개인적으로 연락이 올 정도로 돈독한 신뢰관계를 형성할 수 있었다. 덕후에서 프로페셔널한 스포츠 산업 종사자로 성장시켜준 유성한 부장에게 배운 국제축구행정 경험과 해외 클라이언트에 대한 응대는 이후 내가 유사 업무를 수행할 때 중요한 자양분이 되었다.

ACL 연락관 경험을 하며 많은 에피소드가 있었지만, 그 중에서도 FIFA 현역 최고 심판 중 한 명으로 꼽히는 알리레자 파가니 Alireza Faghani와의 인연은 특별했다. 알리레자는 2015년 AFC 아시안컵과 2016년 리우올림픽 남자축구 결승전 주심, 2018년 러시아 월드컵 3,4위전 주심 배정 등 FIFA가 인정한 아시아 최고의 심판이다. 알리레자를 처음 만난 건 2015년이었는데, 당시 알리레자는 이미 아시아 최고 심판이었기에 경기감독관 및 심판평가관들과 종종 신경전을 벌일 정도로 수행하기 힘든 상대였다. 하지만 언젠가 오찬 자리에서 내가 이란의 축구 스타 아지지의 팬이고 1998 월드컵 플레이오프 이란과 일본의 경기를 잊을 수 없다며 이란 축구에 대한 추억을 회상한 이후부터 나를 굉장히 흥미롭게 바라보기 시작했다. 나의 덕후력(?)으로 우연히 쌓아 올린 신뢰는 아시아 최고 심판을 수행하는 까다로운 업무를 한결 가볍게 해주었다. 나아가 한국에 두 번째 파견될 때부터 알리레자는 내게 늘 칭찬을 아끼지 않으며 파견 올 때마다 선물을 챙겨줬는데 본인이 AFC 아시안컵에서 착용한 심판복은 물론 매치볼과 FIFA 옐로우/레드 카드 등을 아낌없이 내어주었다.

더욱 고마웠던 것은 내가 K리그 VAR 대행업체인 유엔비즈 기획팀장으로 일할 때 그가 준 도움이었다. 그는 유엔비즈가 개발한 심판교육 플랫폼을 이란축구협회에 적극 권장하여 이란축구협회 기술국과 연결해주었고, 이를 계기로 FIFA 심판강사 숩키딘 모드 살레Subkhiddin Mohd Salleh 및 AFC 심판위원장인 샴술 마이딘Shamsul Maidin 과의 컨퍼런스콜까지 성공적으로 치러낼 수 있었다. 아직도 A매치 나 ACL 주심으로 한국에 파견될 때면 종종 나와 연락을 주고받는 데 만약 내가 스포츠 덕후가 아니어서 아지지에 대한 정보가 없었 다면 과연 자신감 넘치는 알리레자와 이 정도로 돈독한 우정을 쌓 을 수 있었을까 하는 생각이 든다.

크로아티아 U-17 축구 국가대표팀의 선물

2015년 수원 컨티넨탈컵 U-17 축구대회 시상식이 끝난 후 크로아티아 팀 선수들이 갑자기 내 손을 잡아끌었고, 영문도 모른 채 올라선 그라운드에서 선수들이 헹가래 세레모니를 선물해주었 다. "경기 일정 내내 팀 연락관으로 함께한 너에게 고마움을 표현 하기 위해 선수단이 머리를 맞대 계획했다"는 주장 니콜라 모로 Nikola Moro와 부주장 요십 브레칼로Josip Brekalo의 말을 들으며 느꼈던 뭉클함이 아직도 생생하다.

사실 내가 초반부터 팀에 잘 녹아들 수 있었던 이유 중 하나가 나의 못 말리는 스포츠 덕력 덕분이다. 이미 K리거 마토 네레틀랴 크Mato Neretljak와 마테이 요니치Matej Jonjic의 활약상을 꿰고 있었고, 당 시 코치로 파견된 발렌시아CF의 전설 고란 블라오비치Goran Vlaovic가 1996년 한국과의 평가전에서 해트트릭을 기록한 사실도 알고 있었

발렌시아CF의 전설 고란 블라오비치와 시상식에서 선수단이 선물해준 헹가레 세레머리

다. 또한 당시 US 오픈 테니스 대회기간 중이었는데 나는 크로아티
아 출신 테니스 선수 마린 칠리치Marin Cilic가 US 오픈 전년도 우승자
라는 것도 이미 알고 있었다. 당해 NBA 드래프트 5순위로 지명된
마리오 헤조냐Mario Hezonja에 대해서까지 언급하자 크로아티아 선수
단은 내 덕력에 혀를 내둘렀다. 덕력 하나로 선수단 및 코칭스텝과
의 아이스브레이킹icebreaking을 아주 완벽하게 해낸 것이다.

　　당연히 업무 수행에도 큰 무리가 없었다. ACL 연락관 경험을
통해 선수단 운영의 생리를 알게 되어 어떤 상황에서도 유연히 대
처하며 선수단의 신뢰를 얻을 수 있었기 때문이다. 매일 저녁 코칭
스태프에게 다음날 스케줄을 상세히 보고했고 훈련장 컨디션과 식
사 메뉴까지 사전 파악하여 안내했다. 선수단 식사를 앞두고 항상
30분 먼저 내려와 메뉴를 더블 체크를 하여 팀 매니저에게 보고했
고 코칭스태프와 선수단이 먼저 배식을 한 뒤 식사 자리에 불편함
이 없는지 체크한 후에야 마지막으로 배식을 했다. 선수들이 타지
생활 속 불편을 토로할 때면 내가 갖고 있는 정보력과 네트워크를

동원하여 최선을 다해 도왔다. 선수단의 컨디션을 최우선 시 했던 나에게는 당연한 배려였지만 코칭스태프와 선수단은 나의 진심이 담긴 행동들에 감동했다며 단순한 연락관이 아닌 팀의 일원으로 대하겠다고 공언했다. 그리고 다음날부터 특별한 경험을 할 수 있었다.

크로아티아 국가대표팀은 국제 대회에 나가면 경기 직전 '세계를 넘어! 크로아티아!'라는 의미의 'Iznad Svih Hrvatska이즈나드 스뷔 흐르바츠카'라는 구호를 외치고 경기에 나서는 전통이 있다. 주장이 선창으로 '세계를 넘어' 라는 의미의 'Iznad Svih'를 외치면, 나머지 팀원들이 크로아티아인 'Hrvatska'를 후창으로 외치며 결의를 다지는 의식이었다. 그런데 주장인 니콜라 모로가 다리오 바시치Dario Basic 감독과 상의 후 두 번째 경기부터 주장의 선창을 나에게 맡겼다. 등이 하늘을 보게 엎드린 나를 중심으로 선수들은 둥근 원을 그렸고 선수들의 손은 모두 나의 등 위에 올려졌다. 나는 힘찬 목소리로 'Iznad Svih'를 외쳤고, 선수들은 더 큰 목소리로 'Hrvatska'를 외친 뒤 강한 아드레날린을 뿜으며 경기장으로 나섰다. 선수단이 한국을 떠나기 직전 공항에서도 나와 작별 인사를 이 의식으로 대체했는데 그때 받았던 엄청난 에너지가 아직도 잊히지 않는다.

팀 일정이 끝나고 쉬는 시간이면 선수들은 마치 스포츠에 대한 내 호기심을 채워주겠다는 태세로 흥미로운 이야기 보따리를 풀어놓았다. 현재 볼프스부르크의 주전 공격수이자 크로아티아 국가대표팀 선수로 성장한 요십 브레칼로Josip Brekalo는 당시 유망주를 중용하던 아스날의 아르센 벵거Arsene Wenger의 러브콜을 2년째 받고 있었는데 소속팀 디나모 자그레브의 악랄한 구단주 즈드라브코 마미

치의 욕심으로 이적하고 있지 못하다며 아쉬운 마음을 털어놨다. 그는 크로아티아 최고 유망주답게 15세부터 나이키 후원을 받고 있었는데 크로아티아 청소년 대표팀에서는 주장인 니콜라 모로와 자신만이 매달 나이키가 지정해 준 온라인 사이트에서 약 1,000유로 정도의 용품을 자유롭게 구매할 수 있다고 알려주었다.

리버풀 수비수 데얀 로브렌Dejan Lovren의 동생 다보르 로브렌 Davor Lovren이 독일에서 태어난 배경과 고향 축구팀 자랑 등도 흥미로웠다. 또한 당시 크로아티아리그에서 활약했던 정운(현 제주UTD) 선수의 크로아티아 국가대표팀 선발을 위한 귀화설도 들을 수 있었는데 크로아티아 축구협회 직원들은 물론 선수단 전원이 크로아티아에 정운 선수만큼 뛰어난 측면 수비수가 없다며 협회 차원에서 귀화를 실제 추진했다고 알려주었다.

크로아티아의 대표적인 축구선수의 지위를 넘어 크로아티아 근대사 한 페이지를 장식한 즈보니미르 보반Zvonimir Boban의 유고 연방 경찰에 대한 발차기 사건[2]도 알 수 있었는데 참 신기하게도 이듬해 FIFA 클럽 월드컵 2016 파이널 파티에서 그 주인

즈보니미르 보반 당시 FIFA 부사무총장과 함께

---

2 유고슬라비아 연방국 시절 1990년 5월에 열렸던 디나모 자그레브(크로아티아)와 레드 스타 베오그라드(세르비아)의 라이벌 경기에서 벌어진 사건. 당시 크로아티아와 세르비아의 악화된 정세 속 전쟁을 방불케 하는 경기였는데, 양측 응원단 충돌이 발생하자 세르비아인이 다수였던 경찰들이 디나모 자그레브 응원단에게 폭력을 행사했고 보다 못한 즈보니미르 보반이 세르비아 측 경찰에게 이단옆차기를 시전하였다. 이 사건 이후 보반은 크로아티아 국민 영웅으로 불리기 시작했다.

공을 직접 만날 수 있었다. 나는 아직도 평생 잊을 수 없는 그때의 행복한 기억을 떠올리며 내가 만약 스포츠 덕후가 아니었다면 이런 영광스런 순간을 누릴 수 있었을까 생각해본다.

FIFA 경기운영조정관 파견기 ⋯ 그리고 잊지 못할 JFA의 환송회

FIFA 주관대회 첫 VAR 적용
심판진과 함께

2016년 12월 14일. 일본 오사카 파나소닉 스타디움Panasonic Stadium Suita에서의 잊지 못할 경험에 대해서도 이야기 해야겠다. 일본에서 열린 2016 FIFA 클럽 월드컵 4강 경기 종료 후 FIFA 파견직원들과 일본 LOCLocal Organaizing Committee의 최종 정리회의를 마치고 대회 관계자 전원 기념사진 촬영을 위해 경기장으로 나섰다. 당시 나는 FIFA 경기운영조정관 보조 Assistant General Coordinator로 일본에 파견되어 업무를 수행 중이었고 12월 14일은 FIFA 파견직으로 근무하는 마지막 날이었는데, 깜짝 놀랄 일이 벌어졌다.

2016년에 지어진 최신식 파나소닉 스타디움의 LED 라이트가 갑자기 꺼짐과 동시에 FIFA 주제가가 울려 퍼졌고 대형전광판에는 FIFA 경기운영조정관 팀 3명의 사진이 띄워졌다. FIFA 경기운영조정관 팀의 리더 'General Coordinator' 루이스 카스트로Luis Castro(당시 아르헨티나축구협회 국가대표지원팀장)와 그를 보필한 펠리페 레스트레포Felipe Restrepo(당시 FIFA Competition team)와 내 눈가에 눈물이 맺히기 시작했다. 전광판의 사진이 개인 사진들로 전환될 때 경기장을 두른

FIFA GC팀 환송회 때 덴츠 직원과   A보드에 내 사진과 이름이

LED A보드에는 전광판 사진 주인공의 이름과 함께 감사의 인사가
표출되었다.

　　일본축구협회 JFA와 덴츠(일본마케팅홍보대행사) 직원들이 주축
이 된 일본 LOC는 FIFA 주제가가 울려 퍼지는 내내 우리 FIFA 경
기운영조정관 팀에 박수갈채를 보냈고 그 순간 느낀 감동의 깊이는
말로 이루 표현할 수 없을 정도였다. 2010 남아공월드컵부터 FIFA
대표단으로 파견을 나갔던 루이스 카스트로는 수많은 나라에서
FIFA 주관대회를 운영했지만 이런 환송은 처음이라며 큰 감사의
인사를 전했다.

　　평생 잊지 못할 특별한 경험을 하며 일본의 스포츠 외교력이
왜 대단한 지를 다시 한 번 느꼈다. FIFA 대표단으로 파견되는 인
력들은 대부분 각국의 축구협회 또는 대륙축구연맹의 주요 보직을
맡고 있는 사람들인데, 그들에게 감동적인 이벤트를 선사함으로써
일본 체류 경험을 잊지 못하게 하고 나아가 일본을 우호적으로 생
각할 수밖에 없게 만든다는 점이 참 인상적이었다(사실 나도 2017년
한국에서 열린 FIFA U-20 월드컵에서 인천 담당 FIFA 대표단에 유사한 이벤

트를 준비했는데, 역시나 일본의 기획력을 따라가기엔 역부족이었다. 어설픈 연출이었지만 FIFA 대표단은 모두 마지막 이벤트를 해줘서 고맙다고 했으니, 이 정도로 만족하려고 한다).

맺으며

"You need to trust that the dots will somehow connect in your future." 스티브 잡스의 스탠포드 대학 연설문 중 이 문구를 접할 때면 내 스포츠 덕후 커리어가 떠오른다.

어릴 적 이란의 아지지를 보며 받은 영감이 알리레자 주심과의 인연을 더욱 공고하게 했고, AFC 아시아챔피언스리그 연락관 경험을 통해 FIFA 파견직으로도 제 몫을 해낼 수 있었다. FIFA 클럽월드컵 파견 당시 덕후의 순수한 호기심으로 참관한 VAR 훈련 일정에 동행한 FIFA 축구기술혁신위원장 요하네스 홀츠뮬러Johannes Holzmuller, 세바스찬 런지Sebastian Runge와의 짧은 인연을 통해 미국 굴지의 스포츠 그래픽 회사 카이론헤고ChyronHego의 신뢰를 얻은 것도 돌이켜보면 참 신기하다. 그 신뢰를 날개로 국내 프로스포츠 시장이 필요로 했던 스포츠 IT 기술들을 소개하고 도입시키며 2019년 카이론헤고 APAC 스포츠IT 장비 최대 매출을 올릴 수 있었기 때문이다.

스포츠를 대할 때면 동심을 잃지 않고 '오늘은 최선, 내일은 최고'라는 마음가짐으로 묵묵히 정진했다. 이렇게 스포츠 덕후로 하루하루 이뤄낸 작은 성취들이 차곡차곡 쌓이다 어느 순간 운과 때를 만나 더 높은 단계의 꿈도 현실화시킬 수 있었던 것 같다. 스포츠를 내 삶의 중요한 일부로 삼을 수 있어 참 행복했다. 비록 지금은 스포츠 관련 일을 하고 있지 않지만, 내가 사랑하는 스포츠 산업에서 일하며 미래 자식들에게도 자랑스럽게 말할 수 있는 인생의 유산과 아름다운 추억들을 만들 수 있었기 때문이다. 스포츠 산업에서 내가 만족할 만한 좋은 커리어를 이어온 것처럼 지금 새로운 산업 군에서도 내게 일어나는 모든 일들이 언젠가는 연결되어 향후 내가 새로운 일들을 만들어 가는 데 도움이 될 것이라 굳게 믿는다. 스포츠를 통해 매 순간에 충실하자라는 인생의 큰 교훈을 얻었다. 그걸로 만족한다. 다시 한 번 내가 스포츠 덕후였다는 사실에 큰 감사와 경의를 표한다.

· · · · · ·

김한결의 위닝 샷

① 스포츠를 사랑하는 사람 대하듯 대하라.

② 스포츠에서 페어플레이와 프로페셔널리즘을 배워라.

③ 진정성 있게 스포츠를 대하라, 그리고 즐겨라.

김영호_ 정보 보안 관련 업무 재직중

Email_younghokim1019@gmail.com
Instagram_@flykamit
Twitter_@flykamit

밴쿠버 동계올림픽을 보며 입덕하게 된 아이스하키

나는 대구에서 유년기부터 지금까지 삼성 라이온즈, 대구 오리온스, 대구FC의 흥망성쇠를 지켜보면서 같이 울고 웃으며 성장해 온 수많은 대구 프로스포츠 팬 중 한 사람이다. 그때까지만 해도 2010년 밴쿠버 동계올림픽이 나의 스포츠 덕후 인생에서 하나의 터닝 포인트가 될 줄은 꿈에도 알지 못했다.

당시 밴쿠버 동계올림픽을 떠올려보면, 북미 아이스하키 리그 NHLNational Hockey League 연고도시에서 열린 동계 올림픽이자 IIHFInternational Ice Hockey Federation 규격 링크가 아닌 NHL 규격의 링크를 사용한 올림픽이었다. 아이스하키 경기가 열린 하키 경기장1은 매 경기마다 만원을 이뤘다. 하지만 한국에서는 아이스하키보다 쇼트트랙, 스피드 스케이팅 등의 메달 유력 경기들만 편성되다 보니 아이스하키 경기는 심야 시간대에 주요장면만 짧게 나와서 시청이 힘들었다. 다행히 결승전은 생방송으로 볼 수 있었다. 캐나다 대 미

---

1 밴쿠버 캐넉스(Vancouver Canucks) 링크 로저스 아레나(Rogers Arena)

국이라는 전통의 라이벌 매치로 펼쳐진 남자 아이스하키 결승전은 아이스하키를 잘 모르는 나도 매 피리어드를 흥미진진하게 지켜보았던 경기였다. 그때 당시 나에게는 작은 퍽 하나를 두고 선수들이 펼치는 스케이팅과 바디체킹이 완전히 새로운 움직임이었고 TV로 보는데도 박진감이 그대로 전해져 왔다. 그러면서 나도 모르게 두 팀의 혈투를 집중하면서 보기 시작했다.

결승전 내내 양팀 선수들의 신경전과 경기장을 가득 채운 관중들의 열기도 상당했다. 캐나다 입장에서는 자국에서 열리는 올림픽의 마지막 경기를 승리로 장식하면서 아름답게 마무리 하고 싶었을 것이고 미국은 라이벌 팀의 안방에서 열리는 결승전에서 제대로 응수해주고 금메달을 차지하고 싶었을 것이다. 경기 내용은 극적이었다. 2:1로 앞선 캐나다의 금메달로 끝날 것 같던 경기가 3피리어드 종료 25초 전 미국의 극적인 동점골로 연장에 들어갔다. 하지만 연장전에서 캐나다의 슈퍼스타인 시드니 크로스비Sidney Crosby의 역전골과 함께 캐나다의 우승으로 경기가 종료되었다. 아마 이 날 밴쿠버를 비롯한 캐나다 전역에서는 우리가 2002 월드컵 4강 때와 비슷한, 또는 그것을 넘어서는 환희와 감동이 물결치지 않았을까 싶다. 그리고 태평양 건너 대한민국 대구에 사는 한 청년은 이 경기를 보면서 축구나 야구가 아닌, 아이스하키라는 종목에 푹 빠지게 되었다. 그렇게 NHL 영상들과 기사 그리고 한국에서 열리는 경기들과 아시아리그 중계 등을 보면서 아이스하키에 대한 사랑을 키웠다. 그렇지만 직관이 우선이었던 나에게는 아이스하키 하나를 위해서 대구와 서울을 오갈 수 있는 현실적인 비용 등의 문제가 크게 다가왔다. 잠시 직관의 꿈을 잠시 접어두고 인터넷으로나마 덕질을 시작하게 되었다.

　이후 학교를 졸업하고 취업을 한 뒤 경제적인 여유가 생겼고 안양에서 열린 아시아리그 아이스하키 경기를 직관하러 가게 되었다. 내 첫 직관 경기는 2017년 12월 안양실내빙상장에서 열렸던 안양한라 대 하이원의 아시아리그 경기였다. 국내에서 열리는 아이스하키 경기들의 99%가 서울과 수도권에서 열리기 때문에, 취업을 하고 경제적인 여유가 생기자마자 내가 응원하는 팀의 경기를 보러 가고 싶은 마음에 바로 예매를 했다. 당시 두 달 뒤로 예정되어 있던 평창 동계 올림픽을 앞두고 안양 한라 선수들 대부분이 국가대표팀으로 차출되어 후보 선수들과 외국인 선수 위주로 게임을 뛰었기 때문에 경기는 패배로 끝났지만 이미 나에게는 결과와 상관없이 화면으로만 접하던 아이스하키를 바로 눈앞에서 볼 수 있었다는 것 자체가 대성공이었다. 스틱이 퍽을 때리는 파열음, 선수들의 바디체크, 순식간에 펼쳐지는 라인 교체, 그리고 긴박하게 흘러가는 게임 스피드까지 막상 실제로 직관하면서 본 스포츠 중 가장 빠르고 재미있었으며 동시에 세부적인 디테일까지 살아 있는 스포츠였다. 이후 올림픽이 두 달 뒤로 다가오면서 덕후로서 올림픽을 준비하기 위한 계획에 착수했다.

첫 직관 경기였던 안양한라 대 하이원 경기 장면

그리고 마침내 찾아온 평창 동계올림픽

국내 아이스하키 마니아들 사이에서는 평창 동계올림픽은 인터넷 스트리밍으로만 볼 수 있었던 탑 클래스 선수들의 경기를 직접 볼 수 있는 큰 기회였다.

당시 평창 동계올림픽 개최를 두고 부정적인 여론과 함께 아이스하키 종목의 대한민국 남, 여 대표팀의 자동출전을 두고서도 여러 말들이 나온 것으로 기억한다. 개최 발표 당시 디비전 2B와 2A를 오가던 남자 대표팀과 이제 막 대표팀이 꾸려지는 수준이었던 여자 대표팀을 보고 국내 아이스하키 팬들은 기대보다는 걱정이 많았다. 하지만 대한 아이스하키협회 정몽원 회장의 꾸준한 투자와 NHL 스탠리컵을 들었던 백지선 감독, 박용수 코치 등의 합류로 국가대표팀 경기력은 크게 향상되었다. 그리고 올림픽 바로 전 열렸던 세계선수권대회에서도 탑 디비전에 승격하는 등 국제대회와 여러 친선대회를 거치면서 성장하는 모습을 보인 것도 사실이다.

대한민국 대 체코의 남자아이스하키 A조 조별리그 1차전 경기는 대한민국 남자 대표팀의 첫 올림픽 데뷔전이었다. 온더스포츠의 PD님과 함께 경기를 지켜보며 올림픽 중계 과정과 관련된 이야기를 나눌 수 있었다.

경기 전 선수들이 당당하게 입장하는 모습에서 올림픽 첫 출전을 위해서 흘린 땀과 노력이 헛되지 않게 하겠다는 각오가 관중석까지 느껴졌다. 상대팀 체코는 패트릭 마르티넥 안양 한라 감독의 모국이자 1998 나가노 동계올림픽 금메달을 따는 등 아이스하키 전통의 강호였는데 그래도 NHL리거가 없는 상태에서 붙었을 때

2018년 평창 동계올림픽 대한민국 대 체코 페이스오프 장면

어떤 결과가 나올지 궁금했던 경기였다.

페이스오프를 하자마자 체코를 압박하는 모습에 뭔가 일을 내
겠구나 싶었고 실제 경기도 좋은 흐름으로 가고 있는 상황에서 1피
리어드, 브락 라던스키(안양 한라)의 패스를 받은 조민호(안양 한라)
선수의 골이 터지면서 남자 아이스하키 대표팀의 올림픽 본선 첫
골이 기록됐다. 그와 동시에 나는 남자, 여자 대표팀의 올림픽 본선
첫 골을 모두 직관한 행운의 아이스하키 팬이 되었다. 지금 안양
한라 유니폼도 조민호 선수 등번호가 새겨진 것으로 가지고 있는데
당시에는 정말 이루 말할 수 없는 감동이었다. 그 뒤로도 맷 달튼
(안양 한라) 골리의 엄청난 세이브와 수비수들의 노력으로 힘겹게 체
코의 공격을 막아냈지만 1피리어드 내내 동점골과 역전골을 같이

내주면서 1:2로 끌려가기 시작했다. 경기 종료까지 한국에게 몇 번의 찬스가 있었지만 그때마다 체코 골리의 세이브와 체코 수비수들의 수비에 막히면서 골로 연결되진 못했다. 선제골 실점 이후 흔들릴 뻔한 위기가 있었지만 빠르게 재정비를 하고 곧바로 동점골과 역전골을 넣는 걸 보면 역시나 전통의 강호라는 생각이 들었던 경기였다. 반면 대한민국 대표팀은 이전 세 번의 평가전에서 보여줬던 경기력에서 최대치의 경기력을 보여주었다. 올림픽 본선 첫 경기라는 점을 감안해도 좋은 경기였고, 조민호 선수의 본선 첫 골이 아주 인상적인 모습으로 기억에 남는다. 팬들의 우려를 불식시킨 멋진 경기를 보여줘서 팬의 입장에서 너무 고마웠고 선물 같았던 경기였다.

아이스하키 입덕을 앞둔 예비 덕후를 위한 조언
– 퍽을 쫓기보다는 선수를 주목하자

아이스하키를 처음 본 사람들이 가장 먼저 하는 이야기가 "퍽이 작고 빨라서 어디다 눈을 둬야 할지 모르겠다"라는 것이다. 나도 처음에는 퍽만 쫓아다니다 경기에는 집중하지 못하는 상황이 많았다. 예비 입문자들에게 퍽보다는 선수를 한 명 찍어서 보라고 권하고 싶다. 아이스하키라는 종목이 5명이 하는 스포츠이고 스케이팅을 하면서 퍽을 쫓고 때로는 상대 선수에게 바디체크를 하는 스포츠다 보니, 퍽보다는 선수의 움직임을 살피는 게 더 재미있기 때문이다. 나 같은 경우 링크에 있는 선수 중 수비수를 많이 보는 편인데, 공수 전환될 때의 백 스케이팅을 보는 재미가 있기 때문이다.

실제 수비수에게 중요한 능력 중 하나이고 뒤에서 상대 선수 체크를 해주면서 압박이 들어가야 하기 때문에 이런 움직임을 보는 것도 아이스하키를 즐기는 하나의 방법이 될 수 있다.

사전에 그 팀에 대한 공부를 미리 하고 경기를 보는 것도 재미를 배가시킬 수 있다. 예를 들어 안양 한라 경기를 보러 간다고 했을 때, 그 팀에서 가장 많은 골을 넣은 선수가 누구인지 찾아보고 그 선수 움직임을 중심으로 경기를 보는 것도 하나의 방법이 될 수 있다.

아이스하키의 꽃, 골리

아이스하키에서 골리라는 포지션은 고독하고 외로운 자리이기도 하지만 매우 중요한 특수 포지션이다. 축구에서 골키퍼를 생각하면 쉬울 것이다. 축구의 골키퍼보다 아이스하키 골리의 중요성은 상대적으로 더 크다고 할 수 있는데, 팀 전력의 60%을 차지한다고 봐도 과언이 아니다. 골리는 아이스 플레이어보다 보호 장구가 많이 필요한 포지션이다. 아무래도 빨리 날아오는 퍽을 막기 위해서는 그만큼의 보호 장구가 더 필요하기 때문이다. 그리고 한 명 밖에 출전하지 못하고 퍼스트 골리가 부상이나 특별한 이유가 없는 한 계속 출전하기 때문에 주전 경쟁이 그만큼 더 치열하다고 볼 수 있다. 골리의 가장 큰 매력은 슈팅을 막아내는 데서 오는 희열이다. 아무리 빠르고 막기 어려운 곳으로 슈팅을 해도 가볍게 스틱을 들어 막거나 글러브 안으로 캐치를 해서 잡아내는 쾌감은 해보지 않고서는 모를 것이다. 물론 골을 넣을 때의 쾌감도 크지만 상대방의 슈팅을 막아낼 때의 그 짜릿함도 그에 못지않다.

만약 직관 때 선수들의 움직임을 못 따라가겠다 싶으면 내가 응원하는 팀의 골리를 집중적으로 보는 것도 좋은 방법이다. 골리 포지션 특성상 우리 팀이 실점하지 않게 막아내는 게 먼저이기 때문에 최후의 보루라고 생각하면서 응원한다면 골리의 플레이에 희비가 교차될 것이다.

아시아리그의 지역 연고 팀을 알아보자

아시아리그에 한국팀은 안양 한라와 대명 킬러웨일즈가 참여하고 있지만 2021년 대명 킬러웨일즈의 해체로 안양 한라만이 유일하게 아시아리그에 참가하고 있다. 하이원은 평창 동계 올림픽 이후 재정상의 문제로 아시아리그에 참여는 하고 있지 않지만 국내 대회(유한철배, 전국체전 등)에는 참여하고 있다.

또한 일본 홋카이도 라이벌을 빼놓을 수 없다. 오지 이글스와 이스트 홋카이도 크래인스인데 두 팀 모두 오래된 역사를 가지고 있고(이글스는 1925년 창단, 크래인스는 1949년 창단) 두 팀 모두 홋카이도라는 일본 동계 스포츠의 성지를 연고로 하는 팀들이라 더 많은 관심을 받고 있다. 두 팀 모두 아시아리그에서 전통의 강호로 평가받고 있고 일본 아이스하키 대표팀에서 활약하고 있는 선수들이 많이 있는 팀이라 수준도 높은 편이다. 다만 크래인스의 모기업이었던 일본제지의 경영 악화로 인해서 운영을 포기하면서 해체 위기를 겪었지만 연고지 구시로 시의 시민들과 지자체가 존속을 원하면서 시민구단 체제로 바뀌게 되었다. 그래서 이 두 팀이 한국 원정을 오거나 두 팀 간의 맞대결을 보는 것도 하나의 재미가 될 수 있다.

아이스하키로 심심하지 않은 겨울

봄부터 가을까지 열리는 삼성 라이온즈와 대구FC의 리그 일정
이 종료되면, 대구는 프로 스포츠 팬 기준으로 겨울이 심심한 도시
가 된다.[2] 그럴 때 아이스하키는 춥고 건조한 겨울을 좀 더 알차게
보낼 수 있는 스포츠라고 생각한다. 하나 아쉬운 건 아이스하키라
는 운동을 배우고 싶지만 현실적인 이유로 인해 배우기 쉽지 않은
운동이라 많이 안타깝다. 하지만 아이스하키 경기가 열릴 때마다
찾아가서 직관 하는 것만으로도 일상에 쌓인 스트레스가 풀리고 내
가 응원하는 팀이 승리 하는 걸 본다면 그 기쁨은 두 배가 될 것이
다. 한국 아이스하키는 평창 동계올림픽을 계기로 개최 시점까지 발
전 해왔지만 올림픽 이후에도 그 발전이 계속 될지는 아무도 모른
다. 무엇보다 평창 동계올림픽을 기점으로 한국에 있는 스포츠팬들
이 아이스하키라는 종목을 알게 되고 아시아리그가 열리는 안양, 서
울 등의 링크장을 찾을 때 그 분들을 반하게 만들 경기력과 스토리
를 보여줘야 한다. 그래야 지금보다 많은 팬들이 자주 홈 링크장을
찾고 경기 일정을 체크하면서 기다리지 않을까 하는 생각이다. 매니
아들만 보는 종목이 된다면 그 종목의 앞날은 어두울 수밖에 없다.
그리고 지금 있는 인프라도 지키지 못 할 가능성이 매우 높다.

한국에서 아이스하키라는 종목은 현재 마이너 중에 마이너한

---

2 2021-22시즌부터 대구 한국가스공사 페가수스팀이 프로농구에 참여하면서 겨울 공백
   을 덜어주었다.

종목이지만 한 번 빠져들게 되면 빠져나올 수 없는 매력을 가진 스포츠다. 물론 지금도 대한아이스하키협회를 포함한 여러 곳에서 아이스하키에 대한 홍보와 함께, 대회가 개최될 때마다 인터넷으로도 중계를 볼 수 있게 만들어 주지만 지금보다 더 많은 홍보와 지원을 해야 한다고 생각한다. 그리고 아시아리그에 참여하고 있는 안양 한라와 대명 킬러웨일즈도 연고지 정착을 위한 활동이 많이 필요하다. 그나마 안양 한라의 경우 아시아리그 출범 이후 연고지가 바뀌지 않은 팀이라 '우리 지역의 팀'이라는 인식이 박혀 있지만 신생팀에 속하는 대명 킬러웨일즈는 매번 연고지를 옮겨 다녀서 연고지 정착에 많은 어려움을 겪고 있다. 특별한 상황이 아니라면 연고지 변경 없이 한 지역에 계속 정착하면서 지역 주민들을 링크장에 찾게 만드는 게 매우 중요하다고 생각한다. 링크장에서 경기하는 선수들은 단 한 명의 팬들을 위해서라도 프로다운 경기를 보여 주는 것이 중요하다. 경기승패와 관계 없이 마지막까지 최선을 다해서 뛰는 선수들의 모습에 팬들은 다음 경기에 다시 경기장을 찾을 것이다.

마지막으로 아이스하키에 대한 이야기를 조금이나마 여기에서 할 수 있게 되어서 감사드린다. 한 분이라도 아이스하키를 알게 되고 관심을 가져주신다면 지금보다 더 나은 미래를 기약할 수 있을 것이다. 혹여 링크장에서 저를 만나신다면 따뜻한 커피 한잔이라도 대접 해드릴 테니 링크장을 많이 찾아주시고 아이스하키에 대한 관심 계속 가져주시길 부탁드린다.

• • • • • •

김영호의 페이스오프

① 아시아리그 시즌 정규시즌 안양 한라-사할린 경기 관전 강추! 국내 미국/캐나다 팬들과 러시아 팬들의 신경전 보는 재미가 있다.

② NHL 경기도 수준 높고 재밌지만 우리 가까이 열리는 아이스하키 경기도 그만한 재미가 있다.

③ 한국에서 아이스하키가 좀 더 가깝고 쉽게 접할 수 있는 종목이 되길…

스포츠홀릭 라이프

스포츠 덕후의 LA 스포츠 생활기

허준_ 외국계 기업 홍보 및 마케팅 관련 업무 재직 중
    Email_82jhur@gmail.com
    Instagram_@thedelugeangel

허약했던 소년, 스포츠에 '입덕' 하다

나는 건강하게 태어난 아이는 아니었다. 호흡기 질환을 달고
살았으며 건장한 체격도 아니었다. 부모님 걱정 덕분에 일반적인
유치원이 아닌, YMCA에서 운영하는 아기 스포츠 단에 다녔고 어
린 나이에도 각종 체육활동과 가까워질 수 있었다. 초등학교에 입
학하면서, 그 나이 때 남자 아이들이 그러하듯 공 하나만 던져주면
미친 듯이 뛰어다니는 시절을 보냈다. 그리고 국내에도 미국 프로
농구NBA가 소개되면서 미국 농구와 마이클 조던Michael Jordan vs 찰스
바클리Charles Barkley의 세계에도 빠져들었다.

1996년 스포츠 에이전트의 세계를 소개한 톰 크루즈 주연의
<제리 맥과이어Jerry Maguire>라는 영화가 개봉했다. 영화의 내용을
떠나서 에이전트의 세계는 충격이었다. 비록 여러 가지 현실적 문
제로 완전히 스포츠 세계로 들어가지는 못했지만 각계각층에 있는
스포츠 덕후들과의 만남 및 지식 공유, 그리고 이런 집필 활동은
아직도 내가 발 하나 정도는 담고 있다고 말할 수 있지 않을까 하
는 기쁨을 느끼게 한다.

신비스런 미국 스포츠 세계 속으로

조던이 야구 외도를 끝내고 돌아와 다시 우승 트로피를 들어올렸던 1996년 우리 집은 경제적인 이유로 반 지하로 이사했다. 아이러니하게도 스포츠팬으로서 눈을 뜬 것은 이때였다.

지금은 어느 가정이나 인터넷과 TV를 한꺼번에 이용하기도 하고 방송 엔터테인먼트 사업이 성장하면서 지역 유선방송 서비스를 가입하는 것이 너무나 당연하지만 1990년대 중반만 해도 아직 집에 안테나 전파를 잡을 수 없는 지역에서 TV 시청을 위해 선택적으로 가입하는 서비스였다. 우리 집도 지역 유선방송에 가입했다. 그리고 신세계가 열렸다. 홍콩의 위성 방송사인 STAR TV와 주한미군용 방송인 AFKN 등을 통해 그동안 접할 수 없었던 수많은 스포츠 경기를 시청했다. NBA 농구 경기를 비롯해, WWF(현 WWE)의 프로레슬링 경기가 방송됐고 규칙도 모르는 크리켓, 모터바이크 경주, 데이토나 레이싱 등이 24시간 밤낮을 가리지 않고 전파를 탔다. 채널을 돌려 국내 방송사를 틀면 당시 최고의 활약을 펼치기 시작한 메이저리그 야구MLB 박찬호(전 LA다저스)의 선발 등판 경기를 볼수 있었다. 그리고 2001년 나는 미국행 비행기에 오르며 처음으로 TV에서만 보던 그 세계를 접할 기회를 얻었다.

롱비치와 NBA 서머 리그

아버지는 젊어서부터 해외에 뜻을 둔 분이었다. 덕분에 나는 무척이나 이르게 미국 서부, 캘리포니아 주 LA행 비행기에 탑승할 수 있었다. 현지에서 미리 자리를 잡았던 친척들의 도움으로 2001년 여름 캘리포니아 주립대 롱비치 캠퍼스(Calfornia State University Long Beach, 이하 롱비치 대학교)에 개설된 미국 언어 협회American Language Institute 산하 영어 학습 과정에 등록했다. 문제는 내가 너무 어리고 준비가 되어있지 않았다는 것이었다. 만 18세. 자동차 운전 면허도 없고 차도 없고 영어도 못했다. 그리고 한국에 비해 롱비치의 치안은 아무것도 모르는 동양인이 함부로 돌아다닐 수 있을 정도로 좋다고는 말할 수 없었다. 덕분에 친척들이 일을 마치고 나를 픽업해 줄 때까지 나는 캠퍼스 내부를 전전해야 했다.

그래도 롱비치 대학교는 아름답고 큰 캠퍼스를 갖고 있었다. 캠퍼스 입구에는 거대한 푸른색의 피라미드형 건물이 있었는데, 그게 당시 '더 롱비치 피라미드'[1]로 불리던 롱비치 대학의 체육관임은 나중에 알았다. 하루는 피라미드 주변에서 시간을

캘리포니아 주립대학 롱비치 캠퍼스의 '더 피라미드'

보내고 있었는데 문득 '바스켓볼 서머 리그Basketball Summer League'라고 적힌 큰 현수막이 눈에 띄었다. 나는 요즘 말로 '농구 덕후' 즉, 농구에 푹 빠져 지내던 '농덕'이었다. 농덕으로서 호기심이 생겼다. 티켓을 사서 입장하니 리그에 참가하는 팀들과 선수명단Roster이 적힌

---

1 2005년 210만 달러를 기부한 마이크·얼라인 월터 부부의 이름을 따서 월터 피라미드로 개명

책자를 하나 주었다. 책자에는 생전 처음 보는 팀들이 적혀 있었다. 무심하게 책장을 넘기다 마지막 페이지가 되었을 때 댈러스 매버릭스 Dallas Mavericks, 포틀랜드 트레일블레이저스Portland Trailblazers 같은 익숙한 NBA 팀들의 이름을 발견했다. 이게 뭐지 싶어 앞의 팀들과 선수들의 명단도 다시 보니, TV에서만 보던 NBA 선수들의 이름이 적혀있었다. 나중에서야 알게 됐지만 신인급의 젊은 선수들과 부상 후 복귀를 노리는 선수들, 혹은 NBA에 가지는 못했지만 NBA 스카우터들의 눈에 띄고 싶은 젊은 선수들이 모이는 무대가 이 '서머 리그'였다. 지금은 미국 서부에서 라스베이거스 서머 리그가 주된 무대지만 당시만 해도 롱비치 리그는 미 서부에서 알아주는 리그였다. 슈퍼스타들은 잘 참가하지 않았지만 스타 선수임에도 아직 신인급이면 서머 리그에 참가하는 경향이 있었다. 당시에는 대리우스 마일스(Darius Miles, 당시 LA 클리퍼스) 같은 선수도 뛰었지만 서머 리그를 지배했던 선수는 캘리포니아 주립대 LA 캠퍼스University of California, Los Angeles, UCLA 출신의 배런 데이비스(Baron Davis, 당시 샬럿 호네츠)였다. 191cm의 상대적으로 작은 키였지만 100kg대의 체중을 바탕으로 파워 넘치는 플레이를 했던 선수였다. 데이비스는 농구의 정석을 보여주는 가드였다. 상대가 붙으면 힘으로 상대를 밀어내고 돌파를 했으며 상대가 떨어지면 장거리 슈팅으로 득점을 올렸다. 잠깐 뛰었을 뿐인데도 데이비스의 기록은 이미 30득점, 10어시스트를 넘어가 있었다. 데이비스의 플레이에 완전히 홀렸던 나는 이후로도 피라미드에서 농구를 보면서 친척들의 픽업을 기다렸다. 하지만 여름은 너무 빨리 지나갔고 미국 생활에 적응하기 어려워했던 어린 나는 다시 한국으로 돌아가기로 결정했다. 한국으로 돌아간

후 시작된 2001－02 시즌, 배런 데이비스는 당당히 올스타에 선정되며 최고의 기량을 뽐냈다. 한국산 농덕과 NBA 농구의 첫 만남은 그렇게 끝났다.

농구의 본고장에서 농구 교양수업 수강

한국으로 돌아온 지 수 년이 지나 나는 다시 미국 땅을 밟게 됐다. 미국 대학수학능력시험SAT을 치르지 않은 외국인 학생들은 각 지역의 커뮤니티 칼리지에서 교양 및 전공 기초 학점을 쌓는 것으로 미국 유학생활을 시작한다. 나도 그 중 하나였다. 커뮤니티 칼리지는 한국으로 따지면 2~3년제 전문대학과 비슷하지만 학위 취득 자체보다는 업무에 필요한 기술을 습득하거나 다른 교육기관으로 편입을 노린다는 점에서 그 성격이 조금 다르다.

등교를 시작한 곳은 세리토스 칼리지Cerritos College였다. 농덕인지라 미국 대학의 농구는 한 번 경험해보고 싶었고 금요일 오전에 열리는 농구 수업에 바로 수강을 신청했다.

코치님은 학교의 여자농구팀을 감독하시는 감독님이자 농구 장학생으로 4년제 대학을 마친 흑인 코치님이셨다. 수업 첫 날 코치님은 약 20여 명의 학생들을 모아놓고 이렇게 말씀하셨다. "내가 여기서 수 년 간 감독을 하면서 교양 수업에서 단 한 명도 프로선수가 될 재목을 본 적이 없다. 그러므로 절대 나한테 와서 이 정도면 프로에 갈 수 있냐는 말을 하지 마라." 맞는 말이다. 미국은 대학들이 그룹별로 나뉘어 리그를 펼치는데 최상위 리그인 디비전 1만 해도 350개 대학이 있고 팀별로 정규 선수단 12명씩만 계산해도

4,000명이 넘는다. 근데 디비전 1도 아니고 4년제 대학 리그도 아닌, 커뮤니티 칼리지에서, 그것도 정규 선수단도 아닌 교양 농구 수업에서 프로선수가 나온다는 것은 현실성 없는 이야기이다.

하지만 그 정도도 미국 농구의 위력을 경험하기엔 충분했다. 키가 190cm 정도였던 흑인 친구의 속공 마무리는 항상 원핸드 혹은 투핸드 덩크였다. 스테픈 커리(Stephen Curry, 골든스테이트 워리어스)를 닮았던 한 친구는 키가 180cm 정도인데도 3점 라인 한두 발짝 뒤에서 외곽슛을 펑펑 꽂았다.

우리 학교만 그랬는지는 몰라도 농구 수업은 그냥 공이나 던져주고 게임이나 하는 교양 농구는 아니었다. 난이도는 낮지만 수업 시작과 함께 워밍업, 스트레치, 드리블, 슈팅을 모두 체계적으로 진행했다. 교류전 아닌 교류전도 있었다. 일본의 한 대학에서 학교 탐방을 왔는데 그 중 일부가 수업을 같이 듣게 됐다. 이날 수업 전반은 같이 훈련을 진행하고 후반은 친선 게임으로 마무리했다. 잘난 척은 아니지만 수업 수강 인원 중에 내 기량이 그렇게까지 떨어지는 편은 아니었다. 그래서 한번 뛰어보고 싶었는데 코치님은 끝끝내 나를 기용해주지 않았다. 서운했지만 사실 미국이었기에 그때 내가 뛰고 싶었다면 정식으로 코치에게 "한 번 뛰어보고 싶습니다"라고 당당하게, 하지만 무례하지 않게 내 의견을 전달했어야 했다. 하지만 그러지를 못했다. 이때의 경험은 미국 사회를 좀 더 깊게 이해하는 데 도움이 되었다.

UCLA와 대학 스포츠의 세계

농구 수업은 서운하게 마무리되었지만, 나는 UCLA에 합격했다. UCLA는 미국의 명문 대학 중 하나다. UCLA가 명문 대학이 된 데에는 뛰어난 졸업생들과 교수님들의 연구 실적도 있지만 남다른 스포츠 인프라를 바탕으로 미국 스포츠계에 남긴 굵직한 족적 때문이기도 하다. UCLA 출신의 유명 선수를 꼽으라면 밤을 새도 모자라지만 먼저 인종 차별을 이겨낸 불세출의 야구 영웅 재키 로빈슨Jackie Robinson이 있다. 이 밖에도 미국 프로 미식축구리그NFL의 스타 쿼터백이었던 트로이 에이크먼Troy Aikman과 메이저리그 베이스볼MLB에서 투수 최초 3억 달러 계약을 따낸 게릿 콜Gerrit Cole, 뉴욕 양키스이 모두 UCLA 출신이다. 또 UCLA 출신의 체육인들은 지금까지 올림픽에서 도쿄 올림픽 이후 도합 136개의 금메달, 71개의 은메달, 63개의 동메달을 합작해냈다.

UCLA 대학의 상징 파웰 도서관Powell Library과 UCLA 스토어

그러나 UCLA를 무엇보다 빛나게 하는 종목은 농구다. 11회의 우승기록은 전미 최다이며 7년 연속 우승 기록은 아마 앞으로 깨기

힘든 기록으로 평가받는다. 스타 선수들도 다수 배출해서 NBA 역대 최다 득점자인 카림 압둘-자바Kareem Abdul-Jabbar를 비롯, 슈터로 명성이 높은 레지 밀러Reggie Miller도 UCLA 출신이다. 최근엔 러셀 웨스트브룩Russell Westbrook, 케빈 러브Kevin Love, 잭 라빈Zach LaVine 등이 학교의 명예를 높이고 있다.

농덕이 기본인 스포츠 덕후로서, '건방지게도' 다른 학교 입학은 생각도 안 했다. 보통 학생들이 입학 원서를 낼 때 보험 차원에서 여러 개의 학교를 동시 지원한다. 특히 UCLA를 지원하는 학생들의 경우, UC버클리도 동시에 지원하는 것이 일반적이다. 근데 나는 "농구 못하는 학교는 안 간다"며 UCLA만 지원했다. 지금 생각해보면 합격했으니 다행이지, 불효를 저지를 뻔 했다.

홈 구장 '폴리 퍼빌리온Pauley Pavillion'은 학교 내에서도 유명한 건물이다. 워낙 농구 명문인 UCLA의 경기를 찾는 사람이 많다 보니, 학교에서는 학생들에게도 시즌 티켓 판매 제도를 운영하고 있다. 재학 시절을 기준으로, 농구팀은 한 시즌에 약 30~40경기 사이를 치르게 된다. 한화로 약 40만원을 지불하면, 모든 홈경기를 관람할 수 있는 풀 시즌 티켓을 구매할 수 있었다. 그러나 가격이 무게가 있는 만큼, 한화 약 20만원대에 구매할 수 있는 하프 시즌 티켓도 있었다. 농구팀은 한 시즌 중 같은 그룹(컨퍼런스) 내 팀들과 경기를 치르는 컨퍼런스 경기와 타 그룹에 속한 팀들과 경기를 치르는 논-컨퍼런스Non-conference 경기를 병행하는데, 하프-시즌 티켓은 옵션에 따라 같은 컨퍼런스 내 대학들과 경기를 우선시하는 티켓 혹은 논-컨퍼런스 경기를 우선시하는 티켓으로 나뉘었다. 논-컨퍼런스 티켓의 경우, 다른 농구 명문인 켄터키 대학이나 캔사스 대학

등과의 경기가 들어가 있어, 원정까지 쫓아다니는 광팬들에게 좀 더 인기가 높은 티켓이었다. 나는 같은 컨퍼런스 내 대학 경기를 우선시 하는 하프-시즌 티켓을 구매했다. 덕분에 같은 컨퍼런스 내 워싱턴 주립 대학Washington State University에 재학 중이던 클레이 톰슨Klay Thompson(현 골든 스테이트 워리어스)을 많이 봤고 그가 우리 학교를 상대로 무차별 득점 행진을 벌이는 모습도 지켜봐야 했다. 톰슨 외에는 애리조나 주립대학Arizona State University 출신의 제임스 하든(현 브룩클린 네츠)이 기억에 남는다. 뭔가 빠르거나 화려하지 않은 선수였는데 특유의 득점력을 바탕으로 여러 차례 우리 학교 팀을 궁지에 몰아넣었다. 한 번은, 애리조나 주립 대학과 후반전 종료를 얼마 남기지 않고 넉넉하게 이기고 있어서 시험공부를 위해 조금 일찍 경기장을 떠났는데 다음날 신문을 보니 그 사이에 역전패를 당해서 황당했던 기억이 있다.

재학생들은 학교 팀을 열렬히 응원한다. 이건 미국의 어느 대학이나 마찬가지지만, 라이벌전 때 티켓을 구하거나 흔히 말하는 좋은 자리에서 '직관'을 하는 것은 하늘의 별 따기에 가깝다. 나도 덕후지만 전날부터 체육관 앞에서 텐트치고 노숙하며 자리를 노리는 학생들을 이길 자신은 없었다. 추가로 UCLA의 경우, 같은 LA 지역의 사립대학인 남가주 대학USC과 라이벌 관계가 형성되어 있는데 양교 학생들 간의 자존심 싸움으로 두 학교는 한바탕 홍역을 겪는다. 우리 학교의 마스코트는 '브루인Bruin'이라고 부르는 곰인데 몰래 잠입한 USC 학생들이 곰 동상에 본인들의 학교 색인 붉은 색 페인트를 뒤덮어 난리가 난 적이 있다. 반면 USC의 마스코트는 '트로이의 전사Trojans'인데 몰래 잠입한 UCLA 학생들이 트로이의 전사

동상의 목을 날려버렸다고 하니 양교 학생들의 유난스러움을 잘 알수 있다.

응원전 역시 치열하다. UCLA의 대표적 응원구호는 종목을 가리지 않고 '8-clap'이라 부르는 통합 구호다. 빠르게 박수를 치면서 "U! C! L! A! UCLA! Fight! Fight! Fight!"이라고 외치는데 구호를 외치는 동안 도합 8번의 박수를 친다고 해서 8-clap(박수) 이다. 이게 라이벌 관계인 USC를 만나면 3번의 Fight가 'F*** SC'의 욕설로 바뀐다.

UCLA의 학생 레크레이션 센터인 존 우든 센터

농구의 흔적은 그뿐만이 아니다. 학교 안에는 11회의 우승 중 10번을 안긴 불세출의 명장 존 우든(John Wooden, 2010년 작고)의 이름을 딴 대형 체육관이 있다. 일명 '존 우든 센터John Wooden Recreation Center'라 불리는 이곳은, 학생이라면 누구나 출입 가능하며 대형 웨이트 트레이닝 장과 실내 암벽등반장, 농구와 배구, 배드민턴 코트 등이 준비되어 있다. 여기서는 '교내 리그Intramural League'가 열리는데, 꼭 농구가 아니더라도 다양한 종목을 학교 내 마음 맞는 친구들과 팀을 꾸려 경쟁할 수 있다. 특히 농구 같이 개인 간 격차가 승패를 크게 좌우하는 종목의 경우, 리그 난이도를 선택할 수 있다. 내가 재학 중이던 시절, 나는 한국인 친구 3명 및 다른 인종 친구 4명과 함께 교내 B리그를 출전한 적이 있다. 서로 출신 국가는 달랐지만,

우리는 합이 맞는 팀이었고, 덕분에 4강에 진출할 수 있었다. 그러나 진짜 치열한 승부는 A리그에서 열린다. A리그 경기는 정말 프로 못지않게 치열하고, A리그 경기가 열리는 날에는 그냥 구경 온 학생들만도 수 십 명에 달했다. 그리고 선수 수급을 위해, A리그 선수들이 B리그를 보고 있다가 스카우트 제의를 건네기도 한다. 나는 마치 영화 <바람(2009)>에 나오는 주인공 짱구처럼, 누가 날 불러주길 바랐지만 안 왔다, 나 한텐.

코비 브라이언트와 LA 레이커스

LA에서 농구로 유명한 것은 UCLA뿐만은 아니다. LA 지역 농구팀 LA 레이커스 역시 최고의 전통과 전력으로 유명하다. LA에는 레이커스와 클리퍼스, 두 개의 구단이 있는데, 클리퍼스가 경쟁력을 가지게 된 시점은 생각보다 짧다. 거기에 레이커스가 워낙 전통의 명문이다 보니, 클리퍼스가 좀 더 손해를 본 것 같다는 생각이다.

내가 있던 시절 LA 농구의 상징은 누가 뭐래도, 지금은 세상을 떠난 코비 브라이언트Kobe Bryant였다. 1996년 당시 흔하지 않았던 고졸 선수로서 레이커스에 합류한 이래 20시즌 동안 한 팀에서만 뛰다가 은퇴한 코비는 전에도 그런 선수를 찾기 힘들었고 앞으로도 그런 선수가 나올 수 있을까 정도로 특별한 선수이자 슈퍼스타였다.

LA의 더운 날씨 때문에, 거리를 다니다 보면 상의로 민소매 농구 유니폼만 착용한 경우를 많이 보게 된다. 이때 압도적으로 눈에 많이 띄는 유니폼이 바로 코비의 24번 혹은 8번 유니폼이다. 지난 2020년 1월, 불의의 헬기사고로 세상을 뜨기 전까지, 은퇴선수이면

홈구장 스테이플스 센터에서 경기를 준비 중인 LA 레이커스

서도 가장 많은 스포트라이트를 받았던 선수다. 난 코비를 몇 번 실제로 본 적이 있다. 잡지사를 통한 취재 기회가 몇 번 있었기 때문이다. 여담으로 실제 만났던 선수 중에 가장 젠틀맨이었던 선수는 파우 가솔Pau Gasol이었다. 가솔은 언론사나 팬들의 요청에도 언제나 싫은 기색 없이 프로페셔널 하게 사람들을 대했다. 그리고 가장 친근감 있었던 선수는 레안드로 바르보사Leandro Barbosa였다. 그는 사람 좋은 미소로 주변인들에게 친절히 인사할 줄 아는 사람이었다. 전투력과 승부욕이 가장 강했던 선수는 케빈 가넷Kevin Garnett이었다. 특히 경기에서 패배한 날에는 아무도 그에게 말을 걸 수 없었다.

코비는 무례하지도 않았지만 그렇다고 젠틀하지도 않았다. 그는 잘 빼 입은 정장 차림 아니면 팀 운동복 차림이었는데 짙은 선글라스와 반쯤 치켜든 턱에서 자신감, 나쁘게 말하면 오만함이 느껴졌다. 하루는 경기가 끝나고 인터뷰실에서 인터뷰가 진행되는데 매사에 관심 없다는 듯 정해진 답변만을 이어가는 코비를 보고 옆의 기자가 "도대체 저 친구는 뭐가 그렇게 불만이냐"며 한숨을 쉴 정도였다. 하지만 경기에 들어가면 누구보다 강하게 '내가 팀을 승리로 이끌겠다'는 열정을 그대로 보여주는 선수가 코비였다. 개인적인 호불호는 차치하고 농구 팬이라면 누구나 코비의 열정을 알고 있었다고 생각한다. 그래서 팬들은 그렇게 경기장에서 환호를 보냈고 그래서 그는 마지막까지 60득점을 해내며 팀을 승리로 이끌었다. 코비가 사망했다는 뉴스를 처음 접했을 때, 믿겨지지가 않

언론과 인터뷰 중인 故 코비 브라이언트

았다. 몇 번 보지 못했어도 승리를 향한 그의 열정과 자신의 직업(농구)에 있어서 그만큼 프로페셔널 한 사람도 드물었고 20년을 한 팀에서 버텨왔던 사람이 그렇게 한 순간 없어져 버렸다는 것이 믿기 힘들었다. 다시 한 번, 이 자리를 빌려 삼가 고인의 명복을 빈다.

　이야기를 잠시 돌려, LA 레이커스 이야기를 할 때면 홈구장 스테이플스Staples Center 센터를 이야기하지 않을 수 없다. 2001년 처음 미국에 왔을 때, 아무 일정도 없는 스테이플스 센터(현 크립토 닷컴 아레나)에, 단지 그곳이 LA 레이커스와 클리퍼스의 홈구장이라는 이유로 가봤던 적이 있다. 어떻게 보면 '미친 덕질'이었다.

초저녁 스테이플스 센터의 전경

스테이플스 센터는 그만큼 미국 스포츠 엔터테인먼트의 중심지다. 기본적으론 LA 지역 농구팀들- LA 레이커스와 클리퍼스, 그리고 미국 여자프로농구WNBA LA 스파크스LA Sparks의 홈구장이지만 NHL 아이스하키 팀 LA 킹즈LA Kings의 홈구장이기도 하다. 또 LA 지역에서 대형 복싱 매치나 WWE 레슬링 이벤트가 열릴 때 주로 경기장이 되는 곳이기도 하다. LA 다운타운 1111 사우스 피게로아 스트릿1111 S. Figueroa St.에 자리 잡은 이 스포츠 콤플렉스는, 또 위치가 LA의 주요 고속도로들이 만나는 분기점 근처에 위치하고 있어 LA시 브랜딩 영상이나 지역 뉴스 영상에 빠지지 않고 등장하기도 한다. 경기장 외곽에 '스타 플라자Star Plaza'로 명명된 곳을 지나면, LA를 빛낸 스포츠 스타들의 동상을 볼 수 있다. 아이스하키 전설 웨인 그레츠키Wayne Gretzky 동상을 비롯, LA 레이커스의 카림 압둘-자바, 매직 존슨Magic Johnson, 샤킬 오닐Shaquille O'Neal, 제리 웨스트Jerry West 등의 동상과 복싱의 오스카 델라 호야Oscar De La Hoya 동상이 있다. 내가 있을 땐 아직 샤킬 오닐의 동상이 없었고 2017년에 건립되었다. 아마 코비의 동상도 당연히 세워질 것이다.

박찬호와 류현진과 추신수, 그리고 LA 다저스

LA에서 레이커스와 동등 혹은 그 이상으로 사랑 받고 관심을 받는 팀이 있다면 메이저리그 야구팀 LA 다저스LA Dodgers일 것이다. 우리에게는 박찬호, 류현진 때문에 더욱 사랑 받은 팀이고 나도 박찬호 중계를 보던 어린 시절엔 무조건 다저스만 응원했었다.

LA에는 내셔널리그의 다저스와 아메리칸리그의 에인절스LA Angels, 두 개의 팀이 있는데 에인절스의 경우, 구단주 아르테 모레노Arte Moreno가 부모님이 멕시코 출신인 히스패닉인 관계로 LA와 캘리포니아 주

LA다저스의 홈구장 '다저스타디움'

에 다수 분포한 히스패닉 계통의 큰 지지를 받고 있다. 하지만 에인절스의 경우 홈구장이 LA시에서 차로 40분~1시간 정도 떨어진 애너하임Anaheim 시에 위치하고 있고, 또 팀 이름도 1997년부터 7년 동안 '애너하임 에인절스'였기 때문에 다저스 팬들은 LA 다저스야말로 LA를 대표한다고 많이들 생각한다.

다저스는 LA 한국인 교민사회에서도 압도적인 지지를 받는다. 이유는 역시 박찬호다. 메이저리그 117년 역사에서도 박찬호는 다승(124승, 403위), 삼진(1,715개, 137위) 등에서 아시아 선수들이 쉽게 넘볼 수 없는 커리어를 가지고 있으며 그 124승 중 84승을 9년 간 몸담은 다저스에서 이뤄냈다. 내가 LA에 있던 시절만 해도, 역사가 좀 있는 한국 식당에는 박찬호와 찍은 사진 한 컷 정도는 꼭 걸려 있었다. 실제로 나는 박찬호를 세 번 정도 만난 적이 있는데 두 번은 그냥 마주쳐서 목례 정도만 나눴고, 한 번은 미국에서 근무하던 회사 회장님 덕에 저녁을 같이 먹었다. 사실 사인을 너무 받고 싶

었는데 왠지 부끄러워서 입이 떨어지지 않았다. 믿겨지지 않겠지만 그때 박찬호는 말수가 그렇게 많지 않았다! 한국에 돌아와서 '투머치토커Too Much Talker'라는 별명이 붙은 것이 신기했다. 다만 그때도 사진을 원하는 팬들에게 사진을 찍어주고 웃으며 사인을 해주는 모습에서 '사람을 좋아하는 사람이구나'라고 느꼈고 그 따뜻함이 나이가 들면서 말수로 승화된 것이 아닌가 한다.

LA 다저스 홈경기에서 투구를 준비하는 류현진

박찬호 이후 다저스는 한동안 한인 팬들의 관심에서 잊혀졌다. 최희섭과 서재응이 거쳐갔지만 아쉽게도 큰 족적은 남기지 못했기 때문이다. 그런 다저스를 향한 한인들의 관심을 한 방에 돌이킨 선수가 있었으니 바로 류현진이다. 류현진이 다저스와 계약하고 메이저리그 진출을 선언하자 LA 교민 사회의 관심이 들끓기 시작했다. 당시 나는 언론사에 재직 중이었던 관계로 한인 타운 한가운데서 열렸던 류현진 기자회견에 참석할 수 있었다. 저 멀리 류현진이 등장하고 받은 첫 인상은 '크다'였다. 나는 류현진이 데뷔한 이래 계속 미국에 있었기 때문에 한국 야구장을 찾지도 못했고 류현진을 실제로 볼 기회도 없었다. 사실 영상으로 보는 것에 비해 한국인 선수들의 체구는 실제로 보면 정말 크다. 박찬호(188cm), 류현진(190cm), 최희섭(196cm)은 물론, 프로필상 키가 180cm인 추신수(텍사스 레인저스)도 체중 95~100kg를 유지하는 만큼, 몸이 정말 두껍다.

  사실 개인적으로 류현진의 성공 가능성을 높게 보지 않았었다. 좌완 투수라는 장점은 있었지만 불같은 강속구를 자랑하던 박찬호와는 약간 성격이 다른 투수였다. 결정적으로 인터뷰에서 시즌 예상 성적을 묻는 질문에 "한국에서 하던 대로 하면 10승은 하지 않을까요?"라고 답변한 부분이 너무 미국을 쉽게 보고 있지 않은가라는 생각이 들었었다. 하지만 모두가 알고 있는 것처럼 류현진은 첫 해 14승 8패, ERA 3.00을 기록하며 신인왕 4위에 올랐다. 2020년부터 류현진은 토론토 블루제이스Toronto Blue Jays와 계약하며 LA를 떠났다. 다저스에 한국인 선수가 있느냐 없느냐에 따라 다저스를 향한 LA 교민사회의 온도 차는 크다. 현재 다저스 마이너리그에

야간 경기가 열린 다저스타디움의 모습

2000년생 최현일 선수가 있는데 잘 성장하여 다시 다저스에서 활약했으면 한다.

마지막으로 LA와는 약간 거리가 있지만 한국인 슈퍼스타 추신수가 있다. 추신수는 데뷔도 아메리칸 리그 소속 시애틀 매리너스 Seattle Mariners였고, 전성기를 맞이했던 클리블랜드 인디언스Cleveland Indians나 현 소속팀 텍사스 레인저스Texas Rangers 등 대부분 아메리칸 리그에서 커리어를 보내 내셔널리그 소속이던 다저스와는 만나지 못했다. 그러던 추신수는 2009년 월드베이스볼클래식WBC 대한민국 대표로 선발되어 준결승·결승 경기 연속으로 다저스의 홈구장 다저스타디움을 방문했다. 이 두 경기는 LA 한국인들에게는 당연히 시청하거나, 혹은 지켜봐야 하는 경기였고 나 역시 너무나 당연하게 두 경기를 모두 직관했다. 대회 내내 컨디션이 좋지 않았던 추신수였지만 준결승과 결승경기 모두 결정적인 홈런을 때려내면서 LA 한국인들을 열광시켰다. 특히 결승전 홈런은 0:1로 끌려가던 상황에 나온 동점 홈런이라 그 감동이 더했다. 웬만해서는 소리를 지르지 않는 성격인데 그때 홈런은 소리를 너무 질러대서 목이 아팠던 기억이 난다. 이날 한국팀이 9회 2아웃에서 극적인 동점을 만들고 연장전을 치렀다. 하지만 아쉽게 스즈키 이치로에게 10회 적시타를 맞고 패했는데 흥분이 가시지 않았던 탓인지 한국과 일본의 젊은 관중들 사이에서 약간의 시비가 붙기도 했다. 우리 일행 역시 다소 간의 시비가 붙었지만 다행히 물리적인 충돌 없이 마무리되었다.

LA 생활 이후로, 야구에 특별한 응원 팀이 없던 나는 다저스의 팬이 되었다. UCLA 농구팀의 우승만큼이나 LA 다저스가 계속 우승권에서 경쟁하는 팀이었으면 한다. 2020년 우승한 것처럼.

원하는 것은 무엇이든 … 생활 스포츠 낙원 LA

스포츠 덕후의 세계는, 기록을 꿰는 덕후가 있고 직접 몸으로 뛰는 덕후가 있다. 그 중에서도 LA는 '몸으로 뛰는 덕후'들에게는 천국 같은 곳이다.

먼저 날씨가 좋다. LA는 웬만해서는 기온이 0℃ 근처도 잘 가지 않기 때문에 코로나 바이러스와 같은 이상 현상만 아니라면 언제든 야외 활동을 즐길 수 있다. 베니스 비치Venice Beach의 길거리 농구장은 상당히 유명한 길거리 코트다. 이곳은 배우 우디 해럴슨 Woody Harrelson과 웨슬리 스나이프스Wesley Snipes 주연의 1992년 작 <덩크슛White Men Can't Jump>촬영지로도 유명하다.

게다가 LA는 천혜의 지리 조건을 지니고 있다. 도시 중심을 기준으로 30분~1시간만 나가면 바로 태평양 연안의 해안가로 나갈 수 있다. 많은 젊은이들이 서핑을 비롯하여 해양스포츠를 좋아하는 이유다. 그런데 믿기 어렵게도 겨울 스포츠도 동시에 즐길 수 있다.

베니스 비치 길거리 농구장 전경

차를 달려 동쪽으로 2시간 정도 운행하면, 빅 베어 마운틴 리조트 Big Bear Mountain Resort가 있고, 여기서 스키나 스노보드 등 온갖 겨울 스포츠를 즐길 수 있는 것이다. 4~5시간 정도 북쪽으로 차를 달리면 맴머스 마운틴 스키 리조트Mammoth Mountain Ski Resort가 있다. 동쪽으로 약 4시간 정도 운행하면 각종 스포츠의 메카로 떠오른 라스베이거스Las Vegas에 갈 수 있다.

LA '몸짱'들의 성지 골드짐

이렇게 에너지 넘치는 주민들을 위해 LA 주변엔 최상의 피트니스 시설들이 대기 중이다. 24시간 개방하는 것으로 유명한 '24 Hour Fitness'를 비롯, 'LA Fitness'와 몸짱들의 성지 '골드짐Gold's Gym'까지, 어렵지 않게 집 근처 피트니스 센터를 찾아볼 수 있다. 특히 LA 교외에 큼지막하게 자리 잡은 지점들의 경우, 센터 안에 농구장이나 수영장까지 준비되어 있다. 최근 한국에도 종합 시설을 갖춘 피트니스가 많아지고 여러 운동 클래스도 늘어나고 있는데, 개인적으로는 매우 긍정적인 현상이라고 생각한다.

귀국 후 덕후의 삶

2013년 난 미국 생활을 마치고 한국으로 영구 귀국했다. 스포츠를 내 생활의 기반으로 삼고 싶었지만, 여러 가지 현실적인 어려움이 많았다. '제리 맥과이어'와 같은 에이전트가 되려면 스포츠를 전공하는 것보다, 변호사나 회계사 자격증을 따는 것이 더 유용하다는 사실도 나중에 배웠다. 사회생활을 시작하면서 내 삶도 같이 바빠졌고 예전처럼 하루에 농구를 3~4경기 이상씩 본다든가, 야구장에 가서 몇 시간씩 경기를 관람한다든가 하는 삶은 누리기 어려워졌다.

하지만 그것이 꼭 슬프지는 않다. 스포츠를 통해서 많은 사람을 알게 됐고 많은 것을 배웠으며 많은 경험을 했다. 스포츠 덕후로서의 삶은 어떻게 보면 내 젊은 날부터 시작된 좋은 기억이다. 덕분에 앞으로 살면서 응원하고 싶은 존재들이 많이 생겼으니까. 내 LA 스포츠 생활의 업데이트는 어쩌면 앞으로 한국에서 살면서 잘 이어지지 않을지도 모른다. 하지만 최소한 스포츠팬으로서, 앞으로도 즐겁게, 다양한 스포츠를 즐기며 살아보려고 한다.

• • • • • •

허준과 LA 스포츠팬

① 미국 LA는 스포츠 관련 다양한 이야깃거리가 있는 도시이다.

② UCLA를 비롯한 학교 스포츠와 LA 레이커스, 클리퍼스, LA 다저스, 에인절스로 구분되는 프로 스포츠, 그리고 그 속의 한국인 스타들까지, 지난 수년간의 이야기는 나를 영원한 스포츠팬으로 남게 해줄 것.

위대한 유산 – 스포츠에 대한 열정

유동혁_ SAP사 소프트웨어 엔지니어

Email_donghyukyoo@gmail.com
Instagram_@bigdeeu
Twitter_@ncaa_kr

나의 인생 안의 스포츠

어려서부터 아버지께서 야구를 좋아하셔서 자연스럽게 야구를
처음으로 접하게 되었고 프로야구 원년이 기억의 시작이다. 개막전
MBC 청룡의 이종도 선수의 만루 홈런은 너무 생생한 기억이다.
〈슬램덩크〉라는 만화의 인기와 시카고 불스Chicago Bulls의 미국 프
로농구NBA 3연패 덕분에 농구에 매력을 느끼게 되었다. 대학 진학
당시 전공은 적성에 맞지 않았고 수업은 뒷전이었지만 동아리 농구
연습은 열심이었다. 군입대 전 박찬호 선수가 미국 진출을 하면서
군생활 내내 박찬호 선발 등판 경기를 응원하며 메이저리그 야구
MLB에 입문했다. 그러나 제대 후 처음 어학연수를 위해 도착한 도시
가 시카고인 관계로 응원 팀은 시카고 컵스Chicago Cubs가 되었다. 새
미 소사Sammy Sosa와 마크 맥과이어Mark McGwire의 홈런 경쟁이 치열하
던 1998년 그때였다. 같은 이유로 나는 미식축구 팀은 시카고 베어
스Chicago Bears를 응원한다. 미국에서 대학 입학을 알아보던 시기, 스

포츠 전문 채널인 ESPN에서는 드류 브리즈[1]가 이끌고 있던 퍼듀 대학교Purdue University 미식축구 팀과 매릴랜드 대학교University of Maryland 농구팀의 스티브 프랜시스Steve Francis가 자주 등장했다. 나는 자주 보던 두 학교에 입학 신청서를 냈고 매릴랜드 대학에 진학했다. 결국 나의 대학 진학은 스포츠 스타 2명이 결정한 셈이다. 매릴랜드 대학시절, 팀은 전미 대학농구NCAA 토너먼트 준결승, 즉 파이널포Final Four에 두 차례나 진출하였고 2002년엔 우승을 차지했다. 재학 중에 소속 학교의 농구 우승을 볼 수 있는 건 정말 특별한 행운이다. 결혼해서 아이를 키우면서도 스포츠에 대한 열망은 이어졌다. 한편으로는 아이들에게 같은 열망을 심어주고 싶었다. 스포츠팬으로서 잊지 못할 기억들은 결혼 후에도 이어졌다. 그 중 컵스의 월드시리즈 우승은 잊지 못할 기억이다. 2016년 컵스는 108년 만에 메이저리그 월드시리즈 우승을 차지했다. 7전 4선승제 월드시리즈에서 1승 3패로 패색이 짙었던 컵스는 선수들의 분발로 7차전 만에 힘겹게 우승했다. 108년 동안 매 시즌을 '혹시 올해는Could it be the year' 하는 기대로 시작했다가 '내년에는 아마도Maybe next year'로 끝냈던 컵스 팬들은 아마 그 순간을 잊지 못할 것이다. 이렇게 한해 한해 쌓인 크고 작은 스포츠 이벤트들이 나와 가족들의 순간순간을 채워왔던 것 같다.

스포츠를 향한 열정의 유전자

어렸을 때 TV 광고 문구가 기억난다. "공부 못해도 좋다. 건강하게만 자라다오!" 아버지께서는 우리 형제에게 자주 저 이야기를

---

1 Drew Brees, 현 NFL 뉴올리언스 세인츠(New Orleans Saints) 쿼터백

들려주셨다. 물론 공부도 잘하면 좋다고 덧붙이시며. 아버지께서는 야구를 비롯해서 많은 스포츠를 접하게 해주셨고 바쁘신 와중에도 꼭 캐치볼을 해주셨다. 아버지의 영향으로 형제는 자연스럽게 스포츠에 대한 열정을 키웠다. 아버지의 영향인지, 나도 모르게 자녀들에게 스포츠를 접하게 해주려고 노력하게 되었다. 나에게는 두 자녀가 있다. 중학생인 첫째 딸과 이제 10살을 향해가는 둘째 아들. 세상의 고정관념과는 다르게, 딸은 외부 활동을 좋아하고 둘째는 집에서 하는 활동들을 좋아한다. 성격 다른 두 남매에게 스포츠를 좋아하는 아빠로서 스포츠에 대한 열정을 물려주는 과정을 소개하고자 한다.

첫째가 딸이라도 스포츠의 열정은 그대로

아내는 첫째가 딸이라서 그랬던 건지, 몰라도 유치원에 가기도 전에 발레와 체조를 배우게 했는데 아이는 딱히 흥미를 느끼지 못한 듯 했다. 잠시 한국에 귀국한 사이, 첫째 딸은 다양한 스포츠를 접하게 되었다. 워낙 에너지가 넘친 덕에 본인 스스로 태권도를 선택하여 수련한 끝에 검은 띠를 땄다. 또 물을 좋아해서 수영도 시작하였는데 미국으로 돌아오기 직전에는 대회에서 배영 1위를 하기도 했다. 하지만 딸은 미국에 돌아온 후에는 태권도와 수영을 더 이상 하지 않았다. 당시 4학년이었던 딸은 한국의 강압적인 레슨 분위기로 인해, 비록 대회 성적은 좋았지만 결국 두 가지 모두 흥미를 잃었다고 했다.

야구가 아니라면 소프트볼

3년 간의 한국 생활을 정리하고 미국 버지니아 주로 돌아온 후, 그래도 딸에게 계속 운동을 시켜주고 싶었는데, 미국의 환경은 한국과는 너무나도 달랐다. 한국에선 학원이나 트레이닝 센터에 등록하면 알아서 레슨을 해주고 대회도 나가주고 했는데 미국에서는 모든 게 부모 몫이었다. 딸은 미국에서 같은 반 친한 친구가 소프트볼 팀에 있다 하여 소프트볼을 시작했다. 미국에선 팀에 등록할 때 부모가 직접 코칭, 필드/코트 운영, 팀 운영 등에 관여하지 않으면 팀 등록비가 훨씬 높다. 대부분의 리그가 비영리로 운영되기 때문에 자원봉사가 기본이다. 나는 아이들 연습을 돕다가 감독으로부터 어시스턴트 코치를 해달라는 요청을 받고 이후 4년간 계속 딸아이 팀의 어시스턴트 코치로 봉사하고 있다. 처음 합류한 팀의 감독님은 나이가 지긋한 할아버지 감독이셨다. 다소 깐깐하게 느껴졌지만 시즌 내내 아이들에게 화 한 번 내지도 않고 잘 지도해 주셨다. 딸은 감독님의 지도 아래 소프트볼에 더 많이 흥미를 가지게 되어 중학생인 지금까지 아직도 소프트볼을 계속하고 있다.

포수는 유일하게 반대방향에서 나머지 팀원들을 바라보며 수비한다

소프트볼 팀은 보통 14명 정도의 선수와 1명의 감독, 2~3명의 어시스턴트 코치로 이루어진다. 지금 딸이 있는 리그Vienna Girls Softball League는 보통 같은 리그에 있는 팀들과 경기를 하고 가끔 주변의 다른 리그의 팀들과 교류전을 한다. 이런 형태를 보통 인하우스

in-house 리그라고 부른다. 인하우스 리그에서 재능이 보여 본격적으로 소프트볼에 도전한다면 트래블travel 리그로 옮기게 된다. 단 입단 테스트를 거쳐 실력을 입증해야 한다. 보통 초등학교 3~4학년에 해당하는 10U 리그까지는 투수를 제외하고 모든 포지션을 돌아가면서 맡고 12U5/6학년가 되면 투수, 포수, 1루수 같은 조금은 특별한 추가 포지션이 정해지게 된다. 내 딸은 포수가 되어 12U부터 꾸준히 포수와 1루수를 보고 있다. 포수라는 포지션은 야구에서 남학생들에게도 힘든 만큼, 여학생들은 더욱 힘들어 하는 포지션이다. 앉았다 일어서기를 반복하고, 튀는 공을 막고, 홈에 들어오는 주자와 충돌을 한다. 이렇게 육체적으로 많이 힘든 포지션이라 여자아이들은 더욱 선호하지 않는다. 하지만 딸은 포수의 육체적 어려움 보다는 포수의 역할에 매력을 느꼈다고 한다. 수비 시 다른 팀원은 다 같은 방향, 곧 포수 쪽을 바라보는데, 포수는 반대방향으로 서서 나머지 팀원을 바라보며 팀의 수비를 리드 한다는 것이다. 딸은 포지션이 특별해서 그런지, 트래블 팀에서도 입단 테스트 권유가 오곤 했고 리그 올스타에 뽑히기도 했다. 하지만 트래블 팀에 입단하게 되면, 아이도 운동에 더 많은 시간과 노력을 해야 하고 지원을 담당하는 부모도 쉽지 않다. 때문에 쉽게 결정할 수 있는 일은 아니었다. 트레블 팀이 되면 멀리 떨어진 동네 혹은 다른 주에 있는 팀들과 주말마다 경기를 해야 한다. 덕분에 선수 부모의 주말은 없어진다고 해도 과언이 아니다. 이 때문에 딸과 마주 앉아 많은 대화를 나눴다. 딸은 트래블 팀에서 소프트볼에 모든 것을 쏟아 붓기보다는 다른 활동들도 더 해보고 싶다는 생각이 있었다. 결국 트래블 팀에는 가지 않는 것으로 결정을 내렸다. 중학생이 되면 취미로 소프트볼을 하던 많은 아이들이 그만 두기 때문에 중/고교 리그로 통합 운영된다. 딸은 자신에게 소프트볼을 처음 소개시켜 준 친구의 아버지가 새로 만든 팀에 들어가게 되었고 나 역시 새 팀에서 코치가 되었다. 중학생만으로 이뤄진 팀이라 초반엔 패배가 많았지만, 시즌이 진행될수록 아이들의 체력과 힘이 좋아지면서 고등학생 팀도 이길 수 있었다. 비록 리그에선 중하위권이었지만, 아이들에겐 좋은 동기부여가 됐다고 생각한다.

딸이 올스타에 뽑히기도 했던 6학년 시즌

(비 시즌에) 놀면 뭐하니, 농구하자

소프트볼 인하우스 리그에 남기로 결정한 후 딸은 다른 운동, 특히 농구에 관심을 보이기 시작했다. 새로 이사한 집 차고 위에 농구 골대가 달려있었는데, 딸은 호기심으로 농구공을 던져 보기 시작하더니, 자신도 농구를 해보고 싶다는 이야기를 하였다. 소프트볼은 봄과 가을이 시즌이고, 농구는 겨울이 시즌이다. 딸은 농구

농구 시즌 - 6학년

인하우스 리그에 합류했다. 여기서도 부모는 팀의 무언가를 맡아야 했다. 농구팀에선 주무 같은 역할이 필요해서, 코칭보다는 팀을 돕는 일을 했다. 팀의 감독님은 아주 키가 큰 분이었는데 자기소개를 하면서 예전에 대학에서 농구하고 유럽에서도 조금 농구를 했다고만 얘기해 주셨다. 나중에 알고 보니 NBA 스타 제임스 하든James Harden의 모교인 애리조나 주립대Arizona State University 출신으로 유로리그 프로 경력이 있는 분이었다. 딸의 감독님은 아이들에게 기본기를 철저히 가르쳤다. 또한 소리 한 번 지르는 적이 없었다. 시즌 초반 팀 성적은 안 좋았지만 팀 아이들의 기본기 실력이 좋아지면서, 시즌 후반엔 기본기를 바탕으로 한 특별한 작전도 펼칠 수 있었다. 이에 팀 성적도 함께 좋아지면서 포스트 시즌에도 진출하였다. 그 특별한 시즌이 끝난 후 감독이 팀을 옮기게 되어 딸과는 아쉽게 헤어지게 되었다. 하지만 짧은 기간 감독님이 심어준 기본기가 딸이 농구공을 놓지 않은 이유라고 생각한다.

첫째 딸 후기-우리 딸이 변했어요

2013년 일터가 한국으로 결정되면서, 가족을 데리고 귀국했다. 유치원생이었던 딸과 이제 막 걸음마를 땐 아들. 원래 딸은 활발하면서 춤추기 좋아하고 사람들 앞에 나서는 것을 두려워하지 않는 성격이었다. 당시 한국말은 할 수 있었지만 한글을 쓸 줄은 몰랐던 딸은 외국인학교 대신 진학한 초등학교에서 조금씩 자신감을 잃어가기 시작했다. 3년이 지나 미국으로 돌아온 후 딸의 자존감이 바닥을 향하고 있음을 그제야 깨달았다. 딸을 다시 다른 환경에 적응

하도록 만든 것이 미안하기도 했고 어떻게 아이의 자존감을 다시 높일 수 있을지 많이 고민했다. 이에 딸은 소프트볼과 농구를 시작했다. 사실 한국에 있을 때는 여자아이들이 할 수 있는 운동은 대개 개인이었고 팀 운동은 하지 않았다. 팀 운동은 팀 전원이 가능한 시간에 꾸준히 연습하고 손발을 맞추며 팀워크를 만들어 가야 하지만 개인적으론 한국에서 여자아이들이 팀 운동에 그런 시간과 열정을 쏟는 것을 쉽게 허락하지 않는 분위기를 느꼈다. 미국에서 소프트볼을 시작한 딸은 점점 운동에 빠져들었다. 나는 딸에게서 전에 보지 못했던 승부욕을 보았다. 딸은 어느새 자존감과 더불어 삶에 대한 자신감을 회복하고 있었다. 승부에 지는 것에 대해 슬퍼하며, 그것을 팀원들과 함께 극복을 하고, 서로 용기를 북돋아주는 한편, 실수했을 때 같이 위로해주는 행동이 딸의 자존감을 회복시킨 것 같다. 청소년이 된 지금은 높아진 자존감이 가끔 뻔뻔하게 느껴진다. 부모로서, 딸이 소프트볼과 농구를 계속 해나가겠다는 의지를 보인 만큼, 청소년기도 팀 운동을 통해서 잘 겪어 나가길 바래본다.

아이들을 스포츠 열정 팬으로 만드는 방법

미국의 유명 스포츠 잡지인 '스포츠 일러스트레이티드Sports Illustrated'에 '아이들을 열정적인 스포츠팬으로 만드는 방법How to turn your kids into diehard sports fans'이라는 기사가 기고된 적이 있다. 여기서는 ① 아이들의 옷장을 유니폼 혹은 스포츠 관련 옷들로 채워라 ② 주요 경기가 있는 날에는 취침시간을 늦춰줘라 ③ 벌을 줄 때 감면

조건으로 스포츠에 대한 것을 걸어라 ④ 경기장에서 파는 음식에 입맛이 들도록 해라 ⑤ 아이 이름을 좋아하는 팀 이름으로 지어라 등 마지막 이름 짓는 것을 제외하면 기발한 생각을 소개한 바 있다. 아직 저 5가지 방법을 제대로 써보진 못했지만 나는 가족과 함께 스포츠를 즐기기 위해 노력하고 있다. 사실 내 아내는 고등학교를 미국에서 다녔지만 운동에 그리 흥미를 갖고 있지 않았다. 하지만 나를 만나면서, 함께 운동을 하는 것은 무리더라도, 같이 스포츠 관전을 하기 시작했다. 지금도 아내가 스포츠를 좋아하는 편은 아니지만 적어도 나의 스포츠에 대한 열정은 인정하고 지원해주는 편이다. 나는 자녀들에게 스포츠를 몸으로 겪는 것에 더해 관전에 대한 흥미를 올려주려고 노력했다. 지금 내가 사는 지역의 메이저리그 연고 팀은 워싱턴 내셔널스Washington Nationals인데, 내가 응원하는 컵스가 일 년에 한 번 원정을 온다. 그래서 일 년에 꼭 한 번은 가족들을 데리고 컵스 경기를 보러 가고 있다. 지역 팀이 응원 팀이 아닌 나에겐 컵스 경기 시청 외에도, 일 년에 한 번 오는 원정 경기 직관이 나의 응원 팀을 아이들에게 은근슬쩍 물려줄 수 있는 기회라고 생각한다.

미국의 대기업들은 지역 연고 스포츠 팀에 대한 후원을 많이 하는 편이다. 크게는 구장 이름을 돈 주고 사거나 구단을 지원하는 것은 물론, 팀의 시즌 티켓이나 경기장 내 스위트룸의 연간 이용권을 사기도 한다. 예전에 아내가 다니던 큰 호텔 회사와 내가 다니던 중견 소프트웨어 회사는 둘 다 지역 연고 NBA팀에 각각 코트 옆자리Courtside Seat 시즌 티켓이나 경기장 스위트룸 시즌 티켓을 가지고 있어서, 회사 내 추첨에서 당첨이 되면 코트 바로 옆 혹은 홀륭한 시설을 갖춘 스위트룸에서 세계 최고의 농구 경기를 직접 관람할 기회가 있었다. 지금은 독일계 회사에 근무하는 관계로, 앞서 언급한 복지는 없지만 미국 오피스 자체에서 직원들 사기를 위해 스포츠 단체 관람야구, 아이스하키, 농구을 1년에 한두 번 계획한다. 그때도 물론 가족동반으로 진행을 하여 가족들에게 스포츠에 대한 열정을 심어주려 노력을 하고 있다.

　다들 아는 것처럼, 미국엔 수많은 대형 스포츠 이벤트들이 있다. 그 중에서 가장 큰 이벤트는 2월에 열리는 프로 미식축구NFL의 결승전 '슈퍼 보울Super Bowl'일 것이다. 슈퍼 보울은 미국에서 가장 TV 시청률이 높은 스포츠 이벤트이다. 자신이 응원하는 팀이 떨어졌어도, 지인들과 함께 슈퍼 보울을 단체관람하는 것이 미국 생활의 큰 이벤트다. 내 주위 사람들 중 미식축구를 좋아하는 사람이 많지는 않지만 그래도 슈퍼 보울 때는 우리 집을 오픈해서 다 같이 즐기려고 하고 있다. 나는 한편으로 자녀들이 또래 친구들과 시간을 보내는 것은 물론, 자연스럽게 미식축구를 포함한 스포츠 전반에 대해 흥미를 갖게 되지 않을까 하고 스포츠팬 아빠로서 작은 소망을 갖고 있다.

맺으며

　스포츠를 좋아하는 사람으로서 미국은 스포츠를 하기에도, 관전하기에도 좋은 곳이다. 미국에서의 삶이 나를 덕후로 만들어 줬음을 믿어 의심치 않는다. 그리고 아버지로부터 물려받은 스포츠에 대한 열정을 자녀들에게 흘러내려가게 노력하고 있다. 언젠가는 자녀들과 함께 운동을 같이 하거나 스포츠 경기 관전을 하는 것은 당연한 것이고 나중에 자녀들이 성장했을 때, 추수감사절Thanksgiving이나 크리스마스 저녁 자리가 정치 사회 이야기 대신 스포츠에 대한 이야기로 채워지길 기원한다.

• • • • • •

유동혁의 스포츠 교육 포인트

① 스포츠에 대한 열정은 대물림된다.

② 아이의 자신감을 키워주는 데에 팀 스포츠만큼 좋은 게 없다.

③ 아이에게 스포츠 열정을 길러주려면 부모의 노력이 필요하다.

PART
06

덕업일치의 성덕

국내 최고의 미식축구 및 NFL 전문가

제이 강_ 현 미국 대학입시 정책 전문가 & 교육 컨설턴트

Email_nflkorea@gmail.com
Instagam_@nflkorea
Twitter_@nflkorea

어린 소년, 포티나이너스SF 49ers와 제리 라이스Jerry Rice에 푹 빠지다

1980년대 초, 샌프란시스코San Francisco는 미식축구에 살고 미식축구에 죽는 고장이었다. 오늘날 공격형 미식축구 '웨스트 코스트 오펜스West Coast Offense'의 선구자로 불리는 빌 월시Bill Walsh 감독이 부임과 함께 쿼터백 조 몬태나Joe Montana 등 훗날 '명예의 전당'에 이름을 올리는 수많은 선수들을 성공적으로 발굴하며 포티나이너스San Francisco 49ers를 리그 최강팀으로 올려놓았기 때문이다.

1986년, 박사 과정 공부를 마무리해가시던 아버지께서는 9월의 어느 일요일, 처음으로 어린 나를 (당시 포티나이너스의 홈구장이던) 캔들스틱 파크Candlestick Park에 데리고 가셨고 나에게 당시 2년차 풋내기 선수의 유니폼을 사서 입혀 주셨다. 나는 그 유니폼이 누구의 것인지도 몰랐고 미식축구가 뭔지도 당연히 몰랐지만 포티나이너스는 그날 인디애나폴리스 콜츠Indianapolis Colts를 대파하며 승리를 거두었다. 여기에 더해 내가 입은 유니폼의 주인공은 후반전에 혼자서 터치다운 3개를 쓸어 담으며 경기 MVP가 되었으니, 환호를 지르는 수많은 사람들 속에서 나는 그 순간 포티나이너스와 그 선수

의 팬이 되어버렸다. 물론, 유니폼의 주인공은 훗날 '미식축구 역사 상 최고의 선수'로 꼽히게 되는 제리 라이스Jerry Rice였다.

'최애템'인 라이스의 1994년 슈퍼 보울 우승 유니폼

이후 나는 어린 나이에 주말만 되면 아버지를 졸라 함께 TV 앞에 앉아 포티나이너스의 경기를 보았고 그때부터 하이 파이브 하는 재미에 빠져버렸다. 아버지를 따라 화면에 대고 소리도 질렀고 종이에 색연필로 전술을 그리는 흉내도 내보았으며 언젠가는 나도 미식축구 선수가 되고 싶다는 막연한 꿈도 그 당시부터 키우게 되었

다(물론, 학창시절 결과적으로 선천적으로 마른 체형, 운동 신경 따윈 제거된 듯한 DNA, 그리고 무엇보다 잦은 부상으로 인해 뭐 하나 제대로 해보기도 전에 선수로서는 일찌감치 '권고은퇴'를 해야 했다).

대학 졸업 후 한국으로 돌아와 교육전문가로서의 경력을 쌓고 있던 나는 취미 생활을 한번 해보자는 가벼운 마음으로 NFL Korea 라는 브랜드를 런칭했고 이후 블로그, 온라인 커뮤니티, 트위터, 네이버 라디오, 팟캐스트를 거쳐 생각지도 못했던 MBC 해설위원 자리에도 앉아보는, 풋볼 팬으로서는 꿈만 같은 경험도 해 볼 수 있었다. 지금은 '입으로 미식축구 하는' 덕후로서 살아가고 있지만 나에게 풋볼은 여전히, 그리고 앞으로도 계속 내 인생을 함께 할 베스트 프렌드로 남아 있다고 할 수 있다.

포티나이너스의 새로운 홈구장인 리바이스 스타디움Levi's Stadium 입구 바닥에
내 이름이 새겨진 벽돌이 있다

NFL에서 가장 몸값이 비싼 선수와 내기를 하다

2011년 말, 나는 새로운 교육 사업을 시작하기 전에 잠시 휴식의 시간을 좀 갖고자 모교인 위스콘신 대학교University of Wisconsin-Madison로 돌아갔다. 학부 당시 지도 교수님께서 자리를 마련해준 덕분에 경제학 수업의 조교로 일하며 듣고 싶었던 수업 몇 개를 청강한다는 계획이었지만 사실 한 학기 제대로 놀고 싶다는 이유로 졸업생 신분으로 캠퍼스로 돌아간 셈이었다.

이왕이면 대학교 때의 기분을 최대한 다시 느끼고 싶어 예전에 살던 기숙사에서 지내기로 했는데 당시 룸메이트였던 라이언Ryan은 인근 마이애미 대학교Miami University에서 미식축구를 하다 이종격투기로 전향 중인, 조금 특이한 녀석이었다. 당연히 코드가 잘 맞았던 우리는 자주 함께 어울렸는데, 특히 학교 운동선수들이 애용하던 펍에 자주 가다 보니 학교 선수들과도 자주 놀 수 있는 기회가 생겼다.

당시 학교 풋볼팀의 쿼터백은 현재 시애틀 시혹스Seattle Seahawks 의 프랜차이즈 쿼터백인 러셀 윌슨Russell Wilson이었는데, 최근에 이르 러서야 NFL 전체에서 가장 몸값이 비싼 선수(2019년 기준)이자 슈퍼 스타 가수 시에라Ciara의 남편으로 유명한 선수가 되었지만, 그 당시 에는 고등학교 시절 여자친구와 결혼을 약속한, 전국적으로는 아무 런 존재감도 없던 키 작은 흑인 쿼터백에 불과했다.

즐거운 파티가 이어지던 단골 펍에서

하루는 여느 때와 다름없이 펍에서 친구들과 스포츠 이야기를 하며 놀고 있었는데, 윌슨을 비롯 한 학교 미식축구 선수 몇 명이 들어오기에 합류해서 같이 수다를 떨었다. 술이 거나하게 오를 때쯤 라이언과 쿼터백들의 키 이야기로 주제가 넘어가서 재밌는 내기를 하나 하게 되었다.

"야, 라이언, 러셀이 NFL에서 주전 쿼터백이 될 수 있을까?"

"당연하지. 브리스1도 했는데, 얘라고 못하겠어?"

라이언과 나는 동시에 윌슨을 쳐다봤다.

"브리스는 내 우상이야. 내가 제일 좋아하는 선수라구. 필드에

---

1 드류 브리스(Drew Brees)는 뉴올리언스 세인츠(New Orleans Saints)의 프랜차이즈 쿼터백 (2006~현재)으로, 44회 슈퍼볼(Super Bowl XLIV)에서 팀 우승을 이끌었다. 당 시 역사상 가장 키가 작은 슈퍼볼 우승 쿼터백(183cm)이었다.

서 맞붙는다면 어떤 느낌일까 맨날 상상해. 와, 그런 날이 왔으면 좋겠다."

윌슨은 기도하는 손동작까지 하며 씨익 웃었는데 왜인지 모르겠지만 그 표정을 본 나는 어떤 확신이 들었다.

"야, 라이언, 난 앞으로 러셀이 브리스보다 먼저 슈퍼 보울 우승할거라고 봐."

"주전으로? 러셀이? 제이, NFL을 너무 우습게 보는 거 아냐? 러셀은 갈 길이 멀어. 브리스는 고작 2년 전에 슈퍼 보울 MVP를 수상한 살아있는 전설이라고."

윌슨도 거들었다.

"요, 고맙긴 한데, 그건 좀 너무 멀리 간 거 아냐?"

그 순간, 나는 술김에 패가망신할 짓을 해버렸다.

"야, 러셀이 브리스보다 슈퍼 보울 먼저 우승한다에 100달러 건다."

"좋아! 무르기 없어!"

아차 싶었지만, 돌이킬 수는 없었다. 큭큭 거리며 웃던 윌슨은 말했다.

"근데 내 덕분에 제이가 돈 벌게 되면 절반 정도는 내꺼 아냐?"

"당연하지! 내가 버는 게 중요하냐, 라이언이 돈 잃는 게 중요하지!"

그저 내 학교의 쿼터백을 응원하고 싶은 마음에 던진 치기였고 과장 좀 보태서 로또 맞기만큼 어려운 일이라는 것을 알고 있었다. 하지만 이듬해 드래프트 3라운드에서 백업 쿼터백으로 쓰이기 위해 시애틀에 지명된 러셀 윌슨은 곧바로 많은 이들의 예상을 깨며 주전 자리를 꿰찼고, 데뷔 해에 신인상을 수상했으며 고작 2년 차에 기어이 브리스를 제치고 역사상 가장 키가 작은 슈퍼볼 우승 쿼터백이 되었다.

2013년, 우리 셋은 시혹스의 홈 경기장인 센츄리 링크 필드 Century Link Field에서 다시 만났고 나는 윌슨의 우승 반지를 들고 라이언을 놀려줄 수 있었으며 윌슨은 "50달러를 벌게 해줘서 고맙다"며 자신의 유니폼 하나를 챙겨줬다. 오늘날까지도 나는 그 50달러가 윌슨의 막대한 재산 축적의 주춧돌이 되었다고 믿고 싶다.

윌슨이 직접 내 손에 쥐어준 유니폼. 네이버 스포츠 라디오에서 경품으로 활용했다

네이버 스포츠 라디오와 은인

'누군가가 꾸준히 설명해주기만 한다면 한국 사람들도 미식축구를 좋아할 것'이라는 내 나름의 가설을 검증해보고 싶다는 단순한 호기심에 네이버 블로그를 열었던 것이 많은 분들의 도움으로

이렇게나 재미있을 줄 몰랐던 스포츠 생중계 해설의 기회. MBC 스포츠 김민준 아나운서와 함께

눈덩이처럼 불어나 대표적인 소셜 미디어로서 NFL 관계자들, 그리고 선수들과 교류하게 되었다. 영화에서만 보던 방송사 스포츠국 스튜디오에 앉아 NFL 경기를 생방송으로 해설하는, 너무도 재미있고 평생 하기 힘든 경험을 안겨주게 될 거라고는 감히 상상하지도 못했던 일이다.

특히 그 많은 값진 경험들 중 내게 가장 특별했던 것은 아마도 네이버 스포츠 라디오에서의 시간일 것이다. '국내 유일의 미식축구 전문 토크쇼'를 만들어보고 싶다는 의지를 보인 나를 든든히 지원해주신 네이버 스포츠서비스의 김연균 차장님, 오래전부터 네이버 스포츠 뉴스 페이지 한 켠에 내 칼럼들을 실어주셨던 최승 PD님, 그리고 오죽하면 "네이버 고위 관계자가 스폰서를 해준다"는 소문이 돌 정도로 노력해주신 네이버 스포츠 라디오 분들의 노고는 굉장했다(물론 소문은 사실이 아니다).

하지만 누구보다도 'NFL Korea의 제이 강'에게 가장 의미가 큰 사람은 나와 함께 수 년 간 라디오 진행을 함께 해온 '대한민국의 조 벅Joe Buck' 이승륜 캐스터다.

방송 호흡 따위는 전혀 모르고 준비해 온 내용을 쉴 새 없이 떠들기 바쁘던 나를 매주 지적 한 번 없이, 싫은 소리 한 번 없이 능수능란하게 받쳐주며 어떤 때에는 선배 같이, 또 어떤 때에는 형 같이 내가 방송에 순조롭게 적응할 수 있도록 도와주셨고, 예상치 못한 기회가 생겨 MBC에서 중계를 하게 되었을 때는 노트는 어떻게 준비하는 게 좋은지, 카메라 앞에서는 캐스터와 어떻게 호흡을 맞추는 게 좋은지 친절하게 알려주셨다. 물론 매주 모니터링을 하며 경기가 끝날 때마다 피드백도 잊지 않고 보내주셨으니, 내게는 은인이라고 할 수 있는 분이다.

네이버 스포츠 라디오 'NFL 쇼'를 만든 삼총사.
나(왼쪽), 최승 PD(가운데), 이승륜 캐스터(오른쪽)

라디오 방송도 하고 MBC 드림센터에도 들락날락 거리면서 나는 여러 캐스터들, 아나운서들과 일하는 와중 다양한 스타일을 경험할 수 있었다. 캐스터 입장에서는 생소한 편인 스포츠임에도 불구 노트에 빼곡하게 정보를 준비해와 중계 들어가기 전 하나하나 물어보고 확인하는 분도 계신가 하면, "나는 미식축구는 모르니까 잘 부탁한다"고 한 발 뒤로 물러나 배려해주는 분도 계셨다.

승륜이 형은 둘 다 아니었다. 정보도 다 준비하고 공부도 다 해놓고 방송 들어가기 전에 나와 대화를 주고 받으며 확인도 다 하는데 막상 방송에 들어가면 철저하게 뒤로 빠져 내가 편하게 이야기를 할 수 있게 만들어주고(본인이 공부해서 잘 알고 있는 이야기니) 다음 이야기가 자연스럽게 이어져서 나올 수 있게끔 운을 띄워주었다. 이러한 배려 덕분에 나는 굳은 믿음 속에 마음을 편하게 먹고 준비한 것을 풀어놓을 수 있었다.

깊은 목소리만큼이나 진중하고, 마이크가 꺼지면 은근히 숫기도 없는 승륜이 형은 늘 내 불평과 하소연을 들어주는 사람이다. 승륜이 형 덕분에 상상

네이버스포츠 라디오의 투MC 이승륜 캐스터와

도 못했던 짜릿한 경험들을 하기 위한 충분한 준비가 가능했던 것이니, 나에게는 은인이라고 할 수 있는 것이다.

승륜이 형이 없었더라면 나는 이런 근사한 경험들을 하나도 못했으리라.

새 역할을 찾아가는 NFL Korea

처음으로 NFL Korea를 런칭하고 블로그를 열었던 2015년 초가 기억난다. 아무리 검색을 해봐도 한국어로 된 미식축구 정보가 없어 '미식축구에 대한 이야기를 한국말로 전달하면 미식축구가 조금 더 한국인들에게 가까워질 수 있지 않을까'라는 생각을 한 것이 모든 역사(?)의 시작이었다. '미식축구 불모지'에서 조금씩 밭을 일구는 일에 비유하자면, 멀리서부터 하나 둘 소문을 듣고 와 시원한 물 한 잔 건네면서 응원해주는 분들, 직접 쟁기나 호미를 챙겨 들고 와서 힘을 합쳐주시는 분들, 그리고 씨앗을 뿌리고 키울 수 있게 후원을 해주시는 분들이 생겨났다.

요즘 검색을 해보면 그 사이 여기저기서 얼마나 많은 사람들이 미식축구에 대한 이야기를 하고 있는지 새삼 놀랄 때가 많다. 수준 높은 분석글이 가득한 블로그부터 알찬 이야기들이 넘치는 유튜브 채널들, 그리고 실시간으로 토론의 장을 만들어가는 커뮤니티들, 그 모습도 다양하다. 이태원에 가면 NFL 관련 의상을 입고 있는 사람들도 예전보다 눈에 띄게 많아졌고, 잔디밭에서 미식축구공을 던지며 노는 사람들도 심심치 않게 볼 수 있게 되었다.

물론 이런 변화가 모두 나와 NFL Korea 덕분이라고 생각하지 않는다. 이래저래 한국에 미식축구가 전파되기 좋은 타이밍에 마침 내가 유난히 시끄럽게 떠들었기 때문에 눈에 띈 것이고 그 덕분에 운 좋게 흐름을 타고 멋진 경험들을 많이 할 수 있었다고 믿는다. 하지만 그래도 쫄쫄 흐르던 개울이 얕은 하천 정도의 흐름이 되는 데에 일조하지는 않았나 싶어 흐뭇하기도 하다.

어느 때나 그렇지만, 특별히 대단한 일을 하는 게 아니더라도 어느 정도는 물러나야 할 때가 있다고 역할을 자연스럽게 바꿔야 할 때가 있다고 생각한다. 처음 NFL Korea가 론칭되었을 때 나의 역할은 '이야기꾼'이었을 것이다. 저 선수가 왜 저러는 건지, 지금 상황이 어떤 상황인지, 저 팀의 재미있는 뒷이야기는 무엇인지 글로, 혹은 말로써 전해주는 수다쟁이가 필요했기에 기꺼이 '투머치토커'가 되어 즐겁게 떠들 수 있었다.

어느덧 둘러보니 이제는 곳곳에서 나보다 훨씬 더 큰 열정을 가지고 솜씨 있게 이야기보따리를 풀고 있는 분들이 보이고 이즈음부터 '이제 NFL Korea가 해야 할 일은 무엇일까'라는 생각을 하게 됐다. '분명 애초의 취지는 변함이 없는데 굳이 내가 계속 만담만 하고 있는 것이 과연 최선일까'라는 고민을 하게 됐다.

고민을 하던 중인 올해 초, 나는 본업에 있어 소중한 기회가 생겨 코로나19 사태에도 불구하고 미국으로 터전을 옮기게 되었다. 본래 미국 대학 입시 정책 전문가로서 세계 곳곳의 국제 학교에 입시 정책에 관한 자문을 하기도 하고 학생들이 보다 효과적으로 대학 진학을 할 수 있는 교육 플랫폼을 개발하는 일을 하는데 스포츠 매니지먼트 분야에 큰 투자를 하고 있는 한 대학교의 입학처장과 이야기를 나누던 중 아시아에서 스포츠 유망주들이 미국으로 유학을 오는 일이 얼마나 어려운가에 대한 주제로 대화가 이어졌다. 그는 한국을 콕 짚으며 "한국 학생들은 스포츠 산업 분야에서 엄청난 두각을 드러낼 수 있을 만한 잠재력이 너무나 많은데 입시 장벽이 너무 높아 지레 겁을 먹고 유학을 포기하는 것 같다"며 안타까움을 드러냈다. 그 순간 나를 미국으로 오게 한 바로 그 기회가 이런 문제점들을 해결할 수 있는 무기가 될 수 있음을 깨달았다.

내가 보기에 한국의 스포츠 유망주들이 겪는 가장 큰 어려움은 크게 세 가지가 있다. 첫 번째 어려움은 선수로서 성공하기에는 국내 시장이 너무 작다는 것이다. 국내의 스포츠 꿈나무들은 어린 나이부터 아침부터 밤까지 훈련에 '올인'하느라 현실적으로는 학업 등을 통해 대안을 동시에 모색할 여력이 없는데 선수로서 성공할 수 있는 가능성은 너무나 낮으니 많은 스포츠 유망주들은 결국 본인의 의지와 상관없이 꿈을 접어야 하는 순간을 맞이하게 된다. 대안 없이 앞만 보고 달려온 유망주가 길을 잃고 방황하게 되는 것이 두 번째 어려움이다. 그렇다고 더 큰 세상으로 나아가 대안을 찾아보자니 언어부터 준비 과정, 비용까지 그저 막막할 뿐인 것이 세 번째 어려움이다(스포츠 스타들이 선수 생명이 끝나고 나서야 유학길에 오르는 것에는 위와 같은 요인들이 작용한다).

한 번 생각해보았다. '내가 세 번째 어려움을 해결해줄 수 있다면 어떨까? 내가 다리를 놓음으로써 어린 스포츠 유망주 학생들이 아무런 부담 없이 미국으로 유학을 오고, 체계적인 훈련도 받고, 동시에 선수가 아닌 다른 방식으로도 스포츠 산업에서 활약할 수 있도록 교육을 받을 수 있게 해준다면 저절로 나머지 어려움들도 해결될 수 있지 않을까? 그게 NFL Korea가 앞으로 해야 할 일 아닐까?'라고.

그 이후 나는 한결 마음이 편해졌다. 기쁜 마음으로 NFL Korea를 구성하고 있던 여러 소셜 미디어 채널들을 정리하거나 위임했고 꾸준히 컨텐츠를 만들어서 내놓아야 한다는 부담감도 덜 수

멀리 내다보자! — 캐나다 휘슬러 정상에서

있었다. 앞으로 NFL Korea는 미국 현지에서 한국의 스포츠 유망주들이 더 큰 세상으로 나와서 날개를 펼 수 있는 플랫폼을 만드는 데에 집중할 것이다.

가만히 생각해보면, 예전에는 '덕후'로서 '덕질'을 하는 것에 불과했다면, 이제는 '성덕'으로서 '덕업일치'를 이룬 게 아닌가 라는 생각이 든다.

・ ・ ・ ・ ・ ・

제이 강의 샤웃 아웃

사랑하는 걸 즐길 수 있는 마음만도 감사하다. 마음만도 감사한데 그로 인해 멋진 분들을 만나고 재미있는 일들을 경험할 수 있었다는 것은 참으로 감사한 일이다.

명문대 법대생이 프로구단 프런트로 우승을 하기까지

박범유_ 전 한국전력 빅스톰 프로 배구단 사무국장

Email_bergkamp0246@gmail.com

7세 소년, 프로야구에 빠지다

내가 처음 프로 스포츠에 입문하게 된 것은 초등학교에도 입학하기도 전인 7세 무렵으로 프로야구를 보기 시작하면서이다. 당시에는 케이블 TV가 없던 시절이라, 금요일 저녁과 주말의 프로야구 중계, 겨울철 배구 슈퍼리그와 농구대잔치 중계 외에는 TV 생중계를 찾기 힘들었다. 따라서 금요일 저녁과 주말이 되기만을 한주 내내 애타게 기다리다 경기가 없는 월요일이 되면 우울감에 빠져들곤 했다. 스포츠 시청에 대한 갈증이 얼마나 컸던지, 영어는 하나도 못 알아듣는 주제에 TV를 켜면 꼭 한 번씩 AFKN 채널로 돌려보는 습관이 생겼다. 미 프로농구NBA나 미 프로 미식축구리그NFL 중계를 꽤 자주 해줬기 때문이다. NFL 같은 경우는 지금 생각해 보면 규칙도 전혀 모르면서 도대체 무슨 재미로 봤던가 싶다. 그 정도로 그저 공으로 하는 스포츠라면 무엇이든 좋아했다.

본격적인 덕질을 시작한 학창시절

고등학교에 다닐 때는 인터넷이 상용화되던 시기여서 해외 스포츠에까지 관심을 넓히기 시작했다. 메이저리그야구MLB에서 코리안 특급으로 위상을 높이던 박찬호 형의 LA 다저스 경기를 즐겨봤고 새벽에는 잉글랜드 프리미어리그English Premier League 중계를 인터넷으로 찾아보며 아르센 벵거Arsene Wenger가 이끄는 아스날Arsenal FC을 응원했다. 스포츠 뉴스에서 그 당시 아스날에서 활약한 데니스 베르캄프Dennis Bergkamp의 우아한 플레이를 우연히 접하고 완전히 반해 버렸기 때문이다. 미국 프로농구NBA에서는 특급 포인트 가드 제이슨 키드Jason kidd를 특히 좋아했다. 심지어 키드 같은 센스 있고 다재다능한 포인트 가드가 되고 싶어서 대학 입학 후에 농구 동아리에도 가입했다. 꽤나 열심히 노력했지만 아쉽게도 운동신경이나 재능이 열정을 따라주지 못해 제이슨 키드라는 별명 대신에 결국 테이션 프린스Tayshaun Prince라는 별명을 갖게 되었다. 농구는 못해도 수비 하나만큼은 정말 끈질기게 한 덕분에 붙여진 별명이었다.

고교 시절까지만 해도 학교와 부모님의 통제를 받던 덕후력은, 대학에 입학함과 동시에 속박에서 풀려나며 주체할 수 없을 정도로 폭발해 버렸다. 과장이 아니라 실제로 학부시절, 강의실에서보다 농구장에서 보내는 시간이 더 많았다. 무더운 땡볕 아래 농구코트에서 거의 온종일 땀을 흘리곤 했다. 동아리 방에는 작은 TV와 커다란 소파가 있었는데 추위 때문에 야외에서 농구를 하기 힘든 겨울이 되면 항상 동아리 방에 누워 폐인 같은 하루를 보냈다. 오전에는 NBA 중계를 보고 오후 5시가 되면 여자농구 중계, 저녁 7시

제이슨 키드가 되기를 포기한 후 롤모델로 삼았던 박찬희(왼쪽 사진),
이동엽(오른쪽 사진) 선수와 함께

가 되면 남자농구나 남자배구 생중계, 그리고 밤 9시에는 생중계로
놓친 경기들의 녹화중계를 보고 나서야 비로소 집으로 돌아갔다.
농구 종목만 치면 매년 400~500경기 이상을 생중계 또는 녹화 중
계로 시청했으니, 감독이나 전력분석관 같이 농구를 업으로 삼고
있는 분들을 제외하면 아마도 내가 가장 많은 경기를 시청한 사람
중 하나였을 것이라 확신한다. 온종일 항상 소파에 누워 TV를 보고
있으니 친구들 중에는 아예 내가 동아리 방에서 살고 있는 것으로
알고 있던 친구들도 있었다. 다행히 집에는 꼬박꼬박 들어갔다. 그
것마저도 인터넷으로 프리미어리그 중계를 봐야 했기 때문이었다.

군인이 되어서도 직장인이 되어서도 멈출 수 없었던 직관

TV에서 중계해주지 않는 경기들은 직관도 열심히 다녔다. 대
학농구나 고교농구 대회, 국가대표팀 연습경기, 동호인 농구대회까

지 말이다. 경제적으로 한계가 있는 학생 시절에는 먼 지방까지 다니기는 힘들었지만 서울이나 수도권에서 열리는 경기들, 조금 멀게는 천안 정도까지는 자주 경기를 보러 다니곤 했다. 좋아하는 선수들을 만나면 조심스레 사진을 부탁해보기도 하고 경기장에 자주 다니다 보니, 매번 만나게 되는 선수 부모님들과 친분을 쌓기도 하는 소소한 재미도 있었다. 가장 기억에 남는 분은 현재 고양 오리온스의 간판 선수이자, 당시는 용산고등학교 학생이었던 이승현 선수의 아버님이시다. 고교 농구대회 경기장을 찾을 때마다 매번 뵙고 인사를 드리며 안면을 트게 되었고 아버님과의 친분을 쌓은 덕에 당시 대학농구 팬들의 최대 관심사였던 이승현 선수의 대학 진학 정보를 한 박자 빨리 알 수 있었다. 처음에는 내 모교의 라이벌 학교인 연세대학교로 입학한다고 해서 아쉬움이 많았는데 막판에 다행히 내 모교인 고려대학교로 극적으로 진학을 선회했다. 그때 속으로 너무 기쁘기도 하고 뭔가 느낌이 괜찮았다. 아니나 다를까, 침체기를 겪고 있던 우리 학교의 농구부는 이승현 선수의 입학과 함께 부활하여 농구 명문 학교로서의 위상을 되찾는 데 성공했다. 이승현 선수는 대학리그 2연패, 정기전 4연승 등 화려한 전적을 남

이승현 선수가 필자의 모교에 원서 접수하러 온 날 우연히 마주쳐 반갑게 한 컷(맨 왼쪽이 나)

기고 두목 호랑이란 별명과 함께 졸업했고 프로무대 진출 후에도 소속팀 고양 오리온스를 우승으로 이끌었다. 뿐만 아니라 국가대표로 국제무대에서도 경쟁력을 보여주며 팬들의 많은 사랑을 받고 있다.

학교를 졸업하고 군대에 가게 되었는데 군 복무 중에도 덕질을 멈출 수는 없었다. 그래서 꼭 보고 싶은 대학농구리그 경기나 정기전 같은 빅 이벤트에 맞춰서 휴가 일정을 짰다. 휴가만 나오면 집에 붙어있지 않고 종일 돌아다녀서 부모님이 서운해 하시면서도 연애라도 하는 줄로 생각하셨을지도 모르겠다. 공이랑 연애했다고 할 수도 있겠으니 사실 이것도 완전히 틀린 말은 아니다.

이 당시에는 훗날 취업해서 삼성 썬더스 시즌권과 서울 연고 야구팀 시즌권을 하나씩 구매해서 퇴근 후에 경기 관람을 다니는 게 꿈이었는데 취업 후에 주로 지방에서 근무하게 되다 보니 그 꿈은 이루질 못했다. 물론 지방에도 스포츠 팀들이 있기는 하나 아무래도 학생 때만큼 시간이 여유롭지 않기도 했다. 그래도 전라남도 나주에서 근무할 때 인근 지역인 영광에서 고교 농구대회를 유치하면 하루씩 휴가를 쓰고 경기를 보러 다녀오기도 하고 MBC배 대학 농구대회 일정에 맞춰 대회 개최지인 김천으로 여름 휴가를 다녀오기도 하면서 직장 생활을 하는 동안에도 여건이 되는 한 직관에 대한 갈증을 틈틈이 풀었다.

덕질하며 월급을 받는 성공한 덕후가 되다

직장 생활을 하면서 학부 때 전공이 법학이라 가끔 사람들이 법에 대해 물어볼 때가 있는데 항상 "학교 다닐 때 스포츠만 공부해서 법은 잘 몰라요"라고 대답하곤 한다. 겸손으로 받아들이는 이들도 있는데 슬프게도 이는 진실이 담긴 말이다. 심지어 회사 법무실에서 근무해 볼 생각이 없냐고 회사 선배가 제안했을 때에도 "법을 잘 몰라서 민폐만 될 것 같다"면서 한사코 사양했다. 이 역시 슬프게도 진실이 담긴 말이었다. 그런데 내 커리어에 하나의 전환점이 생겼다. 회사 내의 스포츠단 사무국에서 근무할 기회가 생긴 것이었다. 이때에는 일말의 고민도 없이 바로 지원했다. 스포츠에 대해서만큼은 회사 내의 그 누구보다도 더 큰 애정을 갖고 업무를 잘할 수 있을 것이란 자신이 있어서였다. 그리고 이것은 다행히도 사실이었다.

나는 현재 배구단 사무국장을 맡으며 1년에 40경기 이상을 경기장에 따라다니고 있다. 경기 시간이 저녁이나 주말이다 보니, 스포츠에 관심이 없는 이들은 야근이나 주말 출근처럼 생각해 힘들겠다고 위로해 주곤 한다. 반대로 나처럼 스포츠를 좋아하는 이들은 오히려 이런 업무 형태가 부러울 것이다. 취미 생활을 아내 눈치 안 보고 당당히 할 수 있으니 말이다. 결혼 후 아직 배구단에서 근무하기 전이었던 신혼 때에는 저녁이나 주말에 TV 중계를 보는 것도 굉장히 눈치가 보였다. 그런데 이제는 일하러 다녀온다고 아내에게 말하고 당당하게 경기를 보러 간다(게다가 관계자석은 고가 티켓만큼이나 자리도 괜찮다). 또 우리 팀 경기가 없는 날에도 상대팀 전력분석이란 구실로 모든 배구 경기를 아내 눈치 안 보고 시청하고 있다.

얼마 전 <스토브리그>라는 드라마가 큰 화제가 된 덕에, 구단 프런트 업무를 부러워하거나 관심을 갖는 이들이 많이 늘어난 것 같다. 분명히 말할 수 있는 건, 드라마만큼 멋있고 극적인 일, 역동적인 일들만 하는 건 아니란 점이다. 보통의 회사원들처럼 문서 작업도 많이 해야 하고 성가신 일들도 많다. 최근 몇 년간 우리 배구단의 성적이 부진했다. 이에 경영진 중 한 분이 성적 부진의 원인과 해결 방안을 논문 수준으로 상세히 분석해보라고 지시를 내린 일이 있다. 배구 및 프로스포츠에 대한 관심과 제반 지식이 없었다면 마냥 골치만 아프고 하기 싫은 일, 어쩌면 시도조차 하기 힘든 일이었을 수도 있다. 그런데 난 이 일이 그저 즐거웠다. 선수의 기량에 대해서, 신인 선발이나 트레이드 등 구단운영에 관해서 이러쿵 저러쿵 논하는 것은 개인 SNS를 통해서나 친구들과의 모임에서 우리 같은 스포츠 덕후들이 항상 즐겁게 해오던 취미생활 아닌가. 구단이 처한 환경과 한계, 그리고 나아가야 할 방향에 대해서 비전문가들을 납득시킬 수 있도록, 기록과 온갖 사례들을 정리하고 분석하여 논리적으로 설명하려 노력했고 결국 한 달 만에 150페이지가 넘는 보고서를 완성했다. 질적으로는 부족함이 많겠지만, 양적으로 만큼은 혼자서 작업한 보고서 중에서는 가히 최고가 아니었을까 감히 생각해 본다.

한 달이 걸렸지만 도출한 결론은 사실 뻔한 얘기였다. 적극적인 투자로 좋은 선수를 영입해야 한다는 것이었다. 특히 국내 프로스포츠의 경우는 선수 풀이 워낙 좁아 우수 선수의 수가 적고 선수 간의 기량차가 커서 선수 구성이 약한 팀이 좋은 팀을 이기기 어렵다. 학원 엘리트 스포츠의 쇠퇴로 기존 선수들을 능가하는 대어급 신인도 점점 찾아보기 힘들어져 NBA나 MLB의 스몰마켓 팀들처럼 신인 드래프트 상위 순번을 노리고 일부러 시즌을 포기하는, 이른

구단 역대 최고 대우로 박철우 선수와
FA 계약을 마치고 난 후

바 탱킹도 대안이 될 수 없다. 따라서 투자한 만큼만 성과를 얻을 수 있다. 그동안 공기업이라는 이유로 우리 구단은 선수 영입에 소극적이기도 했고 투자에 인색한 구단이라는 이미지가 강했다. 이러한 구단 운영 기조가 드디어 서서히 변하기 시작했고 그 첫 발로 한국 배구의 간판스타 박철우 선수를 깜짝 영입하여 큰 화제를 불러일으키기도 했다.

박철우 선수 영입으로 도약에 성공한 한국전력 배구단

우리나라 배구를 대표하는 어포짓opposite 공격수인 박철우 선수는 그 기량도 출중하지만 인격적으로 존경할 만한 사람이기도 하다. 입단 후 여러 매체들과의 인터뷰에서 박철우 선수는 입버릇처럼 우승을 목표로 말했다. 최근 2년 간 승률이 10%대에 그친 꼴찌 팀에서 우승을 목표라고 말하기는 남들의 비웃음이나 부정적인 시선을 일으키기에 딱 좋을 수 있다. 그러나 박철우 선수는 그 목표를 이루기 위해 최선의 노력을 다하고 달성할 자신이 있었기에 당당하게 우승을 목표라고 말할 수 있었을 것이다. 팀의 최고참이자 최고 기량의 선수가 커다란 목표를 가지고 솔선수범하니, 다른 팀원들 또한 도저히 게으름을 피울 수 없었다. 2020년 KOVO컵에서 박철우 선수의 영입 효과와 우리 구단의 달라진 모습을 확인할 수 있었다. 당초 우리 팀은 최하위로 예상되었지만 이변을 연출하며 조 1위로 예선을 통과했다.

준결승에서도 강팀인 현대캐피탈을 만나 열세라는 평가가 지배적이었으나 3:2로 역전승을 거두며 결승에 진출했다. 당시 경기 직후에 박철우 선수와 잠시 이야기를 나눴다. 밤늦은 시간에 경기를 마친 후, 다음날 오후에 3일째 연속 경기를 치러야 하는 선수들의 컨디션이 걱정되기도 했고 그것도 절대 강자로 평가받는 대한항공과의 결승전이었기에 승리에 대한 기대감이 별로(솔직히 말하면 전혀) 없어서, 결승에 올라온 것만으로도 충분히 만족하니 부담 없이 경기해 달라고 격려했다. 그런데 그때 박철우 선수 표정이 굳어졌다. 박 선수는 "져도 괜찮은 경기라는 것은 있을 수 없어요"라고 말했다. 이 말을 들었을 때 사실 한 방 얻어맞은 기분이었다. 사무국장으로서 선수들의 노력을 믿지 못하고 우리 팀이 대한항공에는 안 되겠지 라고 지레 먼저 포기하는 심정을 가졌던 게 너무나 부끄럽고 미안했다. 그리고 박 선수를 보면서 지금까지 적당히 노력해서 적당한 결과에 만족해 왔던 나 같은 사람과는 한 차원 다른 부류의 사람임을 느꼈다. 언제나 최고의 목표를 세우고 이를 달성하기 위해 최선의 노력을 다하고 결과로써 증명해 내는 모습, 배울 점이 많은 모습이 아닐 수 없었다. 결승전은 대한항공의 일방적인 우세가 점쳐졌던 예상과 다르게, KOVO컵 사상 최고의 결승전으로 불릴 만한 치열한 접전이 경기 내내 펼쳐졌다. 그리고 결국 대한항공을 꺾으며 꼴찌의 반란을 완성할 수 있었다.

2020 제천 MG새마을금고컵 우승 기념

진정한 덕업일치를 꿈꾸며…

내 모교에는 농구부 서포터즈가 활성화되어 있다. 졸업한 선배들이 후배들을 위해 물심양면 지원을 아끼지 않고 있는데 나는 특히 이곳의 활동 모토를 좋아한다. "지원은 하되 간섭하지 않는다" 배구단 사무국장 업무를 맡으며 금언으로 삼고 있는 말이기도 하다. 코칭스태프의 역량을 신뢰하고 선임했다면, 선수단 운영을 전적으로 믿고 맡겨야 한다. 구단 관계자가 아무리 스포츠에 관심이 많고 유능하더라도 전문성에서 코칭 스태프를 능가할 수는 없다. 프런트의 배구에 대한 관심과 애정은 관심과 애정으로 그쳐야 한다. 이것이 지나치면 이는 선수단에 대한 간섭으로 변질된다. 따라서 코칭스태프의 판단을 존중하고 그들의 의사결정을 지원하는 데 힘써야 한다. 이러한 마음가짐으로 프런트 업무에 임하며 코칭스태프의 신뢰를 얻는데 노력해왔고 이제는 구단의 운영 방향에 관해

오히려 서로 마음을 터놓고 편하게 의견을 주고받을 수 있게 되었다. 그 결과 팀이 나날이 좋아지고 있음에 행복하기도 하고, 스포츠 덕후로서 전문가들과 깊이 있는 이야기를 수시로 나눌 수 있음에 업무 만족도도 높아지고 삶이 더욱 즐거워졌다.

내 덕후 기질을 잘 아는 이들은, 나를 두고 스포츠단 사무국에서 근무를 하게 되었으니 '덕업일치'를 이뤘다며 '성덕(성공한 덕후)'이라고 말하곤 한다. 학창시절 응원 팀의 스타 공격수였던 감독님, 라이벌 팀의 간판 세터였던 코치님을 비롯해서, 우리 팀 선수들이나 배구 관계자들을 만나게 되면 아이돌을 직접 보게 된 팬 마냥 설레고 기분 좋기도 하다.

하지만 아직 만족하지는 않는다. "아는 자는 노력하는 자를 이길 수 없고 노력하는 자는 즐기는 자를 이길 수 없다"는 유명한 말

공정배 단장님, 권영민 코치님, 장병철 감독님

2019년 V-리그에 복귀한 가빈 슈미트

이 있다. 하지만 단순히 즐기는 데서 끝나고 만족한다면 다소 부정적인 의미로 사용하는 '덕질'에 그칠 것이다. 스포츠를 즐김으로써 더욱 노력하고, 더욱 노력함으로써 스포츠를 더욱 잘 알고 싶다. 그래서 언젠가는 맡은 분야의 최고 전문가가 되어 진정한 덕업일치를 이루고자 한다. 마지막으로 이 글을 읽고 계신 많은 분들께, 한국전력 빅스톰 배구단도 응원해 주시고 진정한 성덕을 향한 나의 꿈 또한 응원해주시기를 부탁드린다. 또한 같은 꿈을 꾸고 있는 많은 후배들의 열정에도 박수를 보내며 나처럼 그 꿈을 이루기를 응원한다.

· · · · · ·

박범유의 매치포인트

① 생업과 덕업의 일치를 통해 직업만족도 100점! 행복도 100점!
② 언젠가는 단장에도 도전해 보고 싶다. '배구판 백승수(드라마 <스토브리그>의 주인공)'가 되어 보자!
③ 스포츠 조기교육을 통해 자녀와도 이 즐거움을 함께 나누고 싶다.

선출 아닌 농구 덕후로 성공하는 법

임준석_ FIBA 공식 전업 에이전트

Email_rimjoonseok@gmail.com
SNS Instagram_@scott_rim

미니농구대로 시작한 농구 덕질

친구들이 축구공을 갖고 놀 때 나는 농구공을 갖고 놀았고 이동식 벽걸이 농구 골대를 구입하여 설치가 가능한 곳은 어디든 가지고 다니며 초등학교 1, 2학년 때부터 슛을 던졌다. 그러다 초등학교 3학년 여름, 아버지의 듀크Duke University 로스쿨 유학을 계기로 우리 가족 전체가 미국으로 가서 1년간 살게 되었고 가자마자 내가 살던 곳이 농구가 유명한 지역이라는 건 금방 알 수 있었다. 어디를 가도 듀크 또는 마이클 조던의 모교 노스캐롤라이나 대학교University of North Carolina 유니폼이나 반팔 티셔츠를 입은 사람들을 볼 수 있었고 가끔씩 붉은색의 NC 주립대North Carolina State University 옷도 보였다.

그러던 어느 날 하늘의 별 따기만큼 어렵다던 듀크 남자농구팀 티켓을 아버지가 구해 주셨고 듀크와 팀 던컨Tim Duncan이 이끌던 웨이크 포레스트Wake Forest University 경기 직관을 계기로 나는 더욱더 농구에 빠져버렸다. 학교에서 돌아오면 전미 대학 농구NCAA와 미국 프로농구NBA 경기를 계속 시청하였고 학교에 가기 전 신문의 스포츠 면을 보며 스코어를 항상 확인하고 스쿨버스를 타러 뛰어가곤 했다.

한국으로 귀국하기 전 학교에서 독서왕으로 선정되어 듀크 대학 남자 농구부 선수단과 함께하는 팬미팅 행사에 참가할 수 있었고 마이크 슈셉스키Mike Krzyzewski 듀크대 감독, 더그 콜린스Doug Collins 전 시카고 불스 감독의 아들로 유명한 크리스 콜린스Chris Collins, 현재 뉴올리언스 펠리컨스New Orleans Pelicans의 단장으로 있는 트래전 랭던Trajon Langdon 등이 당시 선수였다. 퀴즈도 맞추고 모자에 단체 사인도 받고 핫도그 바비큐 파티도 같이 하며 좋은 시간을 보냈다.

한국에 돌아오고 나서 그해 겨울 프로농구KBL가 출범하였고 이제는 NCAA 듀크 경기, NBA 경기 그리고 KBL 경기까지 보게 되었다. 고등학교 때는 학교 농구동아리 활동을 하며 인근의 고등학교들과 주말마다 친선경기도 하고 국민대학교 3대3 대회도 나가는 등 학업에 매진하기보다 농구에 더 빠져 살았던 것 같다. 당시 AND1 길거리 믹스테입이 한창 유행했는데 영상 속에 나오는 기술들을 동아리 친구들과 연습해서 무대에서 공연도 했다. 쉬는 시간마다 점심시간마다 그리고 야간 자율학습을 시작하기 전 슬리퍼를 신고 농구를 했는데 몇 달 버티지 못하고 슬리퍼 바닥에 구멍이 날 정도로 열심히 했다. 내가 나중에 삼성 썬더스 구단 통역이 되고 나서 연락이 끊겼던 동창들에게 연락을 많이 받았는데 "그렇게 농구를 좋아하더니 결국 농구단에서 일한다"고 했던 친구들의 문자 메시지가 기억에 남는다.

삼성 썬더스 외국인 선수 통역 업무를 하다

영어교육을 전공해서 주위에서는 내가 임용고사를 준비한 후 교사가 될 거라 예상했지만 나는 취업을 희망했고 초등학교 4학년 때부터 알고 있던 농구단 통역을 하고 싶었다. 그러나 아쉽게도 우리나라에는 농구단 통역 일자리가, 구단 수에 맞춰 10자리 밖에 없었다. 당연히 그 중에서도 삼성 통역을 하고 싶었는데 전임자가 그만 두어야 내가 면접이라도 볼 수 있는 기회를 얻을 수 있는 구조였다. 잠실로 한창 직관을 다니던 시절 구단 대표 이메일로 농구단 통역이 되고 싶은데 어떻게 지원하고 어떤 사람을 선호하냐는 이메일을 보냈고 기본적인 내용의 답변을 받았다. 담당자에게 답변을 받고 나니 꿈에 한걸음 더 다가간 기분이었고 꼭 이 일을 하고 싶었고 할 수 있을 것 같았다.

4학년 4월 교생 실습 중에도 나는 다른 사람들이 수업연구 준비에 한창일 때 노트북으로 삼성 경기를 다운받아 다시 보며 작전타임 통역을 연습했고 혹시나 채용공고가 뜰까 일주일에도 몇 번씩 구단 홈페이지에 접속하며 통역이 되기 위해 준비했다. 5월에 정말 기적같이 채용공고가 떴고 서류를 지원하고 서류 통과 후 면접을 보러 오라고 연락을 받았다. 넥타이조차 파란색을 메고 가야 합격할 것 같아 면접 전날 급히 푸른색 계열의 넥타이를 사고 양복 안주머니엔 직관 시절 삼성의 외국인 선수 애런 헤인즈Aaron Haynes와 찍은 사

팬 시절 애런 헤인즈와 함께 찍었던 사진

진을 인화해서 넣었다.

　나는 그 사진이 진심으로 내가 삼성 썬더스의 팬이라는 걸 증명할 수 있는 증거라고 생각했고 나의 열정을 보여줄 수 있다고 생각했다. 그 사진으로 인해 날 뽑진 않았겠지만 뽑힌 후 처음으로 상대하게 된 외국인 선수가 애런 헤인즈였던 걸 생각하면 정말 신기한 인연이다.

　나중에 헤인즈가 한국에 오고 나서 이 사진을 보여주며 이게 나라고 기억하느냐고 물었더니 내가 그날 입었던 옷의 촉감까지 언급하며 기억한다고 얘기했다. 매우 영리한 선수로 알려져 있었는데 그의 기억력을 보며 헛소문이 아니었단 걸 알 수 있었다.

　내가 정말 하고 싶었던 일이었지만 평생 직업이라고는 생각하지 않았기에 경험삼아 1년 길어야 2년이라고 생각했는데 나중에 뒤

이상민 감독 옆에서 외국인 선수 통역으로 '열일'하고 있는 모습

돌아보니 어느새 6년이나 지나 있었다. 우승과는 연이 없었지만 팀이 승리할 때, 내가 매니저처럼 챙기는 선수가 잘하고 승리에 기여할 때 큰 성취감과 희열을 느끼며 일했다. 항상 경기장에서 또는 TV로 응원하던 선수들과 형, 동생 하는 사이로 지내며 같은 공간에서 일하고, 그 선수들의 슈팅 연습을 돕고 경기 때 벤치에 앉아 있다는 게 너무나도 감사하고 좋았다. 특히 내가 어려서부터 좋아했던 이상민, 이규섭, 김승현, 주희정과 같은 선수들과 일한다는 게 너무나도 신기하고 믿기지 않을 정도로 좋았다.

경기장 안에서만 보람을 느낀 것은 아니다. 통역의 업무 범위는 매우 다양해서 선수뿐만이 아니라 선수의 가족들도 챙기고 때에 따라서는 장도 같이 보고 병원도 데리고 간다. 여러모로 한국 생활에 낯설고 언어 문제도 있기 때문이다. 2012-13 시즌 대리언 타운스Darian Townes 선수가 KT에서 삼성으로 트레이드 되어 왔고 몇 주 후 갓난아기를 데리고 부인이 입국했다. 돌도 안 된 아기와 함께 있다 보니 부인과 아이를 더 챙길 수밖에 없었고 정도 많이 들었던 것 같다. 때로는 '내 업무는 통역인데 이런 일까지 해야 되나'라고 생각이 들 때가 있었지만 타운스 덕분에 경기를 이기거나 그가 농구만 잘할 수만 있다면 무엇이든지 해주고 싶었다. 시즌이 끝나고 미국으로 돌아가기 전 인사를 하는데 타운스 선수의 아내가 나에게 무언가를 건넸다. 100달러짜리 미화 지폐와 함께 직접 쓴 손 편

대리언 타운스의 아내가 직접 써 준 손편지와 100달러짜리 지폐

지였다. 사실 많은 경우 선수들은 고마움을 잘 표현하지 않는다. 당연하게 생각하는 선수들도 많았고 나도 고마움을 바라고 일을 하지는 않았지만 이렇게 진심이 느껴지는 선물을 받아 본 건 처음이었다. 아마도 이 일은 내가 그로부터 몇 년 더 일하게 되는 계기가 되지 않았나 싶다. 지금도 타운스 가족들과는 연락을 하고 지낸다.

외국인 선수 선발을 위한 해외 출장

농구단에서 일을 하며 즐거웠던 일 중 하나가 바로 해외 출장이었다. 출장을 준비하는 과정과 다녀온 후 보고와 정산하는 일은 좀 번거로웠지만 워낙 돌아다니는 일을 좋아하는 내게는 정말 꿈같은 업무였다. 모든 출장은 외국인 선수 선발과 관련된 업무였고 미국 라스베이거스, 버지니아, 캐나다 토론토, 이탈리아 밀라노, 프랑스 파리, 이스라엘 텔아비브 등 농구 리그와 경기가 있는 곳에는 어디든 갔다. 출장을 가면 항상 새로운 사람들을 만나게 되는데 누가 시키지 않아도 연을 이어가고 또 다른 출장지에서 만나 인간 관계를 맺으려 노력했다. 외국인 선수 정보 수집이 너무 재미있었을 뿐 아니라 선수 출신이 아닌 내가 선수에 대해 분석하고 의견을 내는 것 보다는 해외 관계자(지도자, 에이전트, 프런트 등)들의 말을 전하고 인용하여 나의 생각을 전달하는 게 더 효과적이라고 생각했기 때문이다. 항상 정보를 얻기만 하는 것은 아니었다. 한국에서 뛰었던 선수가 NBA에 가는 경우도 있었고 중국, 일본 또는 유럽으로도 간다. 그러면 그 선수가 한국에서 평가가 어땠는지, 사생활은 어떤지, 등의 정보를 얻기 위해 나에게 역으로 연락이 왔다. 어찌 보면

이들 관계자들과 서로 상부상조하는 관계였고 정보 하나하나가 금쪽 같이 중요한 업계이다 보니 인적 네트워킹이 정말 중요하다고 느꼈다.

통역으로 6년 동안 일하고 이후 3년 동안은 삼성 남녀 농구단 국제업무 담당자로 일을 했다. 예전과 하던 업무가 크게 다르진 않았지만 소속이 프런트가 되었고 정보수집을 주로 하던 일에서 이제는 계약 협상, 체결 및 보고 등 행정적인 일을 더 하게 되었다. WNBA출장을 갔다가 미국 인디애나폴리스Indianapolis에 갈 일이 있었는데 호텔로 이동하던 중 포트웨인Fort Wayne 표지판을 보게 되었다. 삼성에서 뛰었던 론 하워드Ron Howard가 이곳에 거주했던 게 생각이 났고 페이스북 메신저로 연락을 했더니 믿기지 않는다며 하워드가 3시간을 바로 운전해서 달려왔다. 너무나도 반가웠고 옛날이야기로 꽃을 피우며 저녁식사를 맛있게 했다. 내가 좋아하는 일을 시작하고 소중한 사람들과 인연을 쌓고 또 관계를 이어갈 수 있다는 게 너무 신기하고 감사할 뿐이다.

통역 일을 하다 보니 어느 순간 '외국인 선수 덕후'가 되어 있었고 현재 내가 하는 일과도 일치하니 이게 바로 '덕업일치'가 아닌가 싶다.

FIBA국제농구연맹 에이전트가 되다

삼성 썬더스를 퇴사하기로 마음을 굳히고 휴가를 낸 후 스위스로 가서 FIBA 에이전트 자격증 취득 시험을 보기로 했다. 다행히 지난 9년간 해온 일과 비슷한 점이 많아서 공부를 하는 데 어렵진

스위스 FIBA 본부에서 시험을 치고 난 후

않았다. 그러나 스위스까지 가서 시험을 쳤는데 떨어진다는 상상을 하니 걱정이 앞섰고 합격하고 온다고 큰소리 치고 나왔는데 망신을 당할까 비행기에서도 공부하고 제네바에 잡은 숙소에서도 계속 공부를 했다. 스위스까지 와서 관광도 다니고 경치도 구경하고 싶었지만 내가 온 이유는 자격증을 취득하기 위해서라고 되새기며 공부를 했고 좋은 성적으로 합격할 수 있었다.

막상 정식 에이전트 자격을 얻고 나니 걱정부터 앞섰다. 내가 원래 걱정이 많은 사람이라는 걸 다시 한 번 느낄 수 있었다. 공인중개사 자격증을 따면 뭐하나, 계약을 해야 자격증이 빛이 나는 법! 한국으로 돌아오면서 농구단에서 근무하며 알게 된 에이전트들, 구단 관계자들, 친구들에게 퇴사 소식을 알리며 동시에 에이전트로서 새 출발한다고 알렸다.

통역으로 일하던 시절에는 계약 협상 및 주도보다는 우수한 선수를 찾는 데 더 많은 시간을 보냈다. 경기 시청, 선수에 대한 정보 수집이 주로 하던 일이었다. 그러다 프런트에서 국제업무 담당자로 일을 하며 남 좋은 일을 몇 번 했던 적이 있다. 삼성에서 뛰었던 마키스 커밍스Markieth Cummings 선수를 일본 나고야 구단에 추천을 해줬고 선수와 친하다 보니 계약서 서명만 하지 않았을 뿐, 선수 기량에 대한 정보, 인성, 동료와의 관계 등 리포트도 전달해 주고 커밍스 선수에게도 계속 업데이트를 해 주었고 결국 좋은 조건에 계약까지 하게 되었다. 결과적으로는 커밍스의 에이전트는 앉아서 돈을 쉽게 벌게 된 것이나 마찬가지였고 솔직히 조금 부러웠다. 이런 비슷한 일을 몇 번 더 경험하고 나니 나중에 에이전트를 해도 잘 할 수 있을 것 같다는 자신감이 생겼고 동기부여도 되었다.

구단에 선수 계약을 성사시켜주고 커미션을 받는 것이 에이전트다. 우리나라에는 10개의 구단이 있고 한 구단이 2명씩 계약을 할 수 있으니 총 20개의 일자리가 있는 셈이다. 이웃나라 일본은 1부에만 18개 구단이 있고 3명씩 계약을 할 수 있으니 2배가 넘는 기회가 있다. 대만, 필리핀 등에도 기회가 있었으며 해외시장에 집중해야 한다는 생각이 들었다. 운이 좋게도 나는 삼성 썬더스에서 근무하며 필리핀, 일본에 여러 번 출장을 갔었고 자연스레 알게 된 구단 관계자들과 친분을 쌓을 수 있었다. 쉽진 않겠지만 '맨 땅에 헤딩하는 것'은 아니라 생각하고 연락처도 받고 페이스북에서 무조건 친구 신청을 하며 나에 대한 간단한 소개와 함께 같이 일하는 미국 유럽의 에이전시의 선수 리스트를 소개하며 흔히 말하는 영업(?)을 시작했다.

첫 계약은 필리핀 프로팀 구단 감독의 소개로 전혀 친분이 없던 말레이시아 구단과 체결하였는데 운이 좋게도 우승을 했다. 첫 단추를 잘 끼운 것 같아 기분이 매우 좋았다. 밤마다 유튜브 라이브 중계를 챙겨보고 있는 나를 보며 아내는 농구단을 나와서도 농구를 본다며 핀잔을 주었지만 그렇다고 안 볼 수는 없었다.

두 번째 계약은 필리핀 구단과 했는데 지금 생각해보면 그 타이밍이 참 절묘했다. 구단이 선수를 영입할 때 단 한 명의 후보만 있는 게 아니라 보통은 여러 명의 후보군을 두고 그 안에서 고민하고 결정한다. 따라서 나의 선수가 선택 받기보다 최종 후보에서 탈락하는 일이 훨씬 많았다. 여러 번 최종 후보에서 미끄러져 자신감을 잃어가던 중 할아버지 장례를 치르고 화장터에서 가족들끼리 대기를 하던 도중에 필리핀 구단에서 나의 선수로 결정했다고 연락을 해 온 것이었다. 이처럼 에이전트는 전화기를 항상 손에 쥐고 있어야 하고 시차가 맞지 않으면 새벽에 수시로 깨면서 메시지, 이메일을 보내곤 한다. 잠이 많고 머리만 대면 잠드는 내가 알람을 맞추지 않아도 알아서 일어나 일하고 있는 모습을 보면 확실히 이 일이 천직이지 싶다.

첫 해에 말레이시아 2명, 필리핀 3명, 일본 5명, 대만 1명 그리고 우리나라에 1명을 계약하며 총 12명의 선수에게 일자리를 구해주었다.

현재는 FIBA 라이센스를 갖고 미국과 유럽의 에이전시 선수들을 한국, 일본 등 아시아 구단들에게 일자리를 찾아주고 수익을 나누는 구조이다. 하지만 언젠가는 미국 에이전시의 정식 에이전트가 되어 내가 단독으로 계약한 선수들이 NBA, 유럽, 아시아에서 뛰는 모습을 보고 싶다. 불가능한 일은 아닐 것이라고 생각한다. 꾸준하게, 그리고 열심히 일을 하다 보면 기회가 오지 않을까? 현재는 국내 많은 선수들이 KBL 하나만 바라보고 운동을 하지만 해외 진출을 원하는 선수들이 있다면 그 꿈을 이룰 수 있게 도와주는 에이전트가 되고 싶은 바람이다.

． ． ． ． ． ．

임준석의 스포츠 성덕 공식

① 영어+농구=통역

② 농구+통역+행정=프런트

③ 농구+통역+프런트=에이전트?!

맺음말

2020년부터 코로나 바이러스로 인해 야기된 COVID – 19 팬데믹 사태는 전 세계 사람들의 일상을 대대적으로 바꿔 놨습니다. 아침에 일어나서 밤에 잠자리에 들 때까지 정말 많은 것들이 달라졌습니다. 특히 사람들과 만나고 교류하며 상호작용하는 전반적인 행태가 변화되면서 가장 크게 영향을 받은 분야 중 하나가 스포츠입니다. 보다 많은 팬들을 집객해야 하고 개인보다는 집단의 형태로 경제 활동이 일어나는 스포츠 분야는 큰 타격을 입을 수밖에 없었지요. 전 세계의 프로와 아마추어 스포츠 리그들이 일정 조정, 단축 시즌, 무관중 경기, 심하게는 중단 사태까지 일어나면서 스포츠팬들과 스포츠 시장의 소비자들에게도 적지 않은 영향이 미쳤습니다.

비록 상황이 이럼에도 불구하고 스포츠를 향한 팬심과 열정은 변함이 없어 보입니다. 넷플릭스에서 개봉한 농구황제 마이클 조던의 시카고 불스 시절 영광을 그린 시리즈물 <더 라스트 댄스The Last Dance>가 IMDB에서 선정한 2020년 한 해의 가장 인기 있는 TV시리즈로 선정된 사례가 이를 단적으로 보여줍니다. 비록 라이브 스포츠는 없어도 팬들과 소비자들의 스포츠에 대한 열정은 여전히 뜨거운 것이죠.

이번 집필을 통해서 많은 '스포츠 덕후'들의 이 같이 식지 않는 열정의 온도를 다시 한 번 확인할 수 있었습니다. 표면적으로만 알고 있었던 스포츠 덕후들의 숨은 이야기와 그 열정의 뒷배경들을 알 수 있어서 다시 한 번 놀랍고 가슴이 뛰었습니다.

　　스포츠라는 컨텐츠도 열정적인 소비의 대상이 될 수 있고 훌륭한 아이템, 상품이 될 수 있다는 점을 다시 한 번 일깨워드리고 싶습니다. 그리고 무엇보다도 스포츠는 자신의 열정을 다해 소비할 때 그 '만족감'과 '행복함'도 절정에 이를 수 있다는 점을 다시 한 번 깨달을 수 있었습니다.

　　독자 여러분들 중에서도 스포츠에 대한 이야기를 밤새도록 나누고 싶으신 분들이 계시면 언제든지 연락 부탁드립니다! (카카오톡 오픈채팅방 '#레드셔츠'로 검색)

　　　　　　　　　　　　　　　　　　　　대표 저자 주장훈

스포츠도 덕후시대

초판발행	2021년 2월 20일
중판발행	2023년 4월 15일
지은이	주장훈 외
펴낸이	안종만·안상준
편 집	전채린
기획/마케팅	정연환
표지디자인	이미연
제 작	고철민·조영환

펴낸곳   **(주)박영사**
서울특별시 금천구 가산디지털2로 53, 210호(가산동, 한라시그마밸리)
등록 1959. 3. 11. 제300-1959-1호(倫)

전 화	02)733-6771
f a x	02)736-4818
e-mail	pys@pybook.co.kr
homepage	www.pybook.co.kr
ISBN	979-11-303-1169-2 03040

정 가   13,800원